读客文化

Emigrants: Why the English Sailed to the New World

12个北美早期移民者

JAMES EVANS
[英] 詹姆斯·伊文思 著　扈喜林 译

文汇出版社

图书在版编目（CIP）数据

12个北美早期移民者 /（英）詹姆斯·伊文思
(JAMES EVANS) 著；扈喜林译. -- 上海：文汇出版社，
2022.7

ISBN 978-7-5496-3784-3

Ⅰ. ①1… Ⅱ. ①詹… ②扈… Ⅲ. ①移民－历史－北美洲－文集 Ⅳ. ①D771.038-53

中国版本图书馆CIP数据核字(2022)第103981号

EMIGRANTS: WHY THE ENGLISH SAILED TO THE NEW WORLD By JAMES EVANS
Copyright © 2017 BY JAMES EVANS
This edition arranged with WOLFSONG MEDIA LIMITED
Through BIG APPLE AGENCY, INC., LABUAN, MALAYSIA.
Simplified Chinese edition copyright:
2022 Shanghai Dook Publishing Co., Ltd.
All rights reserved.

本书中文译稿经大苹果代理公司授权出版简体字版本
中文版权 © 2022 读客文化股份有限公司
经授权，读客文化股份有限公司拥有本书的中文（简体）版权
著作权合同登记号：09-2022-0209

12个北美早期移民者
Emigrants: Why The English Sailed To The New World

作　　者　/	［英］詹姆斯·伊文思
译　　者　/	扈喜林
责任编辑　/	甘　棠
特约编辑　/	韩汶君　　沈　骏
封面装帧　/	张　璐
出版发行　/	文汇出版社
	上海市威海路755号
	（邮政编码 200041）
经　　销　/	全国新华书店
印刷装订　/	河北中科印刷科技发展有限公司
版　　次　/	2022年7月第1版
印　　次　/	2022年7月第1次印刷
开　　本　/	890mm × 1270mm　1/32
字　　数　/	220千字
印　　张　/	9.5

ISBN 978-7-5496-3784-3
定　　价　/　49.00元

侵权必究
装订质量问题，请致电010-87681002（免费更换，邮寄到付）

前　言

当前，在英国和美国这样的国家，大多数有关人口流动的话题，讲的都是外国人移民到英国或美国，而不是英国人或美国人移民到国外。英国已经成了人们的向往之地——想要移居英国的人比想要离开英国的人多很多。在互联网上搜索英国的"emigrants"（移出人口），可以获得500万个搜索结果，而搜索"immigrants"（移入人口），则可以获得1.13亿个搜索结果。然而，在400年前，情况却不是这样的，当时想要离开英国的人比想要进入英国的人多很多。

英国外移人口的规模一度达到了惊人的水平，其直接影响是：17世纪发生了史无前例的跨世界的重组——涉及人口、居住地以及世人对世界的认知。数十万人，包括女人和孩子，从大西洋东岸（他们的出生地）迁徙到西岸，去往一个陌生的地方，开始全新的生活。这个地方就是美洲。

在接下来的篇章里，我们将向大家讲述几个人的移民经历——靠自学掌握了大量知识、社会地位普通的清教徒罗伯特·库什曼（Robert Cushman）；杰出的诗人和倡导女性平等的先驱人物安妮·布拉德斯特里特（Anne Bradstreet）；因为娶了一个名叫波卡洪塔斯（Pocahontas）的原住民女子而出名的烟草种植人约翰·罗尔夫（John Rolfe）；具有领袖魅力、坚持保王思想的亨利·诺伍德（Henry Norwood）。移民一度成了英国人压倒一切的想法。在码头上，"大批蜂拥而至的人"（引自某特许状）在震耳欲聋的唠叨声、叫嚷声、哀求声中竞相爬上出海的船只。

虽然其他欧洲国家也在某种程度上参与了这一人口迁移活动，但英国人的迁移规模绝对遥遥领先。一般情况是，人们先在英国内部迁移，从农村迁往镇里、城里，尤其是迁往作为国家首都的伦敦，然后继续向前，穿越大洋。虽然后来有很多人死亡，而且死亡率高得吓人，然而因为参与人数众多，这种人口流动状况并未中断，它的影响塑造和定义了此后的世界。

但当时人们根本没有充分认识到这一人口流动的重大意义，更不要说就该意义达成广泛共识。

这不是人类第一次移居荒无人烟的地方。数千年来，大西洋两岸一直有人生活。最早，美洲与亚洲、美洲与欧洲的陆地从北到南是连接在一起的，人们可以通过陆路到处迁徙。大约在距今一万年前，极地冰盖融化产生的海水淹没了那些陆地走廊，将先人迁徙的足迹置于海底。在这之前，生物——包括植物和动物——的迁徙大量存在，这一点可以从大洋两岸生物形态显著的相似性上看出来；当然，这种迁徙也包括人类的迁徙。

所以实际上，17世纪发生的迁徙并不是什么破天荒的事情。当时并不是美洲大陆第一次进入欧洲人的视野。数百年前，从斯堪的纳维亚半岛出发的维京人的船只就曾穿过北大西洋抵达北美，他们将所建立的移居点一带称为"维京地"（Vinland），虽然这些四海为家、漂泊不定的欧洲人建立的移居点都不长久。另一位被英国人称为克里斯托弗·哥伦布[1]的欧洲探险家发现了（"发现"是针对欧洲大陆人来说的）美洲大陆，这是在17世纪之前大约一百年发生的事情。

哥伦布抵达距离现在加拿大、美国南部很远的加勒比海地区，另一个被英国人称为约翰·卡伯特（John Cabot）[2]的意大利水手不久也穿过了大西洋，不过他向北航行了很远。他抛锚停船的地方是一个气候较冷、与哥伦布看到的陆地大不相同的地方——距离维京人几个世纪前登陆的地方不远，那个岛屿就是现在的纽芬兰岛。哥伦布和卡伯特都没有意识到他们眼前看到的是什么地方。两人都觉得地球很小，以为他们看到的陆地是远离欧洲的、尚未有欧洲人涉足的亚洲的一部分，以为日本的几个大岛就在附近。当然，卡伯特当年停靠的岛屿是加拿大的一部分，该岛屿的名字很好地描述了当时那些水手赋予它的意义："New Found Land"（新发现的陆地）[3]。

发现美洲是一回事，也是意义重大的一件事，然而，人们大规模移居那里是另一回事。只有实现后者才有意义，但前提是那些乘船而来的欧洲人不要重蹈先前维京人的覆辙，消失在频繁笼罩于美洲东北海岸的大雾里，直到后代的考古学家根据他们留下的蛛丝马迹才找到他们的遗骸。哥伦布和卡伯特之后的那个世纪，即16世纪，是一个继续探索的时代，也是一系列尝试性的、往往以失败告终的移居的时

---

[1] 克里斯托弗·哥伦布（1451—1506），意大利探险家、航海家，地理大发现的先驱。在西班牙国王的支持下，他先后四次出海远航。在1492年的第一次航行中，他率船队抵达今中美洲巴哈马群岛。——编者注

[2] 约翰·卡伯特（约1450—1499），意大利航海家，第一位到达北美大陆的欧洲人。他奉英国国王亨利七世之命，进行找寻西北航道的探险航行。1497年，他率领18名水手乘船到达今天加拿大的纽芬兰岛，但他当时以为到达了亚洲东海岸。——编者注

[3] 现一般音译为"纽芬兰"。——译者注

代。没过多久，人们就意识到，那根本不是亚洲，而是一个当时完全不了解的陌生大洲，一个"地域辽阔，面积未知"的地方。

一方面，伊比利亚半岛上的国家——西班牙和葡萄牙——早已在中美洲和南美洲扎下了根，通过有意识的暴力行为和无意识携带的传染病病毒（美洲原住民对此没有抵抗力），给美洲带来巨大破坏；另一方面，16世纪英国人、法国人在美洲北部的殖民活动力度则相对要弱很多，持续的时间也短，当时并没有产生什么明显成果。在今北卡罗来纳州岸边不远处的罗阿诺克岛（Roanoke）等地，伊丽莎白一世时期的英国对之进行了一次有名的殖民活动——英国人第一次试图在这所谓"未开化的野蛮偏远地区"建立定居点。

16世纪80年代，探险队将一百多人留在这片陌生土地的危险、广阔的边缘地带，让他们在这里一边建设定居点和堡垒，一边等待后续供应。后来是弗朗西斯·德雷克（Francis Drake）爵士带走和挽救了那些陷入绝望境地中的大多数人。再后来，针对剩余15人的救援物资最终到来，但那些定居者一个也找不到了，只留下一个个令人毛骨悚然的骷髅。

后来，大船送来第二批移居者。这些移居者在紧张和狐疑中度过一段时间之后，也开始等待来自英国的补给船。然而这一次（不管是出于什么原因），关于西班牙无敌舰队的传闻、后来与西班牙的战争等严重耽搁了跨大西洋的物资运输。当补给船到来时，男女老少都不见了踪影，一起消失的还有他们的居住区。虽然制作精致的手工制品、认真写就的文字得以保存下来，并在灾难降临之前被带回英国，但那个定居点却和先前那批人建立的移居点一样神秘地消失了，史书上只是简单地称之为"消失的定居点"。

在那些失踪的移居者中，有一个刚出生不久的女婴。女婴的父母亲分别是阿纳尼斯（Ananias）和埃莉诺（Eleanor），后者是该定居点总督的女儿。女婴的名字叫弗吉尼亚·戴尔（Virginia Dare）——"Dare"这个单词有勇敢的意思，"Virginia"（弗吉尼亚）则是为了纪念她出生的那个定居点，弗吉尼亚因此成为美洲第一个有英国人降生的地方。然而，几乎可以肯定的是，她没有度过童年就早早地夭亡了——她的出生也许仅仅象征着一种文化的造访，这种文化如果成熟的话，将对那里产生决定性影响，虽然暂时命运多舛。

1600年，没有人会认为美洲是一个讲英语的人主导的地区，主宰大西洋世界的是西班牙语和葡萄牙语。如果想加入这两种语言主宰的世界，即使是通过在很靠北的地方建立定居点的方式，也必须有强大的海军冲破西班牙、葡萄牙两国海军的阻拦。在这方面，英国无疑已经非常强大、坚决，对天主教国家的攻击也更强劲。虽然英国在美洲的人口数量有所增加，但是很多英国人在那里生活惨淡，而且前景越来越不好。

但不少英国人还是执意前往——与西班牙的战争进行到白热化阶段，这在很大程度上推动了英国人移居美洲。在经历了16世纪的几次失败之后，移居活动终于获得了成功。虽然有人担心英国的人口无法支持人们大规模移居海外，但是限制人口流出的旧法律还是被废除了。1606年，英国还废除了颁布于14世纪的一项出境法律，该法律规定，除了"贵族和其他杰出人物"之外，若"没有英王的特别许可"，禁止"任何人出境"。

17世纪，英国在人口移居方面远远超过了世界各国，甚至国王詹姆士一世（James I）也可算作其中一员，他离开爱丁堡，加冕成为同时统治英格兰和苏格兰的国王。他同时还统治着威尔士，而且早已开始暴力殖民爱尔兰。他启用了一个传说中的概念"大不列颠"（Great Britain）来指代上述几个地区，虽然这个名词在很大程度上指的是英格兰，而不是不列颠。后者是早期移居美洲的人口来源。

"不列颠"的概念在现实中没有什么意义。不列颠岛屿上国家政权林立，情况差异很大，根本不是一个统一的王国。多年之后，这些地区，尤其是苏格兰、爱尔兰，开始有大批移民试图移居美洲，而来自英格兰的移居人数有所下降。其他地区也有人效仿，有的出于自愿，有的出于被迫，但很明显，来自非洲的奴隶根本没有自愿一说。不过，17世纪，大规模移民的先锋是英格兰。

很难准确统计移居人口的总数，因为当时没有人计算。直到19世纪后期，才有人试图准确记录移出人口。

情况往往是，相较于移出地，人口的移入地更关心新进入人口的情况。虽然在当时，人们往往认为美洲东部的"种植园"不是"外国"领土，而是英帝国的一部分，但事实上，美洲东部距离英国路途遥远。可以肯定的是，英国政府希望将不少人（他们被称为英国的"渣滓"）打发到美洲，而不是让他们继续留在国内惹麻烦。总之，17世纪，在移民美洲方面，英国没有任何政策上的限制因素。

据估计，17世纪，有将近38万人从英国出海，渡过大西洋前往美洲。这些人中，大约有20万人去了加勒比海地区，其他人在北美殖民地开始了全新的生活。对于一个只有大约550万人口的国家来说，这是一个庞大的数字，尤其考虑到还有同样多的人去了较近的爱尔兰。在那个世纪的第一个十年里，英国就开始殖民爱尔兰，对爱尔兰的殖民活动显著超越了移居美洲的规模。在同一时期，英国移出人口是西班牙移出人口的2倍——西班牙是欧洲第二大移出人口大国。英国移出人口是另一个大西洋大国移出人口的40倍，而且这个国家的人口比英国多很多，这个国家是法国。

英国向爱尔兰、美洲的大规模人口流动被称为"蜂拥的英国人"

（swarming of the English）。这是讨论人口迁移时经常用到的一个比喻，让人想到蜂房里的蜂群。尤其是从17世纪20年代后期到17世纪40年代初不到15年的时间里，大约有8万英国人离开故国，将近6万人穿越大西洋，这个人数超过整整一个世纪穿越大西洋的西班牙人的总和。而且，在18世纪国家总人口有所增加的情况下，17世纪英国的移出人口也比18世纪时多。现今，他们在海外的后代数量更为庞大。在大约30年前进行的一次人口普查中，至少4000万美国人认为自己的先人是英国移民。在加拿大，这一数字更大。历史学家惊讶于那个时代英国移出人口的庞大规模，对那场"巨大人口流动"活动啧啧称奇。

从长远来说，相较于17世纪那些移居人口带过来的锄头、铁锹，以及放在货舱里的装满个人物品的沉重而考究的深色大木箱子，更具重大意义的是他们带到美洲的英语、英国法律和文化。从那时起，这些元素就一直主导着北美社会，即使在美国独立战争期间或之后的英美关系紧张时期，也是如此。需要指出的是，对于英国移居者，独特的一点是，不需要担心如何融入陌生的语言环境，比起那些担心身份问题的移民，他们经历的困难要少得多（过去如此，现在也是如此）。在很大程度上，他们是在一个讲英语的世界里迁移。

有人问19世纪德国伟大政治家奥托·冯·俾斯麦（Otto von Bismarck），现代世界历史上意义最为重大的一件事是什么。面对这样一个问题，很多人会犹豫不决，但是俾斯麦信心满怀地回答道，"America"（他指的是美国）讲英语。看到俾斯麦身后那个世纪发生的事情，很少有人会对此提出不同意见，例如温斯顿·丘吉尔（Winston Churchill）就经常赞许地引用俾斯麦的这句话。可以肯定，英语成为当前的全球性语言，为数十亿人所使用，不是因为现在的英国。

不过，也可以说，这是英国的间接遗产——17世纪不计其数的英国移居者，以及后来众多的移居者对美洲产生了长期影响。很明显，一些现在看来具有美国特色的单词——比如单词"fall"指代秋季——曾广泛应用于17世纪的英国。后来，一些单词的独特意义在其母国被废弃不用，却继续存在于美国人的日常交流中；有时候，美国英语比英国英语更接近传统英语。

17世纪从英国动身的那些人想去北美寻找什么？在那个世纪的不同时期，答案大相径庭。相较于那个世纪的下半叶，那个世纪初，人们在那里的生活要艰难得多，定居点也脆弱得多。到那个世纪的下半叶，不论是在朋友还是敌人看来，那些英国人的定居点都要在那里扎根了。

这时候，对于考虑离开英国的人们来说，可以打听到的消息显著增加。先前，人们听信一些不可靠的公司宣传或中间人提供的保证；后来，人们就可以广泛了解到各方面的信息了。这些信息逐渐进入公共领域，即使不识字的人也能知晓。

但人们的预期是一回事，现实是另一回事。那些移居者是不是真的在新英格兰目睹了威廉·布雷德福（William Bradford）所说的"可怕荒凉的原野"，我们不得而知。他当然比我们清楚当时的情况，但是他记下的那些所见所闻看上去并不完全可信。在他的记述中，聚居的美洲原住民已经开垦利用了大片的沿岸地区，虽然不久前欧洲人带去的疾病让很多原住民死亡；原住民清除了草木，种上了庄稼；那些早期移居北美的清教徒弃船上岸，走上山坡，那片山坡上的树木已经被精心砍掉，他们几乎马上就可以种上豆子、玉米、大麦、小麦；打过几次交道之后，个别幸存的北美原住民甚至还会说一点英语；有的英国人学了几句当地话，不过很多人发现这是一件颇费力气却毫无用处的事情，甚至连后来在这方面下了不少功夫的威廉·佩恩（William Penn）也放弃了这种尝试。

事实上，当时人们在美洲海岸的体验各有不同。在早期到来的那批人眼中，这片土地无疑辽阔无垠，到处密林覆盖，相较于英国来说处于原始状态，和故国相比，这里"到处是野兽"，到处是"野人"（指原住民），眼前是一派完全陌生的景象，虽然原住民的数量已经比从前少了很多。第一批移居者登陆美洲的几十年后，对于那些后来的英国移居者来说，切萨皮克湾地区和新英格兰地区还是那么原始，即使那些没有那么脆弱的小型英国定居点也是如此。到了17世纪中期，弗吉尼亚以及整个美洲看上去已像一个"崇尚勇气的富饶地方"，是一些狂热者口中充满机会的乐土。

然而，事实上，很多人因为某种原因错过了去某个看好的定居点的机会，后来去了情况与之大不相同的另一个定居点。这说明促使人们移居美洲的并不是其目的地的具体特点。实际上，大多数人只是迫不及待地要离开英国。一般来说，让他们下定决心的，是故国的"推力"，而不是目的地的"拉力"。

当然，这本书的写作前提是，关于早期美洲移居者抵达美洲之后的经历和下落，以及那些移居者作为一个整体的命运。有关那些早期殖民地的经历，研究作品非常多（尤其是出自美洲学者之手的研究，这也不奇怪），但是向大众读者讲述促使人们实施这一非同寻常的迁移活动的原因，这方面的作品却很少。

即使是现在，越洋出行不再令人恐惧，返回相对也很容易，人们可以随时随地联系亲友，两岸之间可以方便往来，欧洲人对美国和加拿大的了解比对英国的了解还要全面，但穿越大西洋移居海外对于欧洲人来说仍然不是一个轻松的决定。在17世纪，这是足以改变一个人命运的决定；不管人们最初是不是将此举视为他们的最后一次迁移，但他们都清楚，那可能就是他们的最后一次迁移。当然，事实上，那确实是他们的最后一次迁移。

本书讲述了很多移居者的经历，比如正处在青春期、对前途绝望、父母亲没有活着看到他的家信的理查德·弗雷索恩（Richard Frethorne），为了改变绝望的生活而和丈夫、孩子离开祖国后再也没有回到出生地的安妮·布拉德斯特里特。很多人，即使在美洲侥幸生存下来，也从没打算再回英国。

他们意识到了此去的风险，因此在离开之际，他们大多深情地向故土，向过去熟悉的生活、亲友道别，通过这种方式——正如一个移居者在"格雷夫森德港的船上"写给父亲的一封深情的信里说的——来"向旧世界说再见，与故土永别"。

本书的目的是探索一些人移居美洲的初衷，分析他们离开英国的主要原因，探索有助于揭示这些原因的一些个人的经历。当然，每个人的经历都多少有些不同，不过，这并不等于将这些人的经历进行分类归纳毫无意义。

今天，很多英国人都了解宗教在17世纪早期所扮演的角色。他们知道历史上的英国清教徒，知道早期移居普利茅斯殖民地的清教徒前辈移民（Pilgrim Fathers），知道那个遥远年代人们渡海乘坐的"五月花"号，知道他们在寻找一个远离英国宗教迫害，能够实践其严谨、简朴、纯粹的宗教的地方。他们听约翰·温思罗普（John Winthrop）提到过"山巅之城"。当时，温思罗普用这个词语来描述很多身在国内的英国人对波士顿——新英格兰的一个定居点，而不是林肯郡的那个港口[1]——未来命运的关注，他们想知道波士顿居民憧憬的神恩是怎样显现的。

---

[1] 波士顿港，位于英国东南部林肯郡东海岸。——编者注

虽然如此，宗教却往往不是促使英国人举家迁往美洲的原因，至少不是主要原因。有的人是为了捕鱼，他们惊讶地发现西大西洋的鱼类非常丰富。当时欧洲海岸的渔业资源在很大程度上已经枯竭，他们看到很多人经常穿过大西洋去那里捕鱼，觉得在那里长期住下来也许不错。至少像理查德·惠特本（Richard Whitbourne）——他自己也是纽芬兰岛的早期定居者之一——这样的捕鱼人和鼓动者就如此执着地认为。相较而言，很多人前往美洲是因为痴迷于所谓"财富和利润的美好味道"，不顾"公平与正义"，一门心思想要暴富；在这种贪欲的驱使下，探险家马丁·弗罗比舍（Martin Frobisher）带领船员深入寒冷的北美北部，采掘和运回了好几吨毫无价值的石头，就因为那种石头有一种看似金子的光泽。

弗吉尼亚的众多移居者一心想要寻找这种虚幻的财富，无心从事基本的农业生产，这让那些派他们去那里劳动的人头痛不已，不得不派人长途运输，给他们供应粮食。一方面，有人抱怨他们离开英国纯粹是"为了发财"，而热情鼓动他们移居北美的伦敦公司也没有采取措施打消他们的那些不切实际的想法。在《弗吉尼亚旅行颂》（*Ode to the Virginian Voyage*）中，那位被权威人士认可的诗人，热情赞颂了这种梦想暴富的行为："弄到珍珠和黄金，看护好我们，弗吉尼亚，地球的不二天堂！"另一方面，那些传道者半信半疑，严厉批评上述抱怨，说他们看到的只是"过度的贪欲"。在同一个世纪，后来有人称这些人为"善于钻营的寄生虫，他们靠公共资金来修复和支持自己岌岌可危的命运"。当然，很多出于这种原因离开英国的人不会考虑永久移居美洲，他们将美洲看作"短期逗留的地方，而不是长期居住的地方"。他们的设想类似破窗抢劫——拿到"可以拿到的东西"后"迅速撤离"。

然而，情况往往并不如愿。很多时候，"迅速撤离"根本不可能。

就定居点整体而言，人们从来没有找到储量很大的黄金和其他稀有金属，当时人们认为金银才是真正的财富。不过他们的黄金梦被另一个同样虚幻（甚至更为虚幻）的梦想所取代。

烟，是那种存在时间很短、升在空中瞬间飘散的东西。还有什么比把钱花在烟上更为浪费、更没有意义的事情吗？然而，事实证明，烟草是一种真正有价值的商品。虽然人们后来知道它会导致很多健康问题，但它确实给处于困境中的殖民地提供了帮助和支持，让那个殖民地能够实施先前的计划，让移民"牢牢占据那片土地并扎下根来"。

很多殖民者离开英国确实是为了实践一种自我节制、努力劳动的宗教，英国不支持这种宗教。人们希望远离因为敌意、错误的崇拜形式而面临劫难的那个国家，希望自由践行自己的宗教。对于那些前往新英格兰地区的人，情况尤其如此。据说移居新英格兰的人远没有前往弗吉尼亚的多，不过新英格兰移居者的数量也相当可观。17世纪30年代有大量清教徒移居美洲，当时兴起了一股美洲热，人们竞相前往。没有任何一个时期更能说明这种热潮的重要性了。当时，每年都有成千上万人怀着同样的目标离开英国——用宗教术语（虽然不是基督教术语）说，这股热潮是"希吉拉"[1]。

还有一种人离开英国，更多的是由于17世纪40年代英国陷入了一场可怕的、无休止的混乱[2]，而不是出于宗教原因。这场混乱让这些人感到英国可能已经被上帝遗弃也让很多清教徒受到感召，回国参加"圣战"；不久，很多保王派人士因为无法接受王军战败、国王被处死以及后来国会派长达十年的统治，相继离开了英国，这些人后来有

---

[1] 希吉拉（hegira），意为公元622年穆罕默德从麦加到麦地那的逃亡，也指伊斯兰教纪元。——译者注

[2] 指英国资产阶级革命，也称清教徒革命。——编者注

的回国了，有的一直没有回去。

有的人移居美洲并非由于对贵金属的强烈欲望，而是有其他打算，他们希望在大洋对岸找到英国原始地带很难找到甚至根本找不到的有价值的物产。木材和土地是在欧洲紧缺但在美洲数量丰富（几乎无穷无尽）的东西。动物毛皮也是如此，尤其是河狸皮。早在很多年前，欧洲河狸就因为人类的捕杀而绝迹。河狸皮因为具有独特的防水性能而成为人们竞相购买的东西，尤其是莫名其妙的流行时尚一度让"河狸皮帽"成为时髦商品。

这时候，又有一些英国人去了美洲。第一批是在国会派执政时期，另一批是在复辟后的国王查理二世统治时期。因为他们可以像17世纪30年代的那批清教徒一样，在美洲自由地实践他们的宗教信仰。不过，在宗教信仰方面，这批人与17世纪30年代的清教徒有着本质的不同，而这一差异从那时起就一直影响着美国人的思维。不同于清教徒，威廉·佩恩等人主张宗教自由理念，并试图推广这种理念。这是个原则问题，他们不希望将任何信仰强加于人，认为"是非判断"完全是个人的事情，理应由个人选择。这是一种独特的现代理念。虽然17世纪下半叶有不少人提出这种主张，但是在上半叶，很少有人提出这种看法，即使那些明确认为传统思维有问题的人也不大可能旗帜鲜明地提出这样的观点——没有人真正了解这个世界，因此没有人有权力决定别人应该信仰什么。

虽然有上述如此多的移居海外的原因，然而可以肯定的是，17世纪大多数离开英国前往美洲的人并不都是因为上述原因才迁移的。有人这样描述船上的乘客："大多是处境可怜的穷人。"他们要出去是因为在国内看不到任何希望，只有出去这一条出路，甚至是唯一一条可能带来些许希望的出路。对于他们来说，当时的英国是一个极难解决温饱问题的地方。人口的增长——用一个伦敦人的话说是"迟来的可怕的人口增长"——恰逢经济发展停滞,让人口问题显得格外严峻。大多数人的意见(当然是公开发表的意见)越来越支持"减少人口",办法是将"数量不少的人口"迁移到"其他地方"。

促使人们迁移的主要有两方面的因素:一方面是他们所处的经济困境,另一方面当然是这种迁移可以实现,甚至比较容易实现。往来于大西洋两岸的船只越来越多,货舱里可以载人;劳动契约可以让穷困的男人、女人和孩子通过用未来一定时间的劳动来换取他人资助船上费用的方式前往美洲;美洲那边的种植园主急需劳动力。据说,在那里,仆人的数量是衡量一个人财富的标准,一个人的仆人越多,他就越有钱。对仆人(价格低廉、能干体力活的奴隶)的需求,导致前往北美的人中有数量众多的十几岁的男孩,因为他们签署的劳动契约的时间跨度可以比20多岁的人更长,可以为雇主工作更长时间。

而实际上那些真正动身离开英国的人还不是最绝望的人。因为这一去可能永远不再回来,要经历漫长的越洋航行,未来的陌生生活还存在各种不确定性,所以能做出这种决定的人往往是有魄力、精力充沛、性格乐观开朗的人。据说具有这些特点的人往往是这个国家最"有活力的人"。一个新英格兰殖民者用矫情、自我夸耀的口气说,此举是将"挑选出来的谷粒"送到"这一蛮荒之地"——这与这个说法最初的宗教意义无关,指的是他们决心改变自己的命运。

当然,其中一些人出于对故土的依恋又回到了英国(这在当时那种情况下可能不合逻辑)。有观点认为他们中的大多数人觉得对英国有所亏欠,是真的吗?情况并非如此,回去只不过是一种直觉上的舒适感作祟。在一位早期移民活动的鼓动者看来,这就像"蜗牛对壳"的感觉,即熟悉的事物所带来的安全感,哪怕所熟悉的事物可能是魔鬼。

当然，我们不可能将英国人大规模移居美洲的所有原因归结为单一因素。历史学家曾经做过这样的尝试，不过，他们大多放弃了这种努力。他们一致认为，通过分析英国人移居美洲的整体历史可以看出，有多种因素在发挥作用，不同的移居活动有不同的因素在起作用。

但最重要的因素肯定是渴望出去，且能够出去——必须有前往美洲的船只。无论什么时候，相较于瑞士，人们更可能从伦敦、布里斯托尔（Bristol）动身。至关重要的是，因为自然条件的关系，英国的任何地方距离海边都不太远。当然仅有这一点是不够的。究竟什么原因使得英国的移出人口比例比其他国家（例如沿海国家法国）高很多？除了船只，移居美洲还需要船主或船长，他们可能需要给船舱里填装压舱物（最好是能够带来利润的压舱物），还需要一些有钱人——不管他们身在英国还是美洲——来为移居活动提供资金。

区分这些动机并不意味着一起出走的同一批人的动机完全是单一的，虽然有时候某一个因素可能主导某个人或某一个群体的思维。区分这些动机只是为了探讨那些发挥作用的重要因素。

另外，那些从英国移居到美洲的人往往是普通人，这些普通人的移居活动改变了全球的政治面貌，这种改变仍在从根本上塑造着当今的政治形势，那么多人离开英国到北美讨生活这一事实从此定义了我们这个世界。

所谓美利坚合众国，其占主导地位的是讲英语的人，也就是与"母国"有着深厚文化和语言渊源的会讲英语的人、喜欢英国食物和文化的人。虽然相较于美洲人，这种"特殊关系"对受昔日荣耀幻影折磨的岛国居民来说意义更为重大，但无论如何它确实很重要。美洲的英国成分，相较于英语本身，正如俾斯麦所说，也许是现代生活中最重要的因素。

目 录

第一章 | 鱼　　001

第二章 | 黄金和烟草　　039

第三章 | 上帝面前人人平等　　087

第四章 | 国　王　　138

第五章 | 河狸皮　　173

第六章 | 自　由　　211

第七章 | 绝　望　　248

结　语　　279

第一章 | 鱼

茫茫北大西洋上，风雨如晦。一只小船——即使按照那时的标准来看，也不算大——在海面上航行。船上的食物越来越少。随着食物储备的减少，船员们开始焦躁不安，脾气越来越坏。

之前有一次，这位英文名字叫约翰·卡伯特的威尼斯人曾经率船从英国启程向西远航，那时他也是船长，最后因为天气恶劣，船员灰心泄气、饥肠辘辘、牢骚满腹，不得不中途返航。卡伯特为人温和，"性格谦和"，不是那种面对忤逆就滥施权威的人，即使对方是他的下属。此时的他，肯定心里打鼓，害怕重蹈覆辙。

然而就在这时，船上响起一阵兴奋的叫喊声。有人发现随着船只前行，海底逐渐升高，海水变浅了很多。他们来到了下面是"某个海底山脉"的水域。在度过了没有海鸟相伴的几个星期之后，现在又看到海鸥在头顶上盘旋、鸣叫，他们断定周围不远处就有陆地。人们清楚地看到、听到那些空中的海鸥所看到和听到的情景——鱼的银白色背鳍划过水面，海水溅起时发出声响，水珠飞溅到空中，在阳光下闪闪发亮。在那里（当时他们并不知道自己具体在什么地方），从南向北的暖流与相反方向的寒流相遇,再加上水下被称为"暗礁"的(有的从南向北、有的从东向西)绵延数百英里的山脉,形成了一个得天独厚的水生动物的乐园。船员们纷纷要求停下来,降下船帆,让船在水中漂一会儿,他们要抓鱼。

卡伯特的英语里有一股浓重的地中海口音。他现在比任何时候都迫切地想赶路。他一心想的都是"重要事情"——寻找一条水道向西前往东方,而不是海里的鱼虾。那条水道是他梦想了很久的航线。他盘算着,这水道可以让英国船员第一次进入遍地是黄金的市场。他觉得那里肯定是一个"香料、珠宝够全世界享用的地方"。要是他们的船距离陆地已经不远——从那些海鸟就可以看出来,那么前面肯定是亚洲。它与英国的距离,比欧洲南部那些与英国有竞争关系的国家更近(当时卡伯特这么想)。如果从欧洲向西航行,比向东绕过非洲最南端和印度的距离更短。

无法估量的财富和丰厚的报酬在等待着他。虽然卡伯特是欧洲最出色的船员之一,他在意大利银行圈、伦敦宗教界都有说得上话的朋友,但其实他手头拮据,到处躲债。此刻他不愿意冒险触犯众怒,于是,他答应停一会儿,允许船员们用鱼竿在甲板上钓鱼。船员们渴望钓鱼,不仅是因为腹中饥饿,还因为很多船员来自布里斯托尔,曾经随捕鱼船从英国西部港口出发,经过冰岛进入过大西洋,他们非常清楚抓到很多鱼意味着什么。将钓钩下到水里之后,他们惊讶万分,硕大的鳕鱼一见到钓钩冲上来就咬,钓到的鱼的数量和个头儿令人咋舌。扔到甲板上的鱼跳跃着、翻滚着,没有眼睑的眼睛睁得大大的,慢慢窒息而死。船员们没费什么力气就收获颇丰。

然后继续向西航行,不过片刻,他们真的看到了一片从薄雾中浮现出来的陆地——这是一片陌生的陆地(就是后来的纽芬兰岛)。那些海鸟也说明事实可能确实如此。这是英国人第一次看到不久之后被欧洲人称为"美洲"的陌生大陆。这些地图上无法找到、覆盖着森林的陡峭山峦，赫然矗立在前方的海面上。卡伯特，就像先前的克里斯托弗·哥伦布一样，转而向南驶去。他认为刚才看到的那片陆地，根本不是什么未知大陆，而是亚洲——用他的话说，是"大可汗"的领地。后来他返航时，一位外交官托他捎信给英国国王，说英王"兵不血刃就得到了亚洲的一大片土地"。

卡伯特率船沿海岸向南行驶了数百英里。他们要寻找那个以富庶著称的日本大岛，寻找其他人口众多的亚洲文明中心。然而，他一无所获，只得不情愿地下令掉头返航。不过，他们在那个岛上短暂停留时，看到树上的树皮"有刀子划痕"，还有捕捉走兽的套索，以及曾经明显用以编制渔网的针。因此他们断定，岛上有人居住。

对卡伯特来说，这是一件大好事。他可以拿这一信息回英国复命：他发现了一个"新的岛屿"。这个岛屿面积广大，在大西洋中绵亘数百英里。接下来，他还会发现其他岛屿，更富庶的岛屿。不过，对于很多船员来说，真正让他们兴奋的并不是那片陆地，而是水里的鱼——那是他们回去之后到处吹嘘的谈资。

他们会说，"那片海里满是鱼，不仅能用网捞上来，用篮子也能捞上来"。只要让篮子沉下去，"给篮子下面系一块石头，让它沉进水里"，"就能捞上来好多鱼"。他们喘着粗气言之凿凿地说，"这个国家根本不再需要冰岛"——冰岛是英国北部的一个岛屿，其附近海域是当时英国最大的捕鱼地。

虽然卡伯特的船上悬挂着英国国旗，并且国王亨利七世的军队也深入了美洲土地。然而，英国，也就是海员们口中的"这个国家"，却没有及时利用这一发现。

结果，多年间，收割这片海产丰富的天然渔场的是欧洲其他国家的船只和海员。亨利八世（1509年即位）和他父亲不一样，他对探险毫无兴趣。据说他"根本不关心""这项事业"。他极为上心的事情是与竞争对手抢夺欧洲霸权，一个不能让他立刻发大财的新世界没有什么用处；他已经有了一个旧世界，一个大得足够他发号施令的旧世界。

亨利八世性格傲慢、刚愎自用，这种性格也影响了他的臣民。在"法国人、布列塔尼人、巴斯克人、比斯开人每年捕获大量鱼类"的纽芬兰岛，英国人的收获却非常少。很快，那里成了众多葡萄牙渔民口中有名的"*terra do bacalhau*"（鳕鱼岛），他们频繁光顾这里。1580年，伊丽莎白一世时代的一位作家估计，每年前往纽芬兰捕鱼的法国船队的船只多达五百艘。相较而言，英国在那里的捕鱼船队的规模要小得多。

定居的方式、传统的影响以及捕鱼习惯，决定了英国的东部海岸作为渔业资源产地在历史上的重要性显著超过了西海岸。但即使在东海岸，欧洲其他国家的渔民也往往比英国渔民更出色。每年，"银色宝贝"（现在一般称为"鲱鱼"）都沿着东部海岸线向南游。在一大片广阔水域的表层海水中，数十万尾鲱鱼翻着晶莹闪亮的浪花，不时露出体侧的银白色，轻快地向前游动，在北海大陆架地区的浅水区，它们在本能的作用下产卵。

在鱼群前游途中，总有数百艘小渔船张开大网在后面顺流追踪捕捞。数个世纪中，无论是中世纪，还是现代社会早期，英国每年都要上演这样的盛况。在8月下旬的"巴塞洛缪节"（Bartholomew tide），聚集在斯卡伯勒（Scarborough）对面约克郡海面的大片鱼群甚至会模糊了海水的颜色。在六个星期后的"Hollantide Eve"，即先前的万圣节，当孩子们提着芜菁雕刻的灯笼，唱着歌挨家挨户敲门的时候，正是那些"银色宝贝"大批游到泰晤士河河口附近之时。在雅茅斯（Yarmouth）等东海岸城镇，每年秋季都要举行持续大约一个月的大型"鱼产品交易会"。

一份15世纪的英国经商手册上说，"想要采购鲱鱼，可以到英国东部去，因为在那里"可以买到"数量最多"的鱼。手册上推荐说，还可以前往斯卡伯勒、雅茅斯，或者诺福克（Norfolk）和萨福克（Suffolk）的其他小镇。例如在雅茅斯，从9月底到11月中旬，鲱鱼群从附近游过，这个古老的中世纪集市在秋季那段白天越来越短的日子里，整天充斥着叫嚷声、嘈杂声和浓重的鱼腥味。对于英国东侧的各个郡来说，大海是人们日常生活中具有强烈地方特色的存在，是"东部不可缺少的近邻"。

虽然如此，但主导这片水域的并不是英国人。比如雅茅斯市场的管理者是五港同盟（Cinque Ports），水手和捕鱼人使用的狭小房子就集中在港口一侧，但是集市期间光顾那些小房子或借宿在当地人家里的商人大多不是英国人，而是外国人。在荷兰崛起之前，北海地区捕鱼船最多的是北部德意志城市汉萨同盟[1]的商人。很能说明问题的是，在一张16世纪的欧洲地图上，这片水域的名字不是"North Sea"（北海），而是"Oceanus Germanicus"（拉丁语，意为"德意志海"）。

当时，一位生活在附近的英国作家提到"法国、佛兰德斯、荷兰、西兰岛和所有低地国家的大量渔民"，在每年将近年底之际，来雅茅斯"捕捞、销售和购买鲱鱼"。另一个从小在萨福克海岸城市绍斯沃尔德（Southwold）一带长大的人，称自己是"渔民的儿子"。他回忆说，他小时候心思都在"捕鱼的事情"上（意思是，相对于修辞、逻辑和专

---

[1] 汉萨同盟，德意志北部城市之间形成的商业、政治联盟。"汉萨"（Hanse）一词，德文意为"公所"或者"会馆"。——编者注

业书籍,他对"渔网、鱼线、鱼钩"熟悉得多)。

他说,这让他想到那些外国商人带着斩获的金子乘船回国时大声奚落当地英国人的情景。那些外国人朝本地人高喊,他们很高兴把自己穿旧的鞋当新鞋卖给他们。这位作家认为,外来人主导海上捕鱼业对英国来说是一场灾难。英国拥有富饶的自然资源,丰富的海鱼,以及大量的海湾和港口。他呼吁他的同胞们支持他所说的高价值的国家产业。

这样做的不止他一个人。几十年间,很多人表达了对英国作为海洋国家地位衰落的不满。在那个一有情况政府就将大批渔船、渔民征入海军效力的时代,政府考虑的不是经济问题,而是国防问题。一个英国商人不无痛心地说,在他所见的捕鱼船中,"看不到一个英国水手"。"对这个国家来说,"他说,"这是一个极大的劣势。"亨利八世在位后期出台的《海军维护法》(Maintenance of the Navy)就哀叹英国海运能力的下降,以此为生的那些人的贫困影响了"海岸边城镇、村庄和居民"的"衰退和破败";这部法律一再指出,捕鱼业是"培养优秀水手的育苗场",需要大力保护。

不过,情况在慢慢发生变化。事实证明,这一变化不仅对英国的经济至关重要,对于英国在北美扮演的角色也至关重要。

在这方面,安东尼·帕克赫斯特(Anthony Parkhurst)的经历可以说明问题。他出生于英国的东部,少年时代在距离福克斯通(Folkestone)不远的肯特一带的丘陵地区度过。他幽默风趣,非常自信,在西班牙担任基层外交人员时,深受上司赏识,获得了一份在英国长途贩奴船上的差事。1564年秋,那艘船向非洲驶去,抵达非洲后,这艘以基督教一位核心人物的名字命名的船被塞进了数百个黑奴,然后继续航行,越过大西洋,前往西班牙殖民地把黑奴卖掉。后来,帕克赫斯特和其他水手驾船向北美驶去;在法国的佛罗里达殖地停留之后，在恼人的微风作用下（风力太小，几乎感觉不到），他们缓缓向北漂去。

海面波澜不惊，没有海浪猛烈撞击木质船体，也没有海水泡沫飞溅到甲板上。早已习惯了脚下船板随着海浪起伏的水手，居然被这种静止状态搞得不知所措。完全张开的船帆松松地垂下来，几乎看不到有风吹动的痕迹。船上的食品储备越来越少（因为在长达一个月的时间里，船只能沿着大西洋的西侧缓缓前行），船员们开始绝望起来。和那些他们懒得去想的奴隶一样，他们以为自己再也见不到家里的亲人了。据说所有人进入了一种"痛不欲生"的状态。绝望之际，他们跪在甲板上，"极为诚恳"地祈祷起来。后来的情况表明，神听到了他们的祈祷。

神派出了一阵"顺风"，将他们吹向北方，一直吹到美洲海岸北部今天的班克斯（Banks）。在那里，船员们看到了欧洲捕鱼船（70多年前约翰·卡伯特发现的那片鱼类资源丰富的水域，此时已经不是秘密了）。他们仔细观察和倾听头顶的海鸥——这是他们熟悉的北欧海鸥，不同于先前他们在南方遇到的海鸥——当船上的人们将鱼的内脏抛入水中时，那些在空中盘旋鸣叫的鸟儿会迅速向"漂浮在水面"的"鱼内脏和废料"俯冲下去。当风力再次减小时，船员们越来越焦虑食物问题，也开始模仿那些欧洲捕鱼船，利用这个机会捕鱼。

和几十年前卡伯特船上的那些水手一样，他们也惊讶于那些毫不犹豫冲上来咬钩的鱼的数量和个头儿。水手们后来说，轻松到手的鱼儿"大大缓解了我们的困难"。后来在回国途中，他们又从两艘法国船（它们也在班克斯一带水域捕鱼）那里弄到了一些鱼。"那么多鱼，"他们回忆说，"足够我们吃到回国了。"

这段经历让帕克赫斯特印象深刻，难以忘怀。他的船最终停靠在康沃尔（Cornwall）北部海岸的帕德斯托（Padstow），船上装着各种各样的宝贝——"黄金、白银、珍珠和其他珠宝"，数量"都不少"，足够满足最贪婪的探险活动投资人。他们还将"新世界"的第一批烟草样品带回了欧洲海岸。不过，相较于一群群海鸥在头顶盘旋时海面上数十万尾在阳光下闪现出银白色鱼鳍和侧面的鲱鱼来说，这些宝贝都无法让帕克赫斯特兴奋起来。

回到英国后，他喜欢上了四处探险的生活。他意识到，如果英国人能够大胆地走出去，就可以获得数量庞大的财富。他决心前往气温较冷的北美最北部，打算靠那片海域发财。卡伯特曾经在几十年前说过，那里"到处是鱼"。这一资源——英国人开发得很少——犹如上帝的慷慨赠予。

但帕克赫斯特为此与父亲发生了争吵；后者也许认为儿子在做一件很不靠谱的事情。帕克赫斯特给自己买了一艘船，他驾船向西航行，离开英国人口稠密的东南角，驶向布里斯托尔。他打算去那里经商。

十年之后，在1575—1578年的四年里，帕克赫斯特驾船在纽芬兰岛附近海域捕鱼，这片海域曾让青年时的他着迷。大多数船主会雇其他人去做资源收集和交易工作，而他独树一帜，亲自出海。返回时，他特意绕道北海海岸，探索对他来说（对他的大多数同胞也是如此）完全陌生的景致。

16世纪，很多前往班克斯捕鱼的欧洲渔民用盐来腌放在船舱里的鱼，然后直接返回英国，也就是说，从不涉足美洲土地。然而，英国人没有欧洲南部海岸的廉价盐场。因此，他们更倾向于像欧洲北部的其他国家一样，将鱼略微撒上一点盐后放在木屑或木架子上，置于凉爽通风处或太阳下晾干。这意味着他们要弃船登岸；换句话说，意味着要在美洲待上一段时间。

结果是，16世纪70年代后期，每年夏季帕克赫斯特需要不时地在纽芬兰岛上停留好几个星期。该岛东南角——当时英国人已有涉足——很少有人居住。杉树顽强地生长在遍地花岗岩的山坡上，频繁笼罩海岸的大雾和大雨的定期洗礼让这些杉树表皮阴湿，颜色发灰。狗熊探头探脑，东张西望，只需滑膛枪朝它们那个方向开一枪，它们的好奇心（和海产品味道对它们的诱惑力）就会戛然而止。这样，帕克赫斯特得以走得远一些。他考察了纽芬兰岛的海岸、树林和丘陵，身边带着他的狗。他细心观察"港口、溪流、避险处，还有陆地"，他说，"探索范围大大超过了先前的任何英国人"（虽然他们之间确实没有多少竞争关系）。詹姆斯敦（Jamestown）[1]殖民地的建立，是大约30年后的事情。

他做了一个非常简单的鱼叉：将金属鱼钩捶直，固定在长木棍的一端。涉水行走于很凉的海岸浅水中，半天就可以叉到足够300人食用的龙虾。他将抓到的活鱼扔到海岸上的某个地方，如果有某条鱼蠕动着往水里去，他的经过训练的狗就会把它叼回来。一些可以食用的水中生物，比如螃蟹，毫无戒备地朝岸上的人爬过来，帕克赫斯特只需动动扫帚将它们扫成一堆即可。而此时，那位犬科朋友就会小心翼翼地在旁边看着，肯定在琢磨怎样不让那东西带有浓重海腥味的钳子夹了鼻子。帕克赫斯特还注意到，有时候他甚至不需要下水，因为鱿鱼为了从大群凶悍的鳕鱼口中逃命，同样会"在海浪的作用下冲上岸边的卵石和沙滩"，他可以用铲子像铲麦子一样将它们铲起来。

帕克赫斯特有一种故作严肃的幽默感。有人问到他的探险见闻时，他会一本正经地告诉对方，他看到贻贝和牡蛎长在树枝上；面对

---

[1] 詹姆斯敦，英国在北美的第一个定居点。1607年，105名英国人来到今天美国的弗吉尼亚州，建立了詹姆斯敦，从此开始了美国的历史。——编者注

怀疑和惊奇的表情,他承认,严格说来,他没有说谎,因为他说的那些树生长在海边,树枝垂在海水里。他和随他一起出海的老朋友开玩笑说,他会给海里的生物施加咒语,让它们乖乖地从水中出来,前提是他必须用五个英国港口(五港同盟)的名义发号施令。他对理查德·哈克卢特(Richard Hakluyt,此人和他的堂弟都因地理学和贸易方面的兴趣而闻名)说,"语言的作用"很小,在欧洲人的眼里,那些鱼才是真正"重要和奇怪"的东西,虽然相较于欧洲人在遥远的南部(比如加勒比海地区)看到的那些鱼,他们对北大西洋的海洋生物要熟悉得多。

终于,英国人开始认识到这片地区的经济潜力,这时距离卡伯特他们告诉人们这件事已经过去了很长时间。直到这时候,也就是16世纪晚期,造船、航海这两方面的技术和知识开始有了显著的进步。在那里停留期间,帕克赫斯特注意到,穿越大西洋前往纽芬兰岛附近海域的英国渔船显著增加。他说"感谢上帝",捕鱼业在过去的五年里有了"很大提升"。每年的情况都不一样,平均来说,捕鱼船队的船只数量每年的增速超过10倍,从"4艘小帆船"增加到40艘,而且后来增加的船只都很大,每艘船可以装载先前一个船队装载的鱼的数量。但这并不是说,捕鱼船已经没有了改进空间。"我们的捕鱼业,"他写道,"可以在现在的基础上继续提升2倍,甚至3倍。"

然而,真正的改进是由那些"西部人"推动的,也就是来自康沃尔、德文(Devon)、多塞特(Dorset)的商人和渔民。这些人也属于英国人,也得以从这一地区新发现的丰富鱼类资源中分一杯羹。

16世纪的英国,形势变化得颇为剧烈。各地区的英国人不断向首都伦敦迁移,东部人开始向西部迁移。当然,自从搬到布里斯托尔之后,帕克赫斯特自己也成了"西部人"。在过去,西部人往往不以捕鱼为业，农闲时他们驾小船在附近海域捕鱼只是为了丰富餐桌饮食。他们还在河口采捞牡蛎和贝类水产。只需向当地领主（lords）或所在城镇支付一定费用，他们就可以进入指定水域捕鱼，并使用海岸。不过他们不是职业航海人。这个地区的人口相对较少，居住区位于群山环抱的低处，从海面上根本看不到，因此得以躲过满载外国劫掠者的武装舰船的洗劫。

随着迁移人口的增加，英国西南部的生活开始发生变化。去往纽芬兰岛的人们，出发前会在这里停留，等待捕鱼季的到来。他们会在近海捕鱼，随后慢慢定居下来，使聚居区成为永久的村庄和城镇。这些村庄和城镇从酝酿到形成都深深地打上了海上捕捞活动的烙印。鲱鱼不再是西部的传统主食——西部巨大的消费量曾让东部海岸受益，北海地区是鲱鱼的聚集地——考古发现证明，西部地区人们食用的鱼类品种在那时有了显著增加，并不再依赖东部输入的鲱鱼。在德文、康沃尔附近海岸，泥瓦匠、木匠被征召建造新码头。人们还建造地下室和房子，专门用来腌制从附近海域捕获的鱼。后来人们给这些建筑起了一个好听的名字——"鱼宫"。

前往遥远海域（比如美洲附近海域）捕鱼需要很大的船，花费很长的时间，最初能够同时具备这两个条件的人并不多。不过，人们可以前往爱尔兰附近海域捕鱼，其中一些人仍然记得从英国的这个地方开启的伟大航行（比如约翰·卡伯特的那次远航），并赞叹西大西洋的富饶。虽然在卡伯特之后的几十年里，前往西大西洋的大多是其他国家的船员，但卡伯特给英国人留下了深刻的记忆。让英国人同样念念不忘的是，既然最早发现那片海域的是英国人（当然，他们认为这一点非常重要），那么它就应该归英国人所有。

对于大多数英国西南区（West Country）的渔民来说，纽芬兰岛附近水域是一片极为富饶的宝地,他们可以从那里满载而归,返回欧洲。帕克赫斯特说,他看到越来越多的人前往那里捕鱼。英国西部的沃尔特·雷利(Walter Raleigh)爵士曾在国会发言,打探西大西洋捕鱼业对于英国西部的重要性。他说捕鱼业是"西部地区"的"支索"。[1]

在思想领先于其时代的安东尼·帕克赫斯特看来,英国国内人们从其他地方迁移到西部,只是一个开始。他认为,那些男人(女人也是一样)不应该就此停下,他们应该从英国西部出发,驾船向西,朝着落日的方向,进入大西洋。不仅仅是去捕鱼,还要去生活。他认为,英国人应该移居那片陌生的、看上去没有人居住的土地。他在纽芬兰岛上四处走动,察看山水草木,尽可能地了解该岛屿的地理与气候。在个人观察的同时,他还向在岛上遇到的欧洲其他国家的渔民了解情况。其他国家的渔民,比如法国、葡萄牙的渔民,在获取美洲附近水域的财富方面,要比英国的步伐快得多。他说,他所了解到的情况,让他大受鼓舞。

一回到英国,帕克赫斯特就利用一切机会宣传纽芬兰。他大讲特讲那个岛屿的"肥沃、富饶",周围水域蕴藏的无尽宝藏。他说那里谷类庄稼长势非常好(这与事实有出入),甘甜的水果可以自然生长,适合做木柴和造船用料的树木随处可见——这立刻让英国人想到国内同类木材日渐紧缺。他督促一些人鼓动英国人行动起来——不仅要去捕鱼,还要去移居。

帕克赫斯特说,关于那里气候寒冷的说法完全是夸大之词。实际上,那里并没有"那些糊涂的水手说的那么冷",他们只是被漂向

---

[1] 帆船上固定桅杆的绳索,有支柱之意。——译者注

南面很远一段距离的冰块给误导了。他坚持说，那些冰山来自寒冷的"地球北部地区"，而不是纽芬兰岛。帕克赫斯特说，纽芬兰岛的夏季其实比英国还要暖和。即使到了冬季，那里也没有那么糟。（需要指出的是，他之所以这么说，很可能是因为他之前没有在那里待到年底。）

至此，距离人们发现西边大洋那片陆地已经过了将近一个世纪。英国人已经逐渐知道，那片陆地既不是亚洲，也不是通往亚洲路上的群岛。在16世纪即将结束之际，他们经常谈论起"现在假想的大洲""地域广阔的国家"，谈论"据说比整个欧洲都要大"的陆地。人们私下里认定那是一个先前没有被发现的地方，认为它向北延伸的区域比西班牙在南部探索的区域还要广阔和富饶。

不过，对于那片陆地的地理特点，人们仍然知之甚少。大多数欧洲人，尤其是英国人，在深入了解哥伦布、卡伯特之前所发现的那片陆地这件事上，落后于旧世界的其他大西洋国家。他们承认那片陆地（美洲）是一个"尚未完全了解的"地方。关于那片陆地，上帝只赐给他们所谓"晦暗模糊的知识"（这个词语准确地描绘了美洲北部被大雾笼罩的海岸）。他们了解到的关于那片陆地的大多数知识，来自其他欧洲人（比如法国人）的探索经历。此时英国人还没有认真尝试真正将"大批信仰基督教的人迁居"那里。

但英国人深信，如果其他国家，如西班牙、法国有人移居北美，其成功概率极其有限，即使是那些认为"信仰宗教、军事强大"而应该获得神助的人（如法国新教徒），结果也是"悲惨而糟糕的"。至少在一些英国作家看来，显而易见的是，上帝已经"框定了范围"——他已经在心里给英国人划定了一个移居的地区，毕竟他青睐英国人。只有这样，才能有力地解释为什么上帝"充满力量的手"粉碎了其他国家渔民移居那片大陆北部的企图；他可能允许——甚至祝福——西班牙攻击加勒比海地区和美洲南部原住民并占领那些地区，因为西班牙人是第一个发现那些地区的欧洲国家；然而上帝不允许西班牙人进入佛罗里达北部，他明确表现出了他的不满。

那些龌龊的法国人，他们根本没有合理的声索权。他们只是给先前英国人发现的"地区、河流、海湾、海角或岬角"起了法语名字——尽管法国人对这些地方的探索更彻底，更广泛。难怪，虽然他们百般尝试，上帝仍然不允许他们建立一个在英国人看来属于"侵犯他人权利的永久领地"。众生可能无法猜透上帝关于目前似乎可以确定的"世界的最后一个千年"的意图。然而，这并不能阻止英国的观察者们去尝试了解。

事实上，英国在卡伯特的带动下经历了最初的热闹后，前往班克斯捕鱼的步伐和规模都逊色于欧洲的竞争对手。虽然来自英国的船只后来有所增加，但来自周边的西欧天主教国家（法国、葡萄牙、西班牙）"各地"的捕鱼船早已捷足先登。对于整个欧洲，尤其是大西洋国家，北美附近海域已经成为"世界上最有名的捕鱼之地"（引自一位英国游客）。之前，竞相在北海捕捞鲱鱼，或者（一般也是从英国东海岸出发）前往北部的挪威和冰岛附近海域捕捞鳕鱼时，英国渔民的竞争对手大多是宗教改革之后的新教徒，而此时，他们的竞争对手是天主教徒。

该怎样诠释发生在新世界的这种对抗？英国人想的是，基督教是否会从美洲南方传向北方，就像当年的欧洲一样——天主教起初在南方，后来新教信仰犹如从上而下倾泻的洪水一般，大大削弱了天主教的影响力；直到全世界都知晓了耶稣福音传递的真正信息，耶稣就会像《圣经》预言的那样归来。

当然，在欧洲处于新教与天主教严重撕裂的背景下，理解上帝鼓励英国人向西扩展的意义，这是至关重要的。美洲的大小、重要性越清楚，它的宗教意义就越重要。

在认真倾听帕克赫斯特宣传纽芬兰的人中，有一个人强调自己是"西部的冒险家"。在英国人开始将目光投向西方，越过大西洋，越过那个不再是深不见底、广阔无边、危险丛生的大洋，而是可以载着他们，让他们通向美洲的辽阔水域之际，这个人成为将英国的海上活动从南部和东部海岸转向西部海岸的重要人物。

汉弗莱·吉尔伯特（Humphrey Gilbert）爵士是一位来自德文的水手和绅士。他个子很高，脑筋活络，目光坚定，性格倔强。长期以来，他想方设法让英国人走出生养他们的那个小岛，要使英国成为世界强国（当时还不是）。他是沃尔特·雷利爵士同父异母的哥哥，他和雷利一样看到了新世界的捕鱼业对他所在的英国影响有多大。

帕克赫斯特的话让吉尔伯特忧心忡忡。他思索了新出现不久的、将欧洲分裂为信仰天主教的南方和信仰新教的北方的巨大分歧。他曾参加在尼德兰进行的英国对西班牙的战争，在那场战争中，英国支持信仰新教的民众举行起义，要求摆脱西班牙的统治。他建议英国女王调动军队，穿过大西洋向西，进一步"激怒西班牙国王"。伊丽莎白女王的一位首辅大臣认为，事实会证明，这种"西进事业""总的来说对整个王国有好处"。

其时，信仰新教的英国和信仰天主教的西班牙之间已有的敌对关系变得更加紧张。在十年的敌对期间，西班牙强大的无敌舰队沿着欧洲西海岸不断向北移动，意欲对英国发动一场有计划的大规模入侵。自亨利八世和阿拉贡的凯瑟琳结婚后所形成的西班牙与英国的联盟关系似乎已成为遥远的过去。1559年，欧洲大陆上两个最强大的天主教国家，即法国和西班牙，在欧洲因为宗教信仰而分裂成两大阵营时，曾一度解除了紧张的敌对关系。

起初，伊丽莎白想息事宁人，避免分歧加剧。不同于她的父亲，她不喜欢兵戎相见，她认为战争是一件代价很大、后果难以预料的事情。然而，当1570年教皇革除她的教籍后，双方的裂痕进一步加剧。对于英国来说，发动严重敌对行为似乎更有条件：她登基时的那个孱弱混乱的国家，已经发展成为一个强大自信的国家。无论如何，英国人现在别无选择，要么支持女王，要么支持教皇，只能选择一个立场。虽然伊丽莎白不热衷于战争，然而她也很欣赏一些大胆的臣民以民间方式骚扰西班牙舰队，不管是横渡大西洋还是返回欧洲。

汉弗莱·吉尔伯特勇敢无畏，足智多谋。有人说他"狂暴"——胆大、执着和果断（他的座右铭清楚地体现出他喜欢冒险的性格："mutare vel timeresperno"，不屑改变，蔑视恐惧），他也确实是这样的人。他沉着机智，冷酷无情：在镇压爱尔兰暴动期间，他发现将那些起义者亲属的头砍下来，排列在他的驻地附近，可以起到震慑作用；无疑，事实确实如此。

他对发展地理学、航海术，对探索世界上尚未被探索的地区尤其感兴趣。事实上，这些事情让他很着迷。他写了很多这方面的材料，并在私下里谈论了他的看法。他很愿意在女王面前和不同意见者进行辩论。他不但喜欢辩论，同样喜欢付诸行动，那些激进、坚定的想法是他行动的基础。他不但向女王提出了激怒西班牙国王的策略，还自告奋勇参与其中。"我来做这件事，"他承诺，"如果陛下允许的话。"他迅速获得了喜欢他这种人的女王的好感。

在吉尔伯特看来，西班牙国王是天主教中反对新教的最有权势者，根本不需要把他看作人。他是邪恶力量的傀儡，"是罗马最重要的支持者","完全听从于"那个恶魔的代理人,即教皇。西班牙国王曾发誓保护天主教会及其所有追随者("所有天主教军队")和那些对伊丽莎白"心怀恶意"的人。吉尔伯特说,"只要他们信仰他们的宗教,我们信仰我们的宗教",英国人就无法和西班牙人和睦相处。

事实上,有时候,现实利益会让人们去做违反信仰的事情。例如,西欧国家甚至会与"公开自称耶稣顽敌"的奥斯曼土耳其皇帝合作。虽然如此,西班牙国王仍然是"其他所有宗教的共同敌人";吉尔伯特认为,信仰基督教的君王都不应该同"公开与上帝为敌的人"联合。

吉尔伯特建议,英国激怒西班牙国王的最好办法是打击西班牙在新世界的力量。英国应明确要求从"美洲"北部地区获得一片土地,其途径不是购买,而是赶走先前抵达那里的外来者。他认为,对于英国来说,正确的策略是在那里建立定居点——用于贸易或掠夺的永久前哨。英国民众可以离开拥挤的祖国,前往那里居住,他们可以在大西洋对岸建立一个崭新的英国。

起初,虽然其他国家派往纽芬兰的海军在规模上要比英国海军强大得多,但是这些外国船只抵达纽芬兰之后,立刻分散在海边的众多港口,短暂休整之后就去捕鱼。另外,西班牙在美洲的庞大帝国还没有形成气候。英国可以在纽芬兰启动对西班牙的打击。"我们先行""接着从西班牙手中夺取西印度群岛,还有那里的矿藏和贵金属。"

最后,如果说上帝提供了表面的动机,短期内迅速形成的爱国情绪提供了背后的动机,那么丰富的渔业资源则提供了一个现实的理由和真正的动机。起先,吸引外国船只前往北美的就是那些丰富的渔业资源,当时,人们迅速发现了水中的财富,但还没有发现土壤中的财富。随着15世纪末到16世纪中期欧洲人口的增长，渔民们不得不驾船驶向大西洋深处，寻找新的渔场。渔民为了保密，不引来竞争对手，往往不会记录自己的航行路线和区域，但是提升国家的地理学知识和航海知识至关重要；丰富的渔业资源促使西班牙、葡萄牙、法国的那些大船到达美洲后立刻分散到各处捕鱼，因而其自我保护力量大为降低。

只要这些水域渔业资源丰富，能够提供丰厚的利润，英国的这项冒险就值得，而无须考虑它会给宏观地缘政治带来什么影响，也不用考虑它会对实现信仰传播计划产生什么助益。捕到的鱼可以随时随地卖掉，换来"巨大的收益"。卖鱼产生的利润可以弥补捕鱼产生的费用，包括船只、饮食、弹药的花费，甚至"运输五六千人的士兵"所需的费用。吉尔伯特郑重表示，需要提防的一件事是，不确定性或犹豫不决。他认为，时间上的延误往往会错失"大好时机"，应该果断采取行动，抓住机会。"人类生命之翼，"他语不惊人死不休地说，"要用死亡之羽来梳理。"

不论是女王，还是女王身边的近臣，都被吉尔伯特的言论所打动。王室授予了他一份特许状，这份特许状应用的地理范围是从南部的佛罗里达海角（Cape of Florida）开始往北的整个北美东海岸。特许状授权他殖民这些新地区，"占领、移民和掠夺相关岛屿、地区和国家"。他可以带走任意数量的女王陛下的臣民，只要后者不是法律规定的逃亡者，并且愿意随他前往。他和与他在一起的其他组织者可以全权行使任何法律，包括"教会规则、世俗法律、政治法律、军事法律、民事法律"；只有一个限制条件，这些法律不得反对真正的基督教，即英国教会奉行的真正的新教。

很自然，英国"通过航海强大起来"的前景让伊丽莎白的政府动了心。他们赞同这一提议是因为这个提议不仅可以在海上劫掠西班牙船只,还可以获得在新世界的所谓"立足点"。

西班牙驻英国大使识破了英国人的目的,立刻告知西班牙国王。他认为,中止这一"公然的"傲慢行为的唯一办法是逮捕和严惩那些英国船员。一个不留,全部处死,将他们的尸体扔进大海,"沉入海底"。

另外,伊丽莎白女王的计划所波及的欧洲竞争对手,不仅仅是西班牙。吉尔伯特对该计划的目标严格保密,他没有到处宣传自己的想法,法国大使说他是个"很精明的人",说他愿意带领船队前往与英国同纬度的美洲陆地,类似纽芬兰的纬度。在这方面,他写道,"可以在那里建立帝国和王国",他认为美洲地域足够广阔,法国人和英国人都可以移居那里(那里确实一度具备这样的条件)。在英国国内的德文郡,吉尔伯特打算驾船进入大西洋,据一位观察人士说,他已"准备好扬帆出海"。

虽然"英国国教会宣称奉行的是真正的基督教信仰",但天公不作美,风向正好是逆风。后来有人说,上帝不支持他们的行动——虽然此举完全不违背基督教教义。个人的敌意和野心造成了巨大损失,贪婪和反天主教情绪同样推动了那次冒险。然而,吉尔伯特却没有受到惩罚——他的性格让他很难接受惩罚——失败反倒让他更加坚决,最终让他获得了成功。

伊丽莎白将关于吉尔伯特"海上运气不好"的担忧放到一边。这位女王授予他一份新的特许状,要他完成"一件非常令人尊重和称道的计划"。这一回他缩小了自己的任务范围,将出海的重心放在殖民上——"发现和移民"——而不是与来自伊比利亚半岛的船只进行军事对抗。络绎不绝的来自英国的新教徒要在美洲建立一个梦寐以求的新英国。

能弄到大片土地的移居者可能成为新的精英。他们可以在省会城市里盖房子，在城外建造大庄园。乡村教区面积大约3平方英里（约8平方千米），教堂位于教区的中心。海军和配备有马匹的陆军士兵负责保护整个殖民地。组织者想了很多办法，鼓励人们长期定居美洲。起草于一年前的一份协议不仅给在那里度过冬季的人（也就是不在天气变冷之前离开殖民地的人）增加了特殊待遇，还提到要给"乘船前往美洲的女人提供特殊待遇"。为了竞争，有的商人要求长期居住美洲的男人、女人和孩子（相对于去那里只是为了做生意的人）至少在美洲居住十年。

据说，在北美，移居者最初可以靠捕鱼得来的收入维持生活。吉尔伯特与南安普敦港商业风险投资协会（Merchant Adventurers of Southampton）草签的协议里（后者在协议里承诺参与美洲殖民活动）专门提到，捕捞自某些区域的鱼可以免交关税。在"鱼、货物、金银、物品或商品"这些移居者希望获得的东西里，"鱼"排在第一位。

与政府官员关系密切的有影响力的船长发表了长篇文章，支持这一冒险项目。这些文章认为，北美贸易肯定会随着时间的推移而增加。在适当的时机，自然有人会深入探索那片土地。不过，最初让那片殖民地运转的是北部的渔业资源。即使起先"只发现了鱼"，这也足够让女王陛下每年派出至少六艘最好的船前往那里。

于是，1583年6月11日，汉弗莱·吉尔伯特爵士率队再次扬帆起锚，动身前往某位诗人所说的纽芬兰的"富饶海域和多鱼的港口"。

经过艰难的海上航行，人们从经常笼罩海岸的大雾中看到了那个大洲。人们看到，在宽阔的圣约翰湾中，不但有英国的船只，还有大约20多艘葡萄牙、西班牙的船只。圣约翰湾距离纽芬兰岛最南端不远,是一系列"大型优良港湾"中的一个。

这时候,英国渔民的捕鱼活动已经非常频繁,吉尔伯特他们走的那条航线是有名的"贸易线"。在当时的圣约翰湾,英国人往往被称为港口的"长官"——停靠在那片水域的各欧洲国家的捕鱼船队之间发生纠纷,都要请英国人裁决。

英国船只和外国船只上的人们,望见吉尔伯特的船只进港,纷纷划着小船赶过来,打听他们此行的目的——吉尔伯特挥舞着女王颁发的特许状作答。至少来自英国的渔民说他们对女王的决定很满意。当然,他们不满意也没办法。所有大船鸣炮欢迎,声音震耳欲聋,回声从海湾远处遍布枞树和云杉的山坡传过来。英国渔民划着小船,给吉尔伯特的水手们送来丰盛的饭菜,经过七个礼拜他们称之为"单调乏味的越洋航行",可口的佳肴让船员们喜出望外。

8月初,汉弗莱爵士大摇大摆地踏上了陆地。这个一年中相当一部分时间里栖息着"野兽和鸟"的地方,在那个夏天到处是一片繁忙的景象。当时在场的两个人将这一切看在眼里。他们知道吉尔伯特是英国西部的知名人物,意识到英国同胞们要设法在这个距离美洲海岸不远的岛上建立永久移居地了。

两个人中的一个就是安东尼·帕克赫斯特。也许正是他的那番有关纽芬兰的热情洋溢的对话,让吉尔伯特萌生了来这里的念头。另一个也是来自英国西南部的水手,他是一个不怕困难、经验丰富的捕鱼人和船长,他的名字叫理查德·惠特本。早年,他用父亲停放在德文岸边的一艘小船学会了操作帆船,后来他像帕克赫斯特一样,成为英国人移民纽芬兰的重要倡导者之一。他说,他在纽芬兰停留的时间比海外任何地方都长。关于吉尔伯特代表伊丽莎白女王对这一地区宣示主权,惠特本后来说:"我是一个亲历者。"

当吉尔伯特宣布那个岛屿归英国所有时,两人鼓掌欢呼,毫不掩饰内心的热情。事后看来,吉尔伯特当时是在一个气候寒冷、人烟稀少的北美一角宣布大英帝国的诞生的。在詹姆斯敦、弗吉尼亚等殖民地建立之前,这个后来逐渐控制了地球表面大片面积的帝国从此发轫。通过这种方式,吉尔伯特的支持者宣布,基督教(具体地说是新教)在那些所谓"无信仰地区"捷足先登。

一顶正式的帐篷支了起来,岛上所有人——不管是英国人还是其他国家的人,不管是渔民还是船长,其中也包括帕克赫斯特和惠特本——被召集在一起,观看吉尔伯特代表女王对这些岛屿行使所有权的仪式。有人向他呈上一根用于丈量土地的杆子,有人从岛上取下一块草皮(象征那个地方的所有权)当众献给他,有人当众宣读王室给吉尔伯特的委托书,并加以诠释,为的是让人们充分理解。委托书授予了吉尔伯特颁布法律的权力,吉尔伯特当场宣布三项法令立即生效:从现在起,宗教崇拜必须遵守英国国教的规定;必须遵守和支持女王陛下对这片土地的终极权力;若发表不利于女王的口头或书面言论,不仅没收船和货物,还必须"割去耳朵"。

在场的人一致赞成,可能他们感觉自己也没有多少选择的余地,或可能认为那份声明从长远来看没有多少实质意义。预先刻在铅板上的英国徽章被绑在木头柱子的一端插入附近的地上。他们还绘制了大致的地图。吉尔伯特将那个岛屿、附近陆地以及"已知世界"所没有的"众多漂亮海湾和港口"划分为若干部分,分配给他的水手和其他众多英国人,包括帕克赫斯特、惠特本等。

吉尔伯特向人们承诺,将来所有人都有"穿衣和晾鱼"的地方,虽然那些最理想的地方已经被第一批移居者占有了。他们只需要向吉尔伯特支付一小笔租金,保证定期前往那里,最后永久地生活在那里，保证常年居住在"同一块土地"上，就可以继续拥有先前声索的地方。正如负责记录那次出海的人所写的，那里的冬季比相同纬度"相同海拔的欧洲国家""更冷"，但他觉得不应该夸大条件的恶劣程度。

因为纽芬兰的地理位置并不比英国更靠北，所以人们好不容易才理解两个地方的气温差异。那位记录者推测，靠海边的地方很容易受极端天气的影响，因为太阳的光照强度在太阳从西向东照过大海之后会有所降低——海面由于太阳照耀产生"湿气"，会减少太阳照到海边陆地的热量。生活在纽芬兰岛海边的人，年底时确实会看到厚厚的雪。不过，这也"不是什么奇怪的事情"，因为在欧洲的某些地方也能看到大雪。那位记录者坚信，只要稍微往内陆走一走，只要翻过某个能够阻挡极端气流的高地，天气就会容易忍受一些。

虽然天气极冷，但这里并不比其他地方（比如瑞典、俄国等人口众多，人们"用炉子、厚衣服、肉食、酒来御寒"的国家）更糟糕。这些简单的资源在纽芬兰岛很容易搞到。大自然用在这些地方游动的"数量难以置信"的鱼，充分弥补了天气寒冷这一缺陷。

这其中的思路已经很明确了——帝国发展的思路日渐清晰——那位仁慈的引导者创造了万物供人类享用，尤其是为他选中的群体（英国人）所享用。"伟大的神"让世界遍布各种各样的动物，而人类只享用了其中很少一部分。人类过于懒惰，在人口过于稠密的英国"人满为患"，他们一生不离故土，生活大多"很困苦"。这一悲惨境遇不仅存在于16世纪末，接下来的那个世纪里相当长的时间也是一样。记录那次出海的人写道，一去纽芬兰，"我们就打算留在那里"。

吉尔伯特也一样动了心。他说自己之前对"这个世界的北部"没有把握。他曾经觉得那些地方作为英国属地很不错，南下的英国船只可以在那里补充给养。他之前还真的打算去南部。不过，这次出海彻底改变了他的想法，让他的心从那个大洲的南部回到北部。现在，记录那次出海的人说："他的心思完全放在了纽芬兰。"他蛮有把握地说，吉尔伯特是"彻底的北部人"。

不过，吉尔伯特再也没能回到英国。返回英国时，他坚持乘坐小船越洋航行。他说，那艘小船让他经历了"无数次风暴和危险"，他心中对那艘船有一种"忠诚"。不过，那艘名叫"松鼠"的小船装载了很重的东西，包括火炮、渔网，以及其他装备和货物——"对于在那个季节穿越那个大洋的小船来说，船只过于沉重"。不出人们预料，途中遇到了剧烈的暴风雨。辽阔海面上汹涌的巨浪"令人恐惧"，那些多年在海上讨生活的水手抱怨说，他们从来没有见过那么令人恐怖的海浪。

经历了一番风浪的攻击，海面平静之后，有人看到吉尔伯特坐在船尾平静地看书。后来，有人听到他向另一艘船上的船员高喊——那声音就好像他已经认命了——他喊道，不管在海上还是在陆地上，他们离天堂一样近。毫无悬念，当接下来又一番暴风雨袭来时，"松鼠"号倾翻了。另一艘船上的船员紧张而心存敬畏，他们看到"松鼠"号上的灯光突然熄灭了。从此，人们再也没有看到那位将军和他的部下，他们就像"被大海吞噬了"。

那些仍然待在纽芬兰岛上的人只能希望当"我们前往那些西北部岛屿时，果树能够结出果实"。当然，无论如何，帕克赫斯特、惠特本是比以前任何时候都更加坚定地留在那里的两个人。

信仰新教的英国和信仰天主教的西班牙之间的紧张关系继续升级，整个英国社会弥漫着一种对天主教徒的极度不信任。西班牙驻英国大使向西班牙国王报告：英国国会要求天主教神父必须在40天内离开英国，否则不经审判直接绞死。在西班牙的朝堂上，西班牙君臣在计划侵略英国的"事业"，目的是让"英国的耶洗别"[1]伊丽莎白退位，在那个问题众多的北部岛屿恢复真正的宗教[2]。

同时，英国派出了一支海军远征队前往纽芬兰岛，扣留了那里的葡萄牙船只（当时葡萄牙和西班牙两个君主国实现了统一），因为相较于西班牙渔船，葡萄牙渔船更多地和英国渔船在同一个海湾捕鱼。据理查德·惠特本回忆，抵达那个岛屿的海军舰船不同寻常，那些船只是"各种威武的大船"，不同于捕鱼的小船。后来，很多来自伊比利亚半岛的船只被扣留。英国海军还没收了西班牙和葡萄牙渔船上的大量鱼干。

这一举动迫使西班牙政府采取预防措施，他们禁止西班牙船只前往纽芬兰岛海域捕鱼。即使有船只前往那里，他们也会极力避开英国船只出没的海域。然而，葡萄牙渔船再也没有重返纽芬兰岛水域。英国人牢牢地控制了那里，被扣留的船只再也无法加入征伐英国的庞大西班牙船队了。

之后不久，理查德·惠特本——当时他只是一个二十几岁的年轻人——驾着自己的船加入了英国舰队的西翼，抗击由无敌舰队组成的强大的西班牙海军（130艘战舰）。他望见远处英国占领的山顶亮起火光——那是向东部海岸和北部发送警报的火光——就率队攻击西班牙船队。后来他回忆说，在这一紧急事件尚未完全平息之际，在这个大洲四分五裂之时，英国海军舰队司令曾经表彰他的行为——他的贡献被记录在一个册子上，这个册子专门用于表彰在对西班牙作战中做出

---

[1] 希伯来《圣经》中一位憎恶耶稣的王后，后被指代无耻而诡计多端的女子。——译者注
[2] 指在英国恢复天主教信仰。——编者注

贡献的英国人。这本册子后保存在伦敦白厅。

和安东尼·帕克赫斯特一样，惠特本也是一个"西部人"。他出生在英国西部，是一个自耕农的儿子。他的童年时代在埃克斯茅斯（Exmouth）度过——埃克斯茅斯位于德文郡南部海岸的埃克斯河河口——在那里他能听到吹过英吉利海峡的猛烈海风掀起大浪的声音。小时候，他经常目睹人们在海滩上奔跑、喊叫，将新船送下水的情景。和当地的很多人一样，正式出海捕鱼之前，他驾着父亲的小船，将农产品运到离家不远的地方，用渔网在附近海面捕鱼，也许在那时，他就早早体会到了水手的生活。

至少从十几岁开始，他就在船上当学徒。后来，他回忆起那几年随船去过的欧洲各地和更远的地方：法国、西班牙、意大利、萨伏依、丹麦、挪威、加那利群岛，以及云杉地（Spruceland，他指的是波兰）、苏利斯瀚德斯（Soris Hands，即亚速尔群岛）。"我的大多数时间，"他写道，"都花在了路上，尤其是推销商品和出海。"1579年，年仅十八岁的他前往大西洋捕鲸，和美洲原住民做生意。他还抱怨同行的人吃不了苦，对他们的生意没有好处。"他们喜欢柔软的羽毛床垫，"他不满地写道，"不喜欢简陋的船舱。他们喜欢坐在酒馆的炉火边，不喜欢海上强劲的冷风吹在脸上。"

惠特本说，在纽芬兰岛上待了很长时间之后，他对那个地方的了解不亚于对家乡的了解。在这期间，他目睹了英国人开始主导位于英国与弗吉尼亚之间的这个岛屿的东南角。他曾经在那里下网捕鱼，追逐鲸鱼，将成桶的鲸油（提炼自鲸脂）带回欧洲。他说，他对纽芬兰了解得越多，就越喜欢那个地方。在他看来，英国人可以前往那里生活。

他承认，"劝说人们冒险进入陌生地区不是一件容易的事情"，尤其是还要劝他们"留在那里长期生活"。他只能提醒读者，西班牙人和葡萄牙人当年从他们在美洲和其他地方的种植园获得了"无限的财富和优势"。他认为，在纽芬兰岛建立一个管理有序的英国殖民地，可以带来"持久的好处"。它可以让那些已经成为祖国的"负担"的穷人离开"人满为患"的英国，不管他们心里有多么不愿意。此举不仅对某些靠海的地区有好处，对那些"远离海岸"的地区也有利。"远离海岸的地区"并不是指真正遥远的内陆地区。在这个没有一个人住在"距离海边超过一百英里的地方"的"海洋国家"，它指的是从海边"不用走多远就能到达的地方"。

1603年春，也就是新世纪初，伊丽莎白女王驾崩——顽强地连续站立了几个钟头之后，她再也坚持不住了，倒在了为她准备的垫子上。死亡原因可能是年老体衰，再加上很多亲近者的逝去造成的坏情绪——这是两种很常见的致人死亡的原因——也可能是因为她经常用来抹脸的白色化妆品中含有铅。确切的死因，我们无从得知。

不管因为什么，她最终走得很安详，"像一只羔羊"。在很多方面，她的驾崩象征了一个时代的结束，尤其是信仰新教（英国国教）的英国和信仰天主教的西班牙之间的长期战争的结束。从来没有被伊丽莎白直接指定为继位者的斯图亚特家族的詹姆士登上王位后，立即向西班牙请求和解。第二年，双方签署了停战协议。

私掠授权被撤销。那些曾经以国家和宗教的名义，靠劫掠西班牙船只获利的人，突然无所事事，不得不寻找新的活计。为了快速回报而被投入私掠活动中的资金，现在可以用在其他事情上；英国渔民也可以在市场需求最大的地中海地区出售鱼干。相较于私掠，这种生意的危险性要小得多。

在接下来的十年里，驾船穿越大西洋前往惠特本所说的"富饶"的纽芬兰海域捕鱼的英国渔民越来越多。1615年，当惠特本奉英国高等海事法院（High Court of Admiralty）之命前往纽芬兰调查有人指控的侮辱英国人的案件时，他估计每年已大约有250艘英国船只抵达那里。根据那些船只的平均尺寸，他猜测，那些船只总共可以运载5000人，这不包括从属人员——船主或船长的仆人、水手的家人等。值得一提的是，出海捕鱼所涉及的其他行业的从业者，包括"烤面包的、酿酒的、箍桶的、木匠、铁匠、做渔网的、做绳索的、做钓鱼线的、做鱼钩的、做滑轮的"以及"其他很多行业的人"。惠特本认为，这些人及其从属人员的"最好的衣食来源"是"前往纽芬兰的航行"。

仅仅捕鱼一项就足以让人们心动，事实上，最打动人的是其中的一种鱼——鳕鱼。鳕鱼让人们大赚了一笔（据惠特本估计，远超十万英镑），而这些钱又没有什么其他花销处，于是就用来采购大量与捕鱼相关的物品。他推测，这个行业"在很多方面让国王陛下受益颇丰"。同时，据惠特本说，生活在纽芬兰岛上的英国人发现，那个地方支撑了"庞大的捕鱼产业"。另外，岛上土壤肥沃，海岸很安全。他说，纽芬兰岛"向英国敞开双臂，拥抱一切来访者，为我们提供定居之处"。

英国与西班牙讲和之后，一些人面前有两条路可供选择。一方面，在纽芬兰岛建立殖民地的过程中，断断续续的移居和组织工作现在具有了空前的吸引力；另一方面，先前大量自称为国争光（其间"意外"发财）的半合法私掠者变成了纯粹的、彻头彻尾的海盗，他们中相当一部分人是出于自愿。17世纪的头几十年里，一些有组织的殖民活动遭到一些作乱的英国人的严重破坏，这很难说是巧合。后来，惠特本写道，虽然帕克赫斯特、惠特本自己，以及汉弗莱·吉尔伯特爵士很关心移居纽芬兰岛的事情，但是，作为英国殖民地，纽芬兰岛从来没有得到足够的重视。惠特本写道："那些发现者从来没有认真考虑过这件事。"

惠特本说，在自己长期的航海生涯中，从来没有遇到过海难，却在"海盗手中遭遇了重大损失"。（他承认，生活是"逆境和顺境"的组合。不过对他来说，财富让后者胜过了前者。）英国人在纽芬兰岛南部的捕鱼和定居生活，尤其受到"有名的海盗头子"彼得·伊斯顿（Peter Easton）的严重骚扰。他曾经悬挂英国旗帜从事私掠活动，后来，王室收回攻击西班牙船只的私掠许可后，伊斯顿开始不加区别地劫掠任何国家的船只，并吸引了不少原本也是英国"移民"的不法之徒加入他的海盗队伍。

更多遵守法律的英国移居者对伊斯顿的"恶劣行径"感到绝望。惠特本自己也曾被伊斯顿抓住，11个礼拜后才得以脱身。"我没少劝他，"惠特本写道，"想让他停止这种罪恶行为。"

虽然如此，英国西南地区的商人群体一直没有忽视纽芬兰岛独特的重要性。安东尼·帕克赫斯特、汉弗莱·吉尔伯特爵士、理查德·惠特本的职业生涯就可以说明这一点。1610年，詹姆士一世授权殖民特许状时，获得那份特许状的是自称"促进纽芬兰殖民和种植工作的伦敦城和布里斯托尔风险投资和种植协会"（Company of Adventurers, and Planters of the City of London, and Bristol）的组织。

约翰·盖伊（John Guy）是那个殖民地的第一任总督。他做事果断，注重实际，不喜欢不切实际的想法。他的长发和胡子总是修剪得整整齐齐。他来自布里斯托尔，曾担任那里的市长——和前任市长一样，他也是一位知名商人。后来，也是在17世纪，一位传记作者说盖伊是"他那个时代那个城市最有远见的人"。那个城市是约翰·卡伯特在一个世纪前第一次动身前往纽芬兰的出发地。

除了担任市长,他还效力布里斯托尔市议会长达25年(从伊丽莎白在位的最后一年到1629年查理一世的"个人统治")。1606年——我们不清楚他具体的出生时间,当时的他可能是三十几岁——他是布里斯托尔市"北弗吉尼亚公司"的主要出资人。这家公司和南弗吉尼亚公司一样,都是为了推动英国人移居詹姆斯敦而建立的。1608年,他考察了纽芬兰岛。他深受人们敬重,据说,他"极为勤勉,阅历丰富"。

那一年,在亲自考察了那个岛屿之后,他写了一本小册子,热情响应安东尼·帕克赫斯特和理查德·惠特本之前提出的移居纽芬兰的号召,"鼓励英国人定居纽芬兰岛"。虽然很可惜,约翰·盖伊的那个小册子今天找不到了,但可以肯定的是,它支持帕克赫斯特和惠特本的很多观点。

随着詹姆士一世的即位和与西班牙战争的结束,建立殖民地成为英国社会经常谈论的话题。仅仅几个月后,英国人满怀信心地第一次登上了弗吉尼亚陆地。很大程度上,由于盖伊的那本小册子,"伦敦和布里斯托尔公司"接到了正式的特许状。该特许状说,"相信"纽芬兰岛在"冬季可以居住"。人们(照例)重点注意了那个岛屿所处的纬度之后,就会琢磨,那里怎么会像那些捕鱼人传言的那么冷?要知道那个岛屿有些地方"向南延伸的面积超过了英国任何一个部分"。还有人说捕鱼的人们不愿意常年待在那里。很显然,他们在胡说八道。

然而,移居纽芬兰岛的主要原因,正如上述公司的特许状所说,和捕鱼有关,为的是"让本国臣民能够永远稳定地从事上述捕鱼业生活"。岛上有谁会质疑这一点?一个多世纪间,欧洲人一直在近海捕鱼。不过,在纽芬兰岛,尤其是英国人感兴趣的岛屿的东南端,仍然很少有人居住(据惠特本所说,美洲原住民集中在岛屿的北部和西部）。特许状中认为，那个岛屿"人口稀少，尚未被真正占据"，"荒凉孤寂，没有人烟"。但是，它和世界上的其他地方一样，"从一开始就是为了人类准备的"。到那里生活是一件值得称道的事情，是"一个非常适合信仰基督教的君王的思想和行动"。

因此，同一年，也就是1610年，盖伊召集了39个有意移居纽芬兰岛的人，乘一艘船从布里斯托尔动身（那艘船返回英国时，船上装着大量的树木——尤其是纽芬兰岛上随处可见、很容易锯开的松树。岛上的山上"到处是树木"，而当时的英国，整体来说林木稀少）。那些移居者有的是商人，有的是农民，据说都属于"平民阶层"。有人根据他们愿意签约参与这样一件不确定性很大的事情，猜测他们在英国的日子过得很不好；人们也可以根据他们需要的设备以及合同要求他们在那里做的事情，推断出一些人最初所从事的行当。

第二年，他们带回了一份供应品清单，上面是他们要求提供的铁匠、箍桶匠、泥瓦匠、木匠、锯木工所需的工具，以及火药、滑膛枪、斧子、床头垫枕、亚麻布、白蜡、衣服、鞋子、渔网、船帆、《圣经》以及一本关于药品和其他知识的书。盖伊带上了与他关系最近的亲属和弟弟。他们还带了谷物和动物——"鸡、鸭子、鸽子、兔子、山羊、牛"以及"其他活的动物"。其中一个移居者患了天花，不久就死了；不过，幸运的是，他没有传染给任何人。对此，盖伊说应该"衷心感谢上帝"。

他们返回纽芬兰岛后，发现来自欧洲的季节性捕鱼船仍然停靠在港口。他们早已完成了捕鱼活动，在等待风向转变，将他们吹回东部。在他们详细周密的指导下，盖伊他们在该岛屿东南部被称为"库珀湾"（后来改名为"丘比特湾"）的"阿瓦隆"（Avalon）半岛建立了一个殖民地。

一开始，他们的假设得到了验证，因为天气没有那么冷。两个月过去后，据说是8月或9月，盖伊写道，天气"和英国一样温和，甚至更暖和"；即使到了10月或11月，天气也"比英国暖和、干燥"，其他人为此振奋不已。他说，人们"相信这里的天气错不了"。盖伊提到他暗自揣测人们对他所说的"炎热，很不错，晴朗，阳光明媚的天气"认可范围有多大。这种天气的日子有很多。他认为，总体来说，那里的天气应该可以将"有意移居的人们"吸引到岛上来。虽然在之前的一封信里，他承认自己没有经历过经常听人说起的那些困难的、最冷的时候，但他用略带恐惧的口吻写道，"等体验了冬季后"他会继续写下去。

因为担心出现最糟糕的情况——虽然希望这是多此一举——人们登上纽芬兰岛要做的第一件事就是建造能够让他们战胜恶劣条件并活下去的房舍。随着白天一天天地变短，他们争分夺秒地干活儿。到12月初，他们盖好了第一个能够遮风挡雨的简陋房子。直到那时候，他们才开始搭建"一个大得多、像样得多"的大房子的框架。在必要的时候，所有人都可以住进那里。另外，他们还争分夺秒、不遗余力地盖起了一个用来存放所有给养的仓库。他们还要盖一个可以用来造船的厂房。他们打算在干燥时节，甚至在风雨大作时，迅速建造六艘渔船、一艘可以"靠帆和桨前往海角一带"的大船，以及其他物件。

在这些房舍附近，他们用木头栅栏围成了一个长方形的围栏。他们害怕凶猛的野兽或原住民的突然袭击，建造了这个"120英尺长、90英尺宽"（约37米长、27米宽）的围栏。他们用"结实的柱子和橡子"搭建了一个高台。在高台上面，三支长枪可以扫射港口，而两个小一点的"侧翼堡垒"可以"俯视整个生活区"。在上冻之前，人们将围栏那边的树木砍掉了一大片，为的是来年春天"播种谷物和蔬菜"。他们砍掉了很多树，锯木工整天忙个不停，一方面盖房舍需要木板，另一方面，锯好的木头需要由"木炭工"烧成木炭。每天下午，天黑得越来越早。随着温度一天天降低，这个小殖民地的焦虑也与日俱增。

谢天谢地，这个殖民地的第一个冬天气候温和，盖伊向国内报告说，他对这些地方寒冷季节的初次体验是一个令人愉快的意外。那些巨大的冰山在距离他们很远的海面上，并没有接近海岸。盖伊说，每天早上，他都要带着他的狗（因为和安东尼·帕克赫斯特一样，他也喜欢带着自己忠诚的狗在纽芬兰岛上四处走动）到附近的小溪流边洗漱。根据他的记叙，整个冬天，他不止一次发现溪水冻得很结实，狗可以在上面走动。地面上的雪，如果不是堆积在一起，"厚度不会超过18英寸"（约46厘米）。他安慰国内的公司领导说，虽然之前有些害怕，但人们一直没有"因为害怕缺少木头或水"而惊慌失措。

他说，事实上，在冬天，他们没有一个月不外出劳动。有时候在陆地上，有时候驾船出海。有时候，人们甚至晚上躺在"没有火堆的树林里"也"没有受伤害"。盖伊估算，整个冬天，因为天气原因而无法到外面劳动的日子不到15天。人们可以劳动的季节远不止一年中间的几个月，船只可以在"一年中的任何时候"往来英国。他说，他们的亲身经历说明，"有关纽芬兰的这些地方冬天极寒的疑虑"是"没有依据的"。盖伊说，先前对他说那里冬季多么寒冷的水手看到那个殖民地"极为温和的冬天"后，感到大为振奋。事实上，他们开始"喜欢上那个地方"，并说要在那里定居。

建设防卫设施的原因之一是"害怕野兽"——据说树林里有狗熊。因为在人类生活的地方，狗熊往往很胆怯，不喜欢经常和人接触，所以肯定是担心狗熊伤害家畜。事实上，这种担心也"几乎没有必要"（盖伊的继任者说那些狗熊"无害"）。来年5月，盖伊说："（去年）10月，我们的大公羊走失了15天，后来又平安无恙地回来了,到现在一直好好的。"

总的来说,从英国横渡大西洋带来的那些动物,在这个新家生长得很好。说到那些山羊,盖伊汇报说,"一只健壮的小山羊"在隆冬时节断奶了,猪长得很好,鸽子和兔子"非常好",鸡鸭家禽下了很多蛋。到5月中旬,"18只小鸡就满一个星期了,此外,还有一些家禽正在孵蛋"。同时,本地土生土长的野生动植物也同样有价值。大海当然是"最慷慨的",盖伊的继任者说他无法"理解和表达那里的富饶","海边水里的鳕鱼那么稠密,我们的船几乎划不过去"。而且,空中的飞禽和陆上的走兽到处都是,有野鸭、野鹿、野鹅、松鸡、鹧鸪、野兔,以及无数的飞鸟。

接下来的那个冬天相对冷一点。一个移居者说,"天气不如前一年暖和"。虽然如此,他又说,但没有到"无法忍受的地步,可能还不如英国冷的时候那么糟糕"。1612年,16位女性乘船抵达纽芬兰,加入第一批前往那里的男性移居者。她们坚信那个殖民地慢慢会好起来。她们还带去了一些学徒。殖民地的个别学徒反映说,盖伊的管理方式有时候很苛刻。当然,他有权力这样做。盖伊说,有的学徒就是殖民地的累赘,只想享用那里的饮食和拿薪水,很少干活儿。他说"有些人不适合长时间待在那里",建议把他们送回去,"以减少无谓的粮食和薪水方面的开销"。管理这样一个殖民地——顽强地攀附在已知世界的边缘的殖民地——如果不采取严厉手段,结果是无法想象的。因此,他们必须无条件地服从盖伊。

不利的方面是,那里的土地没有第一批移居者当初所说的那么肥沃(盖伊曾热情洋溢地说"土地肥沃")。那里的气候意味着庄稼——不同于块根植物——无法成熟。不过,可以根据气候和土壤情况做一些调整,有的作物在这里长得很好。不久,盖伊预测,稍微勤快一点,"田鱼兼顾",殖民地就"可以自给自足"。

事实证明,他们在那个地区度过的第一个冬天让他们产生了错误的印象,以为那里的冬天本来就那么温和。1613年的冬季要比前一年冷得多。另外,以伊斯顿为首的海盗给他们带来很大麻烦。他们不得不支付"保护费"(牲畜),为的是不受骚扰。这些海盗心里对英国确实存在某些忠诚,因为他们对遇到的法国人尤其凶狠,不过,他们也恐吓英国人。

另外,移居者与那些流动捕鱼人的敌对场面时有发生。那些流动捕鱼人每年都要去那里捕鱼,他们必然认为那个殖民地对他们的生计形成了严重挑战。事实上,盖伊希望这一挑战更严重一些,他觉得那些英国人没有足够重视捕鱼活动,他们不屑于"翻鱼"——在凉爽的有风天翻动鱼,为的是尽快将它们晾干。几十年来,移居者与流动捕鱼人之间的摩擦一直是英国法院审判的重要内容。

一些人强烈要求保护捕鱼人的利益——流动捕鱼人的利益。还有一些人冷静地指出,"因为有商人出资,岛上那些人从事种植,境遇并不坏"。而纽芬兰岛上的移居者则声称,学习海上谋生技能,大量采购英国货物,他们在这两方面的付出不亚于英国西南区的渔民。在现实中,殖民地捕鱼和流动捕鱼既相互竞争,又相互依赖。

根本问题是,人们移居纽芬兰岛采取的是公司制,这意味着移居岛上的人们不但要让殖民地自给自足,还要向远在英国的出资者支付红利。因此,一旦经营遇到困难,就会出现财务危机。盖伊自己也很泄气。作为一个成功的商人,他喜欢能赚来快钱的风险项目,尽管这一次他让自己的眼光放得长远了一些,但岛上的经营活动几乎没有什么进展,再加上公司里一些没有去过美洲的人不理解他,让他非常郁闷。

1615年,他从那个公司中退出,带走了一些出资人(他们后来将资金投向附近的另一个定居点，那个定居点的名字直截了当，叫"布里斯托尔的希望"）。这时的盖伊已经回到了英国。回到英国西南部的故乡后，他又当上了那个城市的市长，并在17世纪20年代初两次成为国会议员。他与海盗作战的经验让他选择了库珀湾作为殖民地，这件事说明以伊斯顿为首的海盗给移居者带来了多大的麻烦。总的来说，作为由英国遥控管理下的盈利项目，那个殖民地没能繁荣起来。英国的出资者后来退出了。不过，那个定居点幸存了下来，那些移居者也幸存了下来，他们后来搬出来，在附近建立了其他定居点。

约翰·盖伊返回英国后，他的大家族——之前随着他堂弟尼古拉斯（Nicholas）的一个儿子的出生而兴旺了起来——在新世界获得了持续的发展。尼古拉斯先是从库珀湾转到1618年建立的定居点"布里斯托尔的希望"，大约十年后再次迁移。在1631年写的一封信里，尼古拉斯说，他的家庭生活在一个名叫"卡伯尼尔"（Carbonear）的定居点，日子过得挺好。那个定居点和库珀湾属于同一个大海湾，在库珀湾以北直线距离12.5英里（约20千米，海上距离要长一些）的地方。他要找人帮助他捕鱼、照料奶牛。他用奶牛产的奶制作奶油和乳酪，卖给或送给邻居。他说，劳动力是新世界最紧缺的东西——美洲其他地方也出现了这种紧缺，"需要他们为你耕地"。

1677年进行的人口普查登记了乔纳森·盖伊（Jonathan Guy，尼古拉斯的儿子）和另一个尼古拉斯·盖伊（可能是乔纳森的儿子，和盖伊同名的孙辈）。两人都和家人一起生活在纽芬兰岛。这时候，乔纳森发展得很好，他拥有4套房子、2艘船、1个菜园子、7头奶牛、11只羊和3头猪。人口统计表中的姓名说明，1670年以前，纽芬兰阿瓦隆地区有超过20个家庭在那里繁衍生息。

总之，政府失去兴趣之后，那些定居点继续存在。一些移居者继续生活在约翰·盖伊最初管理的那个库珀湾定居点。虽然现存文献性质的东西少之又少，但考古学家还是发现了一些证据，即第一批移居者搭盖的房舍一直有人居住，直到几十年后的17世纪60年代发生火灾。其他很多人就像尼古拉斯·盖伊及其家人一样，住在后来在附近新建的另一个定居点。1660年，一位伦敦公务员受命统计纽芬兰岛那个地区的冬季人口（每年夏天都有新移居者大量涌入，让当地人口显著增加），他的统计结果是180个家庭（这里的"家庭"是广义概念，包括仆人），人口大约是1500人。

一个积极参与供应甚至管理这些后来的定居点的人，是理查德·惠特本。人们在这些定居点的具体定居过程就像那个岛上的大雾一样模糊不清。捕鱼人的定居点和捕鱼人一样，并不总是认真地留下文字记录。不过，越来越明显的是，英国的男人、女人、孩子开始在这里定居下来，为那些定居点在17世纪后来的时间里的繁荣发展奠定了基础。

唯一可以确定的是，17世纪70年代，英国政府统计定居点人口时，一方面定居点已经颇具规模，另一方面有关17世纪20年代"建成"的房子的回忆、传统依然还在，也许可以上溯到17世纪的头十年。相对于季节性地前往纽芬兰，在那里长期定居并没有明显的经济优势。人们的积蓄往往因为过冬而消耗掉，并且在冬季无法进行生产。不过，冲击定居点的并非只有经济原因。以伊斯顿为首的海盗的骚扰、岛上"贝奥图克人"（Beothuk）的侵扰（他们总是伺机偷抢定居者的铁器，因为他们自己无法生产）以及与布雷森莎湾（Placentia Bay）一带的法国渔民的竞争，都对英国定居点产生了明显的冲击。17世纪，英国定居点之所以能够永久存在，其中的一个原因是法国定居点的存在，反过来也是一样。

另外，英国定居点之间互相支持。通过这种方式，殖民过程获得了一个难以遏止的动力。随着常住人口的增加，流动捕鱼人越来越难以获得他们所需要的岸边空间，虽然海里的鱼——在开放水域里的鱼——仍然可以照常捕捞。由于缺乏其他欧洲人可以轻易弄到的盐，这些流动捕鱼人必须上岸，但对于那些不长期生活在纽芬兰岛上的流动捕鱼人来说，这一点变得越来越困难。很能说明问题的是，几十年后，在所有法国定居点被取缔之后，法国捕鱼人明确表示，那里的英国定居点已成为英国人的巨大竞争优势。

毫无疑问的是，每年夏天，岛上欧洲人的增加——原因是流动捕鱼人、受雇于岛上居民以帮助他们捕鱼的仆人的到来——显著地提升了纽芬兰岛上的人气，不过同时也增加了人和人之间的对立和摩擦。直到大约一百年后，也就是18世纪末，纽芬兰岛上的本地人口才终于能够满足捕鱼业的需求（就是从那时起，英国的流动捕鱼人才开始越来越少）。

另外，纽芬兰岛成了大西洋贸易网络中不可缺少的一部分。出海购买"sack"（酒）、水果、油等英国不出产的热带商品的船只，往往首先要向西穿越大西洋前往纽芬兰岛，为的是将那里生产的鳕鱼干填满船舱，因为鳕鱼在地中海和加那利群岛、马德拉岛、亚速尔群岛等大西洋岛屿都很畅销。这是一种利润很高的、重要的"三角贸易"。到了17世纪中期，英国船只取代了荷兰、法国和其他国家的船只（1639年的一份请愿书说，英国公司"最近从荷兰人手中抢走了几乎所有的纽芬兰岛的生意"）。鳕鱼干的市场需求显著促进了鳕鱼捕捞业的发展，而这正是英国人移居纽芬兰岛的初衷。

另外，其他英国人想要前往海外定居点谋生的需求也能得到满足，因为那些船只出海时并没有装得很满。而且，那些以捕鱼为主的定居点，对那些意欲前往北美其他地方的人来说，是一个很有用的中转站；对很多英国人来说，这里是他们向西旅途中的一站。

第二章 | 黄金和烟草

1607年7月底，也就是约翰·盖伊第一次动身前往纽芬兰之前的那个夏天，一个独臂男子驾船从大西洋向东进入英吉利海峡。经过伊丽莎白女王时期（为了抵御西班牙无敌舰队）建立的守卫普利茅斯港口门户的城堡和四个堡垒之后，船员将船停下，划小船将他送上岸。他仅有的那条手臂紧紧地抱着一个小木桶，里面装着美洲的油。

在海上度过几个星期之后，这位船长胡须浓密而蓬乱。他已将近五十岁——在当时来说，这已经算是很大岁数了，尤其在一个很少能够活到"白发"年龄的行当里。他的一头乱发虽然看上去是黑色的，但相当多一部分已经变白。他的圆脸上刻着深深的皱纹，极为粗糙的皮肤表明，他经历了多年强烈的海风和甲板上海浪的洗礼，或许还不时指挥全副武装的部下扑向敌舰。

克里斯托弗·纽波特（Christopher Newport）艰难地登上岸，迈着僵硬的双腿再次踏上英国的土地后，他立刻找到当地政府，要求迅速安排一位送信人，将一封信送到伦敦。这是因为普利茅斯的风和海浪无法让船迅速北上穿过英吉利海峡抵达伦敦。在纽波特抵达普利茅斯的几个钟头内,一个骑马的人冲出城门,向东北方向的首都狂奔而去。

他的衣服里藏着一封密信,信件封得非常细致,为的是防止泄密。匆忙写就的内容是致罗伯特·塞西尔(Robert Cecil)的,也就是詹姆士国王的那位见解深刻、个头儿矮小、驼背的首席秘书[詹姆士国王不无亲昵和欣赏地称他为"猎兔狗"和"小矮人"(虽然听上去有点伤人自尊),伊丽莎白称他为"小精灵"]。"这一天,"纽波特写道,"我来到了这里,普利茅斯。"他从美洲回来了,他的美洲之行是为了完成他的探险任务,即"受命探索弗吉尼亚的那个位置的任务"。

在信中,他用极为兴奋的语气向塞西尔报告了一个好消息——他用了"gladtidings"(好消息)一词。各种情况都与出资人、组织者所期望的一致。

在再次习惯了双脚踩在陆地上,不会动辄感觉要一头栽倒,并安排人迅速将情报送到伦敦后,纽波特动身去完成普利茅斯交给他的另一项使命。

他夹着一小桶珍贵的土,迈着轻快的步子,穿过港口狭窄的街道,向普利茅斯城堡负责人在当地的住处走去。他已打定了主意。经过好几个礼拜在海上枯燥的生活后,这时候身边新鲜有趣的事情——居民、孩子或牲畜,以及城镇里所有的喊叫声和气味——都没有引起他的注意。他一门心思径直走向小镇外不远处海边峭壁上新建的城堡。

这位负责人是个本地人,纽波特非常了解他,他的名字叫费尔南多·戈杰斯(Fernando Gorges)[这个名字很怪异,听着不像英国人,确实,他的姓原本是"Russell"(拉塞尔),后来他用了一个已经很少有人使用的古老的怪异姓氏]。英国与西班牙在欧洲大陆上作战时,他从普通士兵中脱颖而出。1588年,当集结在一起的西班牙无敌舰队气势汹汹地驶向英国时，戈杰斯正在西班牙监狱里，浑然不知外面的战况。后来作为战俘，西班牙用他换回因那次作战失败被俘虏的西班牙士兵。因此，无须惊讶，他有很长一段时间一直很焦虑，为了等待"释放我们被关在西班牙的可怜人"，其中包括像他这样落在"以戕害天下人为乐"的西班牙人手中的俘虏。

伊丽莎白女王统治即将结束之际，为了表彰戈杰斯对王室的忠诚，当局让他担任普利茅斯那座新建城堡的负责人。这个城堡随着时间的推移而显得越来越重要：一方面，它是抵御西班牙海上威胁的前哨（该城堡位于一个被称作"高地"的峭壁上，据说弗朗西斯·德雷克爵士曾经在那里一边玩滚木球，一边等待潮水涨起时迎击无敌舰队）；另一方面，它是英格兰西部地区非常适合出海穿越大西洋的天然良港。英国与西班牙的漫长战争终于在1604年结束，战争结束后，戈杰斯开始鼓吹积极推动英国人移居美洲，并直接参与了纽波特前往美洲的风险项目。

纽波特第一次拜访戈杰斯时，他不在家。纽波特在告知了他的仆人后就告辞了。仆人派人找到了戈杰斯，告诉了他纽波特来访的事情。听说那位一条胳膊的水手回来了，戈杰斯喜出望外，很快回到家里。他迅速派人传话给戈杰斯，安排下一次见面。在纽波特告辞后的一两天里，两人设法见了一面。纽波特向戈杰斯讲述了他在美洲大陆的经历，戈杰斯越听越兴奋。之后不久，纽波特再次动身，从普利茅斯乘船前往伦敦。他沿着英国南海岸向东，然后向北再向西，进入泰晤士河口。

后来，戈杰斯给伦敦的首席秘书塞西尔写了一封信。在信中，他告诉对方，他与纽波特交流过，他"很了解他"，并说该项目完全可以有理由令英国国内的支持者感到乐观。那些移居者去过的那个港口

"很宽阔"，那里土地富饶，气候良好。虽然当地原住民数量众多，很不友好——这肯定是一个不利之处——但是只要及时足量地提供给养，这些问题肯定都能克服。他说，实际上，从殖民角度来看，"成功是毫无疑问的"。

戈杰斯没有透露具体细节，肯定没有提及那里有稀有金属——他不想抢在纽波特之前告诉对方这些事情（或者戈杰斯也想早点告诉对方，但他竭力控制自己，因为某些消息并不应由他来传递）。另外，正如纽波特在与他的交流中明确说到的，化验工作还没有做。在信中，戈杰斯写道："我还不能担保我们送同胞去的那个地方的具体情况。"不过，毫无疑问，当纽波特、戈杰斯两人在一起，贪婪而狐疑地端详纽波特带回来的那一小桶微微闪着某种光泽的干土时，他们谈论的就是这个问题。

"如果我们没有被误导的话，"戈杰斯对塞西尔自信地预测说，"英国人在大西洋对岸探索的那片美洲陆地是值得保护的。"他说（他知道塞西尔肯定会明白他想说什么）："在他们待的那个地方，有相当多的事情可以做。"当然，他说得没错，但究竟具体有哪些事情可以做，塞西尔与他想的并不一样。

在塞西尔收到戈杰斯的来信之前，他已经收到了纽波特的那封紧急的、直接送去的信件。纽波特在信中说，他和那些已经前往的同伴在履行职责上已经"尽了最大努力"。

在回到英国的几个月前，纽波特和定居点的其他几位首脑收到了公司上层的文件。虽然表面上是建议，但内容明显是命令。他们称之为"以建议的形式提出的指示"。

那个文件为他们选择定居点提出了一些重要标准。这些标准要求定居点应选在一条可行船的河流的岸边，但要远离海岸，为的是不要让欧洲船只——尤其是"能抢光一切的西班牙船只"——发现和攻击。理想的情况是,那条河流应从西北流向美洲东部海岸,如果逆流而上的话,可能会看到"另一个海"(因为当时英国人已经知晓,虽然美洲大陆周围有岛屿环绕,但它本身是一个大洲,如果他们要前往亚洲的话,就必须从陆上穿越这个大洲,然后再乘船前往)。很多大力推动美洲殖民地事业的人,从一开始观点就非常明确:他们不仅希望建立一个长久的、自给自足的、成为大英帝国一部分的殖民地,还要发现和收获一个或更多的快速赚钱的项目,纽波特也持这种观点。

为了这个殖民项目,他们弄到了3艘船。其中最大的那艘船是临时租来的货船,可以装载大量高价值的货物。在整个穿越大西洋的过程中,这艘船一直由纽波特亲自指挥。然而,英国冬季的天气耽误了相当多的时间,直到1606年12月,他们才沿着泰晤士河离开伦敦。这时候,持续的坏天气——吹向英吉利海峡的"顶头风"——让船只剧烈颠簸,在6个星期的漫长时间里,船只离开肯特海岸后只驶出很短一段距离,无法进入大西洋。〔船上的牧师罗伯特·亨特(Robert Hunt)晕船晕得厉害,"虚弱不堪",很少人觉得他"有希望恢复"。不过,他坚决不愿半途而废返回英国的坚忍和决心让大家肃然起敬。〕直到2月中旬,他们才真正起航。那时候,船上已经吵成一片,船员们心头笼罩着浓重的悲观情绪。

很自然地,几个礼拜过去后,船员们除了拼命消耗船上的给养,已经别无选择。因此,船到加那利群岛时,纽波特不得不命令船只靠岸补充给养。这虽然是一件必要的事情,但又耽误了一些时间。当穿越大西洋抵达加勒比海地区时,船只再次靠岸。岛上的原住民看到他们不是西班牙人,紧张情绪顿时缓解,还给他们提供了各种食物,包括香蕉、马铃薯、菠萝,还提供了烟草——很多英国人起先不了解烟草。不过，总的来说，加勒比海岛屿上的原住民比较内向，不愿和外人深交。那里的春天挺热，太阳照耀在水波不兴的蔚蓝色海面上，让人觉得离开那里是一件痛苦的事情。1607年4月底，他们终于看到弗吉尼亚的海岸线——岸边是平原，覆盖着低矮茂密的树林，清晨的地平线一片混沌。太阳从他们背后缓缓升起，在黎明的晦暗中，他们站在船头极目眺望前方。

  第一个提出的定居点位置被否定了，原因是从海上看得太清楚，很容易遭受来自军舰的炮击（人们主要考虑的是来去无定的法国和西班牙的舰队，尤其是后者带来的威胁——很多人，比如纽波特，已经习惯了与西班牙的军事对抗，不管是在海上，还是在陆上）。于是，他们沿着一条河流逆流而上，前往内陆方向。他们高兴地看到，即使在内地，河水依然很深，那艘最大的船也能航行。

  逆流而上60英里（约97千米），他们遇到了一个地势很低的到处是沼泽的岛屿（或者说半岛，因为与河岸有一段窄的连接处）。岸边的河水仍然很深，意味着这里不同于罗阿诺克岛，无须将船停泊在距离岸边有一段距离的地方，大筏子可以直接拴在岸边的树上——这是一个显著的优势。下游和上游的视野都很好。最重要的是，这片陆地上当时还没有原住民居住。英国人知道当地有奇怪的原住民，但是他们承认"我们对他们一无所知"。看来，这就是纽波特预想的"最适合、最安全的地方"了。移居者中一个很有眼光的首领说，这里是"建造一个伟大城市的理想的地方"。

  但事实上，这里也存在严重缺陷，例如这个地方潮湿，不利于健康，具体地说，沼泽遍地。公司要求他们避免在"位置低或潮湿的地方"盖房落脚，他们忽视了这一要求。他们的时间很紧，现在已经是5月了，公司当初要求，到这时候，纽波特应该已经完成了初步的考察工作，并准备扬帆返回英国了。纽波特焦急地想完成回国之前的工作，他派船上的一部分人下船在那个岛上建造定居点，砍伐树木，耕种土地。有的人继续住在帐篷里，有的住在露天的"大树下"，而不是略微持久和安全的木屋里。他则带领其他人（大多是他最信任的船员）继续逆流而上。

在他安排这些工作的时候，气温一天比一天高。春天结束后，进入了闷热潮湿的夏季。然而，纽波特要求自己和他的队伍在找到可能让国内投资者兴奋的"某样东西"之前，坚决不回国。"某样东西"指的是上游的水源（某个内陆湖）、"另一个海"（太平洋）、阿巴拉契亚山脉（该山脉很可能蕴藏着宝贵的矿石）。同时，詹姆斯敦的情况很不乐观，不仅气温升高，饮用水也日渐紧缺（刚开始的时候，河水口感很不错，后来咸味越来越重）。蚊子的数量迅速增加——温暖潮湿的环境里滋生了大量蚊子，它们在空中嗡嗡嗡地狂叫。

纽波特的人开始一个接一个地倒下，几乎每天都有人死去，不是死于发烧就是其他病症。8月6日，约翰·阿斯比（John Asbie）死于痢疾。三天后，即8月9日，乔治·弗劳尔（George Flower）死于"浮肿"。威廉·布鲁斯特（William Brewster）——他非常看好那个地方的潜力——死于8月10日。8月14日又死了三个人，15日又有两个人倒下。这种点名式的死亡持续了好几个星期。有的死于疾病，有的死于战斗，有的死于饥饿。有人记录说："我们的队伍被摧毁了。"（到1607年底，最初的105人中，只有大约40人幸存下来。）然而，纽波特深知考察任务对于伦敦那些公司高层的重要性，同时自己也和他们一样执着于暴富的想法。他感到，如果不尝试寻找想象中的那些巨额财富，或者找到通向那些巨额财富的道路，以让英国的公司领导人满意，就不能返回英国。

虽然他们不断通过中途的岛屿补充给养，但给养再次告急。纽波特要回国筹集给养时，人们给他施加了很大的压力。他要筹集一些廉价而易消耗的物品，但这些东西不像让他着迷的珠宝、贵重金属那样吸引人。现在还没有机会通过种植让他们实现自给自足。但有人认为，是他们不够重视种植。

另外，愚蠢的是，在建设定居点的过程中，一些首领决定不针对集中生活在附近的美洲原住民设防，为的是向他们示好。这是一个风险很高的策略。其他人不敢相信，他们的枪支居然一直在板条箱里没有取出来，而且根本没有建设围墙和防御工事。乐观而讲究实际的士兵约翰·史密斯（John Smith）就是其中之一。他身材敦实，头发乌黑，胡子浓密，不像大多数人那样信服公司领导层。结果，这让他成为一些首领的敌人——他轻蔑地称他们为"能耐人"。他想，詹姆斯敦的那些人为什么不采取基本的预防措施来保护自己的住处呢？

史密斯是一个经验丰富、灵活机智的士兵，曾经参加奥地利皇帝的军队在欧洲东南部与信仰伊斯兰教的土耳其人的战争。在英国，他住在偏远的林肯郡农村地区，远离大都市伦敦以及某些乡村高档庄园的大千世界。逃离了欧洲大陆奴隶般的生活后，他回到故乡，退隐在"一个树木众多的小牧场"，潜心研究炸药、弹道学、骑马等作战技术。他对这种实用知识，而不是语法、修辞、古代语言等让人"出人头地"的东西，怀有浓厚的兴趣。

他抱怨说，很多所谓"上层"阶层，甚至根本不重视教育。在前往弗吉尼亚的航行途中，他发现大多数"绅士"很懒，离不开"他们习惯了的可口美食"和"羽毛床垫、羽绒枕头"，却没有探究事物的兴趣。他批评说："他们从来没努力弄明白一件事情。"在他看来，这种自我满足让人非常受不了，完全没有道理。即使是其中好一点的，比如斧子让"他们白嫩的手指起了泡"后仍然继续干活儿的人,也很难和经常干活儿的人相提并论。作为一个士兵,他觉得,他先前专心学习的实用技巧可能在某个时候派上大用场。当然,后来的事实证明,他的想法是正确的。

这种不信任是相互的,移居者中的首领希望将史密斯清除出去。事实上,纽波特曾打算(甚至在他们抵达詹姆斯敦之前)将他处死。但是,史密斯坚决不"合作",他最终活了下来,并让他们打消了这个念头。

克里斯托弗·纽波特一心想的事情,和定居点或自我防卫无关。公司领导指示他,在留40人建造永久定居点后,他应该继续出发前往上游察看其他地区。公司领导指示说,他们可以花两个月考察河流上游和周围地区。

公司的指示要求他们前行很长一段路之后,就要派一半人上岸建盖临时住处,其他人步行考察远处可以看到的"高地和山坡"。据推测,陆上考察队伍中可能有约翰·马丁(John Martin)。马丁是一个出色的船员,他的父亲是一位优秀的、信誉很好的伦敦金匠和王室铸币厂的高级技师。约翰为人诚实,深受父亲熏陶,在鉴别矿石方面轻车熟路。弗吉尼亚风险项目的发起者们认为,在这荒凉的高纬度地区很可能找到黄金和其他贵重金属的矿床。

为什么这些发起者会这样认为?在一本当时很多人信以为真的书里,一位名叫"何塞·德·阿科斯塔"(José de Acosta)的西班牙耶稣会会士认为,整个西半球,尤其是贫瘠、多山的地区,很可能蕴藏着上述贵重矿物。他讲述了他的各种理由。人们很信服他的话,认为他能够用自己的亲身经历来证明自己的权威性。他本人不但曾经在美洲南部和中部长期生活过,而且在16世纪后期返回西班牙途中,亲眼看到他搭乘的那艘船的船舱里有12箱黄金、两大块绿宝石、数百万碎银片以及其他贵重物品。

在某种程度上,他的想法带有宿命思想,没有什么实际意义。他认为,那些贵重矿物的位置,完全是"造物主的意志",因此凡人是无法知道的。猜测那些位置是没有意义的——造物主已经"随便把那些东西送了人"。不过,他后来抛出了"哲学理由",解释为什么贫瘠的山上和山腰最有可能蕴藏宝贵矿物,而正是这些段落,引起了读者的注意。

他写道,金属,尤其是金银,往往生长(总是假设那些东西和植物一样发芽和生长)在"贫瘠,结不出果实"的地方,因为上帝不愿意厚此薄彼。在肥沃的地方,他专心地传播维持生物生命所需的"果实",而在这种"极为粗糙、干燥和贫瘠"(就像是高耸入云的山巅和无法开采的棱角尖利的粗糙岩石)的高地,人们才能找到贵重的矿藏。当然,这些财富被发现后,它们会将这些地方变成"人口稠密"的"优美宜人"之处。

这些在弗吉尼亚探险考察的英国人随身带着罗盘,他们详细记录了他们在任何一个方向行动的距离,这是为了防止他们雇来的那些美洲原住民突然跑掉,将这些英国人留在"大树林或沙漠里"无依无靠、束手无策,无法"找到返回的路"。最重要的是,队员们一定要随身携带"六把尖锄",用来翻动他们感觉"有戏"的泥土,"尝试发现矿物"。

换句话说——纽波特后来说——他们的主要目标有两个(除了建立一个牢固的定居点,因为它只是达到目标的途径)。第一个目标,他们要寻找一个穿越美洲进入太平洋的便利通道,就像西班牙探险家瓦斯克·努涅斯·德·巴尔波亚(Vasco Núñez de Balboa)在巴拿马的发现一样。当时，他从中美洲的一个山顶上看到"另一个海"在远处泛着粼粼的波光。第二个目标，和过去的巴尔波亚一样，他们要寻找有价值的"矿物"宝藏。

为了不顾一切地落实公司上层的指示，纽波特组建了一个大团队，不过人数没有公司上层要求的那么多，一共是23人，而不是40人。纽波特带领他们从海边驾一条小船（具体地说，叫"浅水敞舱艇"），沿着河流奋力逆流而上，驶向内陆，驶向远处的轮廓映衬在地平线上的阿巴拉契亚山脉——"显示有金矿的山脉"（他们这样乐观地描述阿巴拉契亚山脉，除了先前笼统的假设之外，没有别的原因）。最后，约翰·马丁没有成为这个团队的一员，因为进入美洲后，他的身体一再出问题，不适合这次行动。河面一直很宽，航道很深，他们向内陆行进了将近200英里（约322千米）。纽波特说，这段航道中允许"大船"行驶的部分，大概占四分之三——远远超过了詹姆斯敦的航道。

途中遇到的美洲原住民部落极大地影响了他们的行程。有的原住民部落，他们先前在詹姆斯敦遇见过；有的部落对他们很友好，或看上去很友好；但也有一些部落对他们怀有明显的敌意，或极为危险。他们有的用红色染料把身体涂红，"看上去赏心悦目"（来自英国船员的评论，但正因为身上涂的那些红色，而不是因为他们的天然肤色，他们得了一个"红色印第安人"的永久绰号）。偶尔，他们也用一种蓝色颜料涂身。英国船员贪婪地以为——完全是虚妄的猜测——这些颜料来自"银矿"。

他们继续向上游挺进，途中遇到了几个原住民。比如，他们称之为"善人"（不知道他的真名）的那位部落首领，很乐于帮助他们。那个人给这些英国人画了一个大致的地图：一开始，他用一根手指在河堤的沙地上画，后来有人递过来一支笔和一片桦树皮，并给他演示如何使用这些"奇怪"的工具之后，他将地图画在了那片桦树皮上。

那人告诉他们，在河的上游有大瀑布，根本无法行船（后来他们发现，上游"突出的巨岩"让河水从高处"重重跌落，任何船只都无法通过"）。那人说，弃船上岸走上一天，可以看到那条河的分叉处。他说，那里距离具有"caquassan"（北美原住民对红色土壤的称呼，而那些英国水手推测那不是铜就是黄金。当然，如果是后者，那就更好了）夹层的"Quirank"山脉"还有很长一段距离"。那人好像说，在山脉那边，就是"我们所期望的"——一个大咸水湖。该湖是另一个河流的源头。这些英国人天真地想，那条河可能向西流向太平洋。

虽然有的原住民部落对他们很友好，但这里要重点提及的不是他们提供的类似先前的帮助，而是他们的风俗。有的英国船员写道，船员们认真观察"他们的舞蹈"。跳舞过程中，他们疯狂地旋转，"高喊着、吼叫着、有节奏地跺脚"，发出"类似众多野狼和恶魔"的声音。那些原住民还请那些英国人取用烟草，用一头固定有铜斗钵的硕大烟斗吸烟。他们了解到，众多美洲原住民部落之间经常发生损失惨重的战争。最后，感觉到对方对他们继续深入内陆怀有强烈的敌意之后，纽波特同意不再继续向前，而是回到詹姆斯敦。虽然他们没有发现什么具有重大价值的东西——没有找到黄金，没有看到南部的海洋，也没有看到可能注入南部海洋的河流。

也许，他莫名其妙地感到需要回去。当时和纽波特在一起的约翰·史密斯后来回忆说，他感觉到"有关堡垒的某种不祥预兆"（实际上那根本算不上真正的堡垒，因为没有武器和防御工事）。当他们按时赶回去时，他们看到的是一个大屠杀之后的场面。就在一天前，数百名原住民武士袭击了这个定居点。

遗憾的是，詹姆斯敦对这一大规模袭击毫无准备。当时，正在干活儿的人们仓促应战。因为镇子里没有武器,他们疯狂地奔向船上的大炮(万幸,船和大炮就在附近)。一门大炮射出的一颗炮弹打在一棵树上,众多大树枝发出巨响,轰然砸下。那些原住民武士虽然人数比英国定居者多很多,但心生畏惧,仓皇撤走,这才让这个英国人的定居点免于彻底覆灭的命运。史密斯说,否则的话,"我们的人都要完蛋了"。

另外,他说,就在这次遭袭之后,人们的意识发生了重大变化,促使人们动手建盖坚固的防御工事。他不无苦涩地说,"从此",那些领导者"才觉得应该用栅栏把堡垒围起来"。信任已经荡然无存,定居者开始"手执武器"。即使在这个时候,大多数真正的工作也不是由那些"绅士"完成的,而是由先前驾船的船员完成的。有人记录说,他们是"他们中的中坚力量"。

具有讽刺意味的是,就在这个时候,而不是先前驶向那些山脉的时候,当他们重新在詹姆斯敦周围挖沟壕、修筑防御工事时,他们发现,一条水流湍急的小溪水底的"几个地方"有一些闪着金色光泽的东西。这时候,病弱的约翰·马丁就在定居点。人们压抑不住心头的兴奋,立刻去叫他。在他的指导下,人们挖取了一些土壤的样品。

马丁迅速将从伦敦带来的专用仪器组装起来,对可能含有有用物质的矿石进行化验。化验技术数百年来几乎没有改变,仪器及方法的简陋和粗放让人看不出有什么"科学"知识。从16世纪开始的越来越多的论述,让我们逐渐了解了这一"巧妙秘籍"的"秘密"。这一"远古的高利润艺术"催生了"海量贸易",导致了无数大小城市的诞生。

马丁先将一部分需要化验的泥土称重。他将样品用一张很薄的铅纸包起来,放在一个小盘子里,具体地说,是一个用骨灰制作的"烤钵"。然后将烤钵放进一个小炉子里。之后，用木炭给炉子加热到极高的温度，让大多数金属和杂质氧化，被烤钵吸收。至关重要的是，铅纸中的金、银都不会被烤钵吸收。正是这种能够经受"火烧"后的韧性，成为这种化验方法的主要依据——这也是这两种金属具有高价值的一个原因。这两种贵重矿物熔化后，往往混在一起（需要另外的工艺将它们分离出来）。冷却后，它们以小圆珠的形式出现在烤钵的底部。接下来，将它们取出来称重。

马丁最初的感觉很不错，他觉得分离出了黄金。其他人满怀期待和渴望，聚精会神地在旁边看着、听着。这件事让他们"心里震动极大"。据说，所有幸存下来的人热切地围拢在周围。"那是对财富的不合时宜的、过度的渴望"，它让无数人心无旁骛地来到美洲。有人找来了一个小桶，人们用铁锹急切地将略微闪烁着金属光泽的土装在里面。马丁大声说，纽波特可以将这个小桶带回英国，给组织这次探险考察活动的公司领导看看，让伦敦的专家们做一番全面的检测。

这个发现显著影响了人们对整个美洲的看法。纽波特在给塞西尔的信中说，这是一个"非常不错的地方"。现在，他可以自信地说那是一片"富含黄金和铜"的土地，虽然不得不承认，证据还不够充分。[但这是弗吉尼亚公司所有出资者的希望和期盼。1605年出版的深受人们欢迎的喜剧《东方行》（*Eastward Ho*）用极度夸张的手法表现出了这一点：剧中的船长大言不惭地说，金子"在那里比我们这里的铜还要多"；美洲原住民日常用的任何东西，连他们用来接烤肉滴下来的油的盘子、尿壶都是用"纯金"做的，宝石和钻石像"海边"的卵石一样多。]另外，纽波特身上还带着一封信，在弗吉尼亚管理委员会所有成员签名之后，这封信被送往英国政府手中。信上说，那个定居点"流淌着奶和蜜"，只要那些信奉异教的西班牙人的"贪婪之手"不要伸过来。

这种看法不是没有人支持。这些移居者中有一个塞西尔安插的密探，他受命直接向塞西尔汇报情况。这件事同样让他感到异常兴奋，他悄悄将一封信交给纽波特，委托这位船长捎回国。信中的描述完全没有打击伦敦政府的热情。"这里的港湾、河流和土地，"信中热情洋溢地说，"从来没有引起人们的注意。"他在信中说，这件事情本可以说得更多一些，不过，纽波特会把这件事说得"比我更好"；美洲将来肯定会成为"世界上最伟大、最富有的王国"。那封信说，在定居点附近"河流上游的那片水域"周围，矗立着蕴藏有无数宝藏的"岩石和山脉"。西班牙人在更靠南的地方发现了什么并不重要。在有生之年里，詹姆士国王会看到英国变得"比所有欧洲国家更为富有，更加声名远播"。

这并不是鼓动其他人移居美洲的宣传材料，而是英国的那些组织者想要听到、迫切想要相信的东西。来自"独立渠道"的消息也印证了这些文字。那么，为什么不相信这个好消息呢？

兴奋的纽波特回到英国后，先前在这个项目上与塞西尔合作的那些人也迅速兴奋起来。

沃尔特·柯普（Walter Cope）爵士是一个很有能力的人，曾经在罗伯特·塞西尔的父亲伯利勋爵（Lord Burghley）手下工作，此时深得塞西尔的赏识和倚重。柯普因为与塞西尔家的这层关系，得以进入国会。相较于在选民中的受欢迎程度，入选国会更依靠与实权人物的良好关系。另外，柯普在肯辛顿（Kensington）建盖和装修富丽堂皇的大房子时，塞西尔还提供了帮助。柯普对那处房子的投入可谓不遗余力，结果它被人称为"柯普城堡"。在这方面，旁观者的评论很不客气，他们说柯普的派头"越来越像那位大老爷"。不过，他的地位一直不稳固。他的债务越来越多。他的社会地位没有因为塞西尔一家的帮助而有所改善,他渴望财富和稳定的职位。从哈特菲尔德庄园(塞西尔的祖屋)陈列的那张肖像画上焦虑不安的神态可以看出,他很不自信,觉得他得到的一切——过于依赖其他人,过于微不足道,与自己的能力极不相称——可能会很快失去。

柯普投资过很多承诺会带来巨额回报的风险项目,但绝大多数投资没有获得预期的收益。听说美洲可能有金子时——他的朋友兼指导人兴奋地说起这件事,很多人满怀热情地谈论这件事——他觉得这似乎是一个不容错过的好机会。于是,他早早地投资了弗吉尼亚公司。在听说了纽波特带回来的消息之后,他无法控制自己的兴奋之情。他似乎终于得到了世俗的拯救,感觉上帝终于回应了他的祈祷。他写道,当他静下心来思考的时候,理性确实提醒他"不要轻易相信"这种美好的、不现实的承诺。然而,他不善于接受这样的建议。

"天哪,"他在写给朋友兼盟友的信中说,"如果能够相信那些承诺的话(他确实非常相信),我们就找到了一个比应许之地还要富饶的地方。"奶和蜜不算什么,那里有好得多的东西。"比奶更好的,"他写道,"那里有珍珠。"比蜜更好的,那里有黄金。

这些好消息的来源似乎不容置疑。他向塞西尔保证,他与纽波特私交多年,他很相信他,很了解他的"诚实和声誉"。他保证说,纽波特是一个很理性的、完全可靠的见证人。虽然他可能只带来"满满一小桶土"——可能含有那些贵重矿物的土,但是,在大西洋对面的弗吉尼亚有"遍地是这种矿石的王国"(他一想到这个就兴奋不已)。

和坩埚里加热后的那些东西一样,柯普心里关于财务的忧虑熔化了。他写道,在他和其他出资者面前,满是"无穷的财宝"。他的眼睛被这种幻象蒙蔽了。从最初英国人开始移居美洲开始,寻找贵重金属（尤其是金银）就一直是他们最重要的刺激因素。自从哥伦布的航船经过加勒比海地区的岛屿，"四处寻找黄金"这一想法就开始适用于所有欧洲人。

"你们信仰基督的人是怎么了？"一位原住民国王的儿子曾经质问西班牙人。为什么你们那么看重"那么一点点金子"，而不是"内心的平静"？对于目睹这一切的原住民来说，这让他们很难理解。他们该怎样解释这种"无法满足的欲望"，这种"对黄金的贪婪"？他们竟然愿意忍受"那么多艰难险阻"，就像远离家乡的"被流放的人"。西班牙探险家科尔特斯（Hernán Cortés）曾经开玩笑（或者说是半开玩笑）地对印加帝国的大使说："我们身上有种病，只有金子才能治好。"有的原住民信以为真，就将熔化后的金子灌进西班牙人的喉咙，"谋杀"了不少人。

那位原住民王子的问题也同样适用于迫切从中分一杯羹的英国人。正如沃尔特·雷利所说，"为了金子、赞扬和荣耀"，他们迫不及待地要从"新世界"寻找一种"遥远的土"。"发现一个好矿"，或发现"通往南部海洋的通路"，即关于巨大财富的诱人幻象，刺激了第一批前往美洲的英国人。他们没有想在那里永久生活下去，他们想的只是从那里攫取巨大财富，然后卖掉它们，衣锦还乡，过上国王般的日子。

弗朗西斯·德雷克爵士在1579年环球航行途中经过加利福尼亚海岸时，看到美洲没有一片地方"没有发现金子、银子的可能"——这两种东西极具吸引力。16世纪末，另一个英国人说，"除此之外的其他东西"都不可能吸引"我们国家移居"这片新发现的陆地。那些鼓动人们移居新大陆的人经常谈到的其他因素也很重要，比如宜人的气候、肥沃的土地、块根蔬菜、树胶、黄樟等。诚然，这些都是好东西，但美洲是一个遥远的地方，中间有危险重重的海洋，这些东西"不值得远道获取"。

然而，从16世纪中期开始，随着西班牙的来自新世界的白银涌入欧洲，尤其是1545年在玻利维亚的波托西（Potosí）发现银矿后，这些白银产生的利润为一场前所未有的消费热潮提供了资金。黄金、白银、珠宝、丝绸、香料和其他奢侈品蓬勃发展。不仅英国是这种情况，整个欧洲都是如此。传统的社会等级制度遭到了挑战。资助和从事探险活动的大商人和投资者获得了大量贵重商品，社会地位迅速提升。"禁止奢侈消费的法律"（规定不同社会阶层可穿用物品的法律）的重新实施，表明有人担忧新涌入的钱破坏了很多人重视的社会结构和稳定。大多数人（约翰·史密斯不属于这一类人）确实喜欢过去他们熟悉的、让他们感到踏实的社会等级制度，改变让人紧张不安。当然，那些名门望族根本不屑于暴发户粗俗的挥金如土，但他们往往忘记了，他们的先辈曾经也是暴发户。

英国政府给弗吉尼亚的海外移居新项目颁发的特许状，明确允许海外移居者挖掘和寻找"金、银、铜等各种矿藏"，不管是在他们的定居点，还是在位于他们身后的未知的"大洲"（铜是用来铸造钱币的第三种重要金属，虽然它的价值远远逊色于金银）。英国政府颁发这种特许状并不奇怪，因为在那些鼓动者积极游说政府允许在美洲建立定居点的过程中，贵金属往往是他们的重要依据之一。

在16世纪80年代完成的《论移居西方》一文中，作为大力推崇美洲的"鼓吹手"，作者理查德·哈克卢特认为，英国女王及其臣民不仅可以从当时只有西班牙人从事和获利的高利润行当中获益——"通过征收关税，可以充实女王陛下的国库"——还可以享用这一新世界蕴藏的"金银矿财富"。他认为，西班牙对整个美洲的控制要比人们想象的薄弱得多，尤其在北部，英国有机会分得一杯羹。他强烈呼吁英国人参与其中。这不是说那个地方不能没有海外移居者，而是由于广泛存在的对16世纪后期英国人口膨胀的绝望。哈克卢特说，英国"一点都不缺人"，自给自足的海外定居点实际上对英国有好处。

和颁布了"王室五分之一"政策的西班牙一样，英国王室有权获得已发现金、银的五分之一和已发现铜的十五分之一。虽然如此，这仍然意味着巨大的财富，不论对个人还是政府来说。西班牙在南美洲的经历就充分证明了这一点。在英国，妇孺皆知的是，西班牙和葡萄牙（自1580年两国实现了统一，由一个王室统治）通过他们称之为"印度群岛"（Indies）的地方，靠着在那里发现的数量巨大的贵重金属，两国的财富都"迅速增加"。

这些新财富中的相当一部分直接进入了意大利银行家的腰包，被用于偿还债务。虽然如此，那些征战于欧洲中部和北部的帝国雇佣军，仍然由美洲金属供养。事后看来，长期下去，这会造成通货膨胀。不过，很少有人知道这一点，关心这一点的人就更少了。对于发现黄金的人，黄金意味着可以迅速富起来。没有人不相信这一点。

据最早的探险者和美洲移居者说，他们都是被"大海洋"（早期地图上大西洋的名称）对岸那片新大陆可能有黄金的说法吸引过去的。西班牙驻英国大使不无担忧地向他的国王汇报说，英国人对他们在弗吉尼亚发现的"那个地方很着迷"，听说西班牙要把他们从那里赶走后惊慌不已。纽波特返回英国后，威尼斯大使也向其"宁静的共和国"（Serene Republic）的雇主发回了类似的消息：英国人踏上了一片肥沃的土地，他们确信在那里能够找到"金矿和银矿"，并且带回了"一些土准备化验"。

选择克里斯托弗·纽波特来领导1606年的风险项目，并非偶然。

持续到16世纪90年代之后的那场漫长的英西战争（我们现在大概忘记了无敌舰队的大举入侵仅仅是多年冲突的开端），让他对西大西洋水域了如指掌。他的航海经历让他脱颖而出。1590年，在古巴海岸附近，在与西班牙财宝船的一场激烈战斗中，他损失了右前臂（被"打掉了"，"独臂克里斯托弗·纽波特"由此得名）。后来，他甚至在右前臂位置固定了一个钩子，这为苏格兰小说家巴利（James Matthew Barrie）塑造那位声名狼藉的船长提供了灵感。残疾并没有让他退却，两年后，即1592年，他在抢掠历史上规模最大的一批海上财宝的过程中扮演了举足轻重的角色。

当时，纽波特鼓动船员奋勇向前，与西班牙"上帝之母"号（Madre de Dios）卡拉克帆船[1]交战。那艘船从东印度群岛来，装有价值50万英镑的珠宝、香料、丝绸等珍贵货物。纽波特要求船员要么将那艘卡拉克帆船夺下来，要么为一项正义的事业"献身"。他们选择了前者。纽波特最终驾着那艘船驶回伦敦，这足以显示他在这件事中扮演的角色之作用。对于投资者来说，这是一笔意外之财，虽然船员和船长拿走了远远超过其应得数量的战利品。

在英、西间旷日持久的战争中，纽波特一直与资助海上私掠活动的很多伦敦富商保持着密切联系（海上私掠是高回报的活动，虽然风险也很高）。他迅速发迹——通过人脉和获得的大量财富，还有高超的个人能力——从学徒成长为船长，成为那个年代最出色的海员。他与伦敦最知名的金匠家族格兰菲尔德（Glanfield）家族关系密切。无疑，后者认为掠夺西班牙和葡萄牙的财宝船队是获得贵金属的可靠途径。

---

[1] 卡拉克帆船，15世纪盛行于地中海的三桅或四桅帆船，是欧洲历史上第一款用作远洋航行的船舰。——译者注

他们开始了商业合作。他和弗朗西斯·格兰菲尔德、理查德·格兰菲尔德合资购买了一艘私掠船，他经常带人驾着这艘船到美洲海域掠夺财物。他的第三次婚姻，娶了弗朗西斯·格兰菲尔德的女儿伊丽莎白。在带领探险队前往弗吉尼亚的时候，无论是航海经历还是家庭关系，纽波特距离贵金属行业无疑比大多数人近得多。

直到1604年英西战争正式结束，纽波特的职业才发生根本变化。突然之间无法再袭击加勒比海地区的船只了（虽然一些船长由于长期享受这一特许权带来的财富，难以阻挡海上劫掠的诱惑），他不得不从事"和平"的活动。1605年，他返回英国时，带回了被吓呆了的两条小鳄鱼和一头野猪，献给以喜欢海外奇异动植物闻名的詹姆士国王。之前有人将来自新世界的新奇人种（两个美洲原住民）送给纽波特，其目的是——西班牙驻英国大使不满地说——用以培养英国人对移居美洲的热情。

但相较于获得无限财富的机会，各种新奇的人和物的吸引力都显得微不足道。很快，纽波特开始大谈在美洲更靠北的地方建立一个英国定居点的事情。一方面，他想从那里寻找和攫取地下财富；另一方面，他想找一条从北部穿越美洲前往南部海洋的通道。这两种可能性让他痴迷，因为他想迅速获得财富，而不是通过定居美洲一步步积累财富。在定居点因遭受原住民大规模袭击而爆发的激烈争吵中，有人指责纽波特等人道貌岸然，说他们心里想的"只有快速发财"。

因此，在约翰·史密斯们仍然待在詹姆斯敦，想方设法巩固定居点时，那一小桶宝贵的弗吉尼亚泥土被迅速送到伦敦一流的化学专家手中，包括在"金匠府邸"（Goldsmiths' Hall）工作的"金石专家"。他们的天平是"纯净"的，熔炼炉已准备好。

他们会做出什么样的结论？他们是否认同公司在定居点的那些

"专家"比如约翰·马丁等人的看法？——马丁等人迅速给出的检验结果，促使大家立刻弄了不少类似的泥土，并由信以为真的纽波特船长将这些泥土送回国内。这一种子（柯普称之为"精子"）真的能生长出他和其他人热切期待的金子吗？这一切都取决于马上就要进行的检验。这是一个紧张的、不同寻常的时刻。柯普对塞西尔说："我真希望在他们化验时，爵爷您能够在场。"

情况紧急。一开始，送到塞西尔手里供他亲自检验的这些"黄金矿物质"被严密地封装着，为的是防止有人动手脚或氧化（由于某些原因，或许是社会阶层和政治地位，使塞西尔看起来拥有高深的化学知识）。当柯普弯下腰，仔细查看那些东西时，他不禁满腹狐疑，心一下子凉了半截。那些砂土中略微闪着微光的东西真的是黄金吗？

人们清楚地记得，此前不久，信心万丈的马丁·弗罗比舍是如何一下子彻底失望的。先前的那些投资者不得不承担千里迢迢开采和运输一大堆毫无用处的石头的全部费用（对于那个项目的牵头人来说，项目赔本意味着债务人锒铛入狱，而那些被开采和运到大西洋此岸的大量深色石头后来被用来修缮肯特郡的马路）。因此，时间紧迫，化验工作要由四个伦敦专家分别进行。诚然，这说明了他们对这件事的重视，但同时也显示出他们深切的焦虑，担心犯下灾难性的错误。

塞西尔安慰柯普说，那四个人是伦敦最权威的人物，是"伦敦城内外最有经验的人"。这件事得到了高度重视，化验结果迅速传开了。化验专家将充分加热后的烤钵从炉子上拿下来细细察看后，得出的结论与众人所希望的完全不同。熔炼师还竭力从烤钵底部找到熔化后的金质小细珠，然而一无所获。现代地质学家认为，那些闪光的小薄片很可能是云母，经过高温之后，那些东西消失得无影无踪。第二天，也就是1607年8月13日，沃尔特爵士再次写信给塞西尔。这一次，他的语气异常平静。

在开篇处，他写道："作为首席国务秘书，应该相当熟悉紧随着极度兴奋到来的失望——希望升起，而后破灭。"他说，昨天"我们在信中跟你说了关于金子的消息"，不过"今天"，他不无沮丧地说，"我们连铜的消息也无法提供给你"。这似乎应该归咎于弗吉尼亚那个地方。原本看似是"俄斐地"——《圣经》中的地方，那里的大山和山上的石头都是纯金的（定居点的人们仍在寻找这一地方）——现在像是受诅咒的"迦南地"。

"最后，"他用哀怨的语气说，"全部蒸发了。"他指的是泥土中那些闪光的东西在火上加热后蒸发，他、纽波特以及其他知晓内情的定居者、投资者心中最热烈的希望也蒸发了。经历了先前的满怀期待，现在的情况令人心灰意冷。

不难想象，结果出来后，纽波特极为消沉。在极度失望中，他说他不想再回到弗吉尼亚，不想管那些害怕当地原住民再来一次突然袭击、迫切等待更多人手和给养的人对他的期待。

然而，该项目在伦敦的组织者劝他不要这样。他们对纽波特说，他带回英国的那些土很可能是拿错了样品。"他发现了自己的错误"（或者说，人们替他发现了错误），公司会计安慰塞西尔说，他带回来的根本不是"他们第一次化验时用的那些砂土"。他们并不是没有找到金子，他们肯定找到了金子。错误其实是约翰·马丁犯下的，他误导了纽波特、英王和整个国家，还有他的父亲，也就是那位和其他人一样满怀希望的一流金匠。

纽波特感激地接受了这个解释。他再次打起精神，决心纠正先前的错误。他要重返弗吉尼亚。有人安慰塞西尔说："他现在决心已定，打算最近再次出海。"经历了先前的挫折，他打算带着人手和给养——大约60个想要移居美洲的人——再次按计划穿越大西洋。这一次,他要找到真正的财富,他态度非常坚定。他草率地向塞西尔保证,如果带不回"先前满以为自己已经带回来的"那种东西,他就再也不回英国,再也不见他和其他故人。

一位对这件事感兴趣的人,即雄心勃勃的外交官达德利·卡尔顿(Dudley Carleton)针对流传于这个"多雾的、气味难闻的"首都的政治传言,写了无数篇文章。纽波特船长从弗吉尼亚回到英国后不久,卡尔顿在1607年8月又写了一篇文章:他(指的是纽波特)对美洲的空气和土壤赞不绝口,虽然那些定居者手头不再有充分证据表明他们找到的土壤里含有金银;很明显,从化验结果带来的震惊中恢复过来后,他们决心再次尝试。他写道,伦敦国会做了"周密的计划",将急需的物资送往弗吉尼亚。

在纽波特的率领下,一艘大船带着他又回到弗吉尼亚。同行的还有一艘舰载艇——两艘船,"双倍的供给量"。1607年8月8日,他们正式拔锚起航,离开英国。这时候,船上大约有120个打算移居美洲的英国人,还有更多的食物和其他重要物资。人群中不仅有织布工和药剂师(专门配制草药的人,当时草药并不包括烟草),还有两个金匠(理查德·贝尔菲尔德、威廉·约翰逊)和两个熔炼师(威廉·道森、亚伯拉罕·兰萨克)。熔炼师的任务是,在将大批样品装上返航的船只之前,配合金匠对样品进行全面的化验。

最终,西班牙大使千方百计见到了詹姆士国王——这次见面曾一再被有意拖延,这令大使很不满——他提出英国的整个美洲殖民地是一个"卑劣的骗局"。一方面,他们践踏了西班牙在新世界的权利;另一方面,他们在弗吉尼亚根本找不到他们想要找的东西,因为他蛮有把握地认为,那片土地"一无所有"。

英国国王假装同意他的看法，睿智地点了点头。他装作——也许他真的认为——弗吉尼亚的风险项目无关紧要（不过他确实表达了对有关侵犯西班牙权利的说法的惊讶，因为弗吉尼亚距离西班牙实际控制的岛屿相当远）。英王说，那个项目和他没有关系，那些移居美洲的人完全自担风险，英国不会因为他们遭遇的不幸——比如西班牙的袭击——而出兵报复。英国政府不参与民间机构组织的海外定居项目，这是早期英国扩张的显著特点。这种做法对国王来说肯定很有用，因为他可以推说自己完全不知情，虽然这对习惯于国王直接管理一切的西班牙人来说难以置信。

那位西班牙大使完全相信了英国国王的话，他立刻督促本国国王趁英国定居点规模尚小之际将它排挤出去。他建议道："应该趁他们人数不多时将他们彻底铲除，连根拔掉，让他们再无法生芽。"这位大使比西班牙国王更清楚地看到了那个羽翼未丰的定居点一旦立稳脚跟，将来可能带来的危险。另外，詹姆士国王告诉那位西班牙大使，关于英国人移居的那个地方，他掌握的消息和他完全一样：那片土地非常贫瘠，"什么也没有"。他说："那些人以为在那里能找到财富，他们被骗了。"也许他真的这么想。

英国人确实被骗了——克里斯托弗·纽波特就是其中之一——他们以为能够找到巨大的财富。直到1608年1月初，他率领的船只才回到詹姆斯敦。中间再次在加勒比海地区停靠补充给养，同时尽情享受12月的暖阳（同行的那艘舰载艇中途失散，导致他们严重滞期）。在弗吉尼亚，当时已经是深冬。相较于那些英国人所熟悉的冬季，那个冬天非常冷，"寒冷刺骨"。空气"冷得厉害"，树上裹了一层薄冰。人们一呼吸，呼出来的气流立刻在面前凝结成一团团很重的白雾。清晨，霜冻给地面覆上一层白色，大地冻得硬邦邦的。

纽波特立刻着手在沮丧和不满的移居者中重树威信（然而英国国内有人说，情况根本不是那样的，那些移居者当时"身体很健康""心满意足""相互友爱"）。纽波特阻止了一些内部斗殴。在他离开的那段日子里，打架已经成了移居者们司空见惯的事情。对于那些对快速致富心灰意冷、开始"陷入绝望"地放纵自己、无所事事的人，他想方设法让他们重振信心。这不是一件容易的事情，因为几天后的一场大火烧毁了那个定居点，烧掉了他们先前建造的那些极为简陋的、芦苇盖顶的房舍，以及当时存放在库房里的给养，让人们——不管是刚来的，还是先前的——饥饿难忍，一无所有。责怪约翰·马丁提供了错误的样品之后，纽波特让他带人找一些确实含有金子的样品，以便日后带回英国。纽波特给他派了四个刚从伦敦来的化验专家。

处理与当地原住民部落的关系占用了纽波特的一些精力，他作为政府代表团的一员拜访了不愿前往詹姆斯敦的当地部落酋长波瓦坦（Powhatan）。3月初，纽波特回到定居点后，他做的第一件事就是去看马丁是否完成了他指派的任务。然而，结果让他很失望。马丁没有发现金子，虽然（也许是因为）给他配备了专业的帮手。

想到在英国做出的不成功就不回国的保证，纽波特开始慌了神，他要求定居点的所有人都去找矿石。所有人必须停下手中的活儿，不管那些活儿有多重要，暂时不要建房舍，不要种玉米，都要整天去找金矿石。从英国乘船来美洲的途中，在与熔炼师、金匠滔滔不绝的交流中，他获得了一些浅薄的知识。这种危险的一知半解和他的狂热分不开。一位观察人士挖苦地说："在那以前，我们从来不知道纽波特船长是一位熔炼师。"

当然，那些因为这种手艺而被从大西洋对岸送到这里的熔炼师，也迫切地推进着这一工作，好让自己早日成为舞台的中心人物。这些身上似乎镀着金的人，深为纽波特想从闪烁着光泽的土壤中看到金子的迫切心情所打动，他们说自己对寻找金子的工作很满意。他们做出了所谓的"黄金承诺"：只要他们确认砂土中含有金子，人们就可以动手往船上装。这让整个定居点陷入疯狂。

据说，"所有人为了获得报酬"成了这些人的"奴隶"。詹姆斯敦陷入了狂热之中。一个目击者后来回忆说，在各个角落，"人们不说话，看不到希望，不做其他工作，只是没完没了地挖金子、洗金子、炼金子、装金子"。这种执拗和喧嚣让某些人精神失常。据说，"其中的一个疯狂的家伙"说，如果他死了，就把他埋在那种闪着光泽的砂土里，因为那种神奇的砂土可能"把他的骨头变成金子"。

随着这种狂热席卷整个定居点，船长和船员们只能在无聊的等待中度日，等着将那些闪烁着光泽的土运回英国的命令。在三个半月的时间里，他们支取薪水，消耗着宝贵的给养。不过，并不是所有人都这么疯狂。讲究实际的船长约翰·史密斯——有人称赞他是"朴实无华，金玉其中"——在这些"重大发明"面前保持着极大的冷静。事实上，他很快恼火、郁闷起来，食物补给那么有限（补给确实很宝贵），却有那么多用在了只是等待离开的船员身上。

他想，如果那片土地里真的有那么多金子的话，为什么那些原住民家里看不到金子？（实际上，他明智地看到，"人们都熟悉"的食物"才是他们的财富"——真正的财富。）那里存在金子的证据是什么？本地原住民发现那些证据了吗？那些狂热行为完全没有意义，只是让他们误入歧途。史密斯向约翰·马丁表达了他的不满，后者是这件事的组织者之一。"我听到他用怀疑的口气询问马丁船长，"有人回忆说，"他告诉马丁，除非给他展示一个可靠的化验过程，否则他不相信他们那些鬼把戏。"眼前的情况让史密斯很生气。"看到所有应该做的事情都放到一边,而把那么多闪着金色光泽的土装上摇摇晃晃的船上。没有什么事情比这更折磨他。"

在史密斯自己的记述里,他承认,有关土壤成分的确切信息,他们几乎一无所知。毕竟,上帝行踪不定。同纬度的其他地方确实找到了富饶的矿藏。这些美洲石头闪着金属光泽的外表也确实"很容易让人相信"它们很有价值,尤其是你内心迫切地想要相信这一点的时候。然而,在他看来,那些移居者完全是被自己美好的想象冲昏了头脑。他们收集了很多被河水从上游带下来的"闪着光泽的石头和亮晶晶的小东西"——"从山上冲下来的东西"。史密斯不满地说,他们在"徒劳的空想中"自己欺骗自己,那些东西不是他们"所想象的东西"。

第二船"含有金子的砂土"数量比第一次多很多。砂土抵达英国后,迅速进行化验。当然,化验结果显示史密斯的怀疑是有道理的。席卷整个定居点的黄金梦确实只是梦想,没有现实做支撑。正如史密斯所猜测的,詹姆斯敦附近的原住民之所以不像美洲其他地方(比如印加帝国)的原住民那样广泛使用金子,原因很充分:因为他们没有金子。

那艘舰载艇在加勒比海地区稍作耽搁后抵达了定居点,此时也准备返回英国。一些人——其中最重要的是约翰·马丁——要求给那艘船装上一些砂土。能装多少就装多少,既然能赚钱,为什么不再多赚一些(当然,上一批砂土化验后发现没有任何价值的消息,还没有传到弗吉尼亚)?不过,史密斯在人们中间很有影响力,人们的狂热比先前有所缓解。这一次,他的态度非常坚定。于是,这一次他们没有装砂土,而是装了雪松——这种东西很容易卖掉,至少有些价值。

船抵达伦敦时,一个伦敦人不无揶揄地说:"我还没听说,这船曾带回过什么比这些可爱的木头更好的新奇玩意儿或商品。"在此之前，约翰·马丁就搭前一艘船回到了英国。他觉得那些砂土，而不是那些木头，能让他"享受到人们对他那找到金矿的'高超技艺'的赞扬"。曾经，他头脑里充满了各种画面，不停地想象耳边可能听到的各种欢呼声，就像迎接英雄凯旋的那种欢呼声。然而，现实让他深感失望，公司在伦敦的投资者和主管们肯定也是如此。虽然先前那么激动，然而那些闪着微光的东西并不是金子。

在后来的几年里，这种努力一直没有停止。纽波特带着100多人（虽然史密斯抱怨说，这件事一个人就可以完成）去更远的河流上游寻找。这个项目把相当多的时间和精力用在了挖掘和熔炼上。有人说，在"我们挖的那片坚硬的地面"发现了一个银矿脉。然而，史密斯后来描述说，事实是，"化验出了问题"。而且，他们满身泥水、蓬头垢面地返回詹姆斯敦时，一个个"病恹恹的，牢骚满腹"。后来抵达弗吉尼亚的移居者也怀着同样的"美好的镀金的希望"，期望找到金子，迅速发财。在19世纪"淘金热"兴起之前，"美洲"一词就一直意味着财富与机遇。几十年后，一艘送移居者前往弗吉尼亚的船就取名为"金富"（Golden Fortune）号，直白地表明了船上很多人的希望。不过，那时候，和后来很长时间的情况一样，人们的梦想没有变成现实，希望都变成了失望。

后来，他们在英国国内也做了一些工作——劝说投资者再出一笔钱。他们承诺说，可以作为长期投资，买上一股已发现的"金银矿和其他金属或财宝的矿"，物超所值。然而，毫无疑问的是，人们的兴奋，甚至对这些宣传的信任，已经消失了，也同样完全不再相信那个地方在其他方面是一个应许之地这样的话。这种信誓旦旦的宣传往往无疾而终。投资者，以及参与公司管理的人，后来也开始厌烦所谓"如果、并且、希望、些许证据"这套说辞。因为开始时疯狂的过度吹嘘，导致弗吉尼亚后来声誉扫地。总的来说，在"伦敦的街头和市场"，只有"上帝这个名字"遭到亵渎的次数比"弗吉尼亚这个名字"更加频繁。

在这个城市的酒馆里，那个定居点在人们口中什么也不是，只是"一股烟"——这个比喻真是再合适不过。

这时候，伦敦的这家公司陷入了长期的经济窘境，陷入了"无法想象的财务困境"。弗吉尼亚一个接一个迅速带来滚滚财源的希望都变成了泡影。变卖公司股票只获得了预期资金的一半多。对于这样一个看上去毫无转机的企业，很多投资者根本不愿履行出资承诺。

1609年春，公司管理层投书伦敦市长大人，后者将书信转交给伦敦同业公会（City Livery Companies）的各个分会，要求他们"认真、有效地"在会员中做宣传，争取他们的投资。然而，此举收效甚微。同一年，弗吉尼亚公司宣布了一个延期偿付红利的七年计划。在绝望中，公司领导人催促身在弗吉尼亚的纽波特找到某些有重大价值的东西，任何东西都行：金矿、通往太平洋的通道，甚至伊丽莎白时期罗阿诺克岛定居点上的幸存者。不管是什么，只要能带来财富或兴奋点就行。

纽波特再次回到弗吉尼亚时，他带来了一艘驳船。在理论上，这艘船可以拆开，然后在詹姆斯河瀑布上游重新组装起来，继续沿河上游进行考察。然而，拆开的各个部分携带起来过于沉重，即使对于纽波特带来的120个汉子来说也是如此。史密斯抱怨说，即使500人也扛不动（无论如何，120人也是一个荒唐的完全没有必要的数字，因为定居点很难抽出人手）。纽波特还从英国运来一张装饰华丽的床，要送给当地权力最大的原住民酋长波瓦坦；同时，还给他带来一顶王冠——这是伦敦的公司领导想出来的办法。史密斯强烈反对这个方案。"是谁建议你给他送这种礼物？"他怒气冲冲地说。"我不知道，"他写道，"这些东西会不会在再次收到你们的来信前毁掉这里。"

这些礼物让那个酋长与纽波特的关系更加恶化。史密斯不同意他这样做是明智的。尤其是他所谓的"奇怪的加冕礼"只会让对方感到困惑，让波瓦坦和英国人之间的关系更加不睦。史密斯直截了当地告知身在伦敦的公司领导层，他当时"非常反对"这个方案，他说原因现在"大家都认可"，不过已经"太迟了"。他还质问这个传言是否属实：公司每年额外支付纽波特100英镑。如果这是真的，这完全是在浪费钱。他写道，派到那里的每个船长"和他一样都能找到路"。

现在，史密斯被选为詹姆斯敦的负责人。他头脑冷静，讲究实际，公正廉洁，在移居者中享有很高的威信。同时，他要求身在伦敦的公司董事们从根本上转变心态。他写道，可以让公司迅速暴富的财富——"现成的果实"——在弗吉尼亚是不存在的，公司一定要接受这一点。他们必须停止派熔炼师、金匠或其他只想轻松赚大钱的懒人（他称之为"游手好闲的人"）过来，他们应该提供掌握实用技巧的、干活儿卖力的人；轻松发大财是不可能的，而这些能干活儿的人的工作可以为定居点的长期成功打下基础。

"再派人来的时候，"史密斯恳求道，"万望你们派30个木匠、农民、园丁、渔民、铁匠、泥瓦匠、刨树工来"，而不是"1000来个类似这里已有的人"；定居点不需要他称之为"笨手笨脚，只知道吃的人"，这些人只会消耗很有限的资源。他说，这个地方需要的是愿意干活儿的人。作为定居点管理委员会中影响力日渐增加的负责人，他的决定是："不劳动者不得食。"

虽然史密斯在詹姆斯敦深受人们爱戴，然而他讲话时的直言不讳、得理不让人的口气，使他在地位明显比他高的人（公司管理层）

069

那里不受器重。他们计划要将他换下去,虽然他作为定居点负责人的任期本就已经快要结束。

公司殚精竭虑地想要强化英国在弗吉尼亚的定居点的存在,于是组织和派出了一个规模庞大的"第三支给养补给队"。船上满载着食品和又一批有意移居弗吉尼亚的人,以及更为坚定的、拥有更多专断权的新领导人,以取代那位自以为是、非要浇灭人们迅速发财希望的负责人。

史密斯试图抵制这次重组。然而,一场意外的爆炸事故让他受了重伤,臀部和大腿的皮肉被炸掉一块,疼痛让他"几乎丧失了理智"。人们还想念他那注重实际的理性、坚定的意志、果断的领导能力、对美洲原住民的合理怀疑;无论什么食物,他都要和手下人分享,手下人干活儿的地方,总有他的身影。人们非常信任他,大多数危急时刻,他的判断都是正确的。有人回忆道,很快,我们所有人"都想念史密斯船长"。

在弗吉尼亚,随着那些英国移居者打算长期羁留的迹象越来越明显——他们在食物方面严重依赖美洲原住民——原住民对他们的敌意越来越重。波瓦坦毫不客气地(也是有前瞻性地)说:"听人说,你们来这里不是为了做生意,而是为了入侵我们的部落、占有我们的国家。"没多久,对美洲原住民部落的这种依赖让他们付出了高昂的代价。那些原住民越来越不愿意和他们做生意,想让他们挨不住饥饿,知难而退。果然,在1609—1610年那个绝望的冬天,这一计策让倒霉的英国人损失惨重。

在那个名副其实的"饥饿时期",恐怖的死神挥舞着手中的大镰刀,定居点原有的大约500人只剩下60人。所有英国移居者都感受到了只有那种"亲身经历过"才能描述出的"饥饿带来的剧烈刺痛"(引自一位亲历者)。没有粮食,绝望的人们不得不吃马匹、猫、狗,后来吃鞋子的皮革，最后吃同伴的尸体。据说，饥饿写在"人们苍白、可怕的脸上"。他们无法逃到曾经救助过他们的原住民村寨里，因为各原住民部落都接到了严格的命令，不许接纳英国人。难怪有一个人精神崩溃，大喊"哪里有什么上帝"（因为上帝肯定"不会让他……的生灵遭受那些苦难"），后来他跑进树林里找吃的，结果被原住民用箭射死，尸体被狼吃掉了。

在疟疾丛生、生活条件恶劣的地区，疾病始终是人们的克星（沃尔特·拉塞尔等人是"专业医生"，他们被免去了做其他工作的义务。然而，由于条件所限，他们也无能为力）。有的人在绝望中给自己挖好墓坑，然后躺在里面。有五分之四的人丧生，勉强活下来的那五分之一，其状况并不难想象，不过，他们肯定很羡慕那些死去的同伴。英国来的船只带来了另外一批移居者（定居点迫切需要的劳动力），也带来了老鼠——它们疯狂争抢任何可吃的东西。

如果定居点坚持史密斯的自给自足政策，而不强调获得快速回报，情况会不会好很多？这只能是事后猜测了。不过，有人肯定认为，造成这种后果的主要原因是管理不善，而不是外部条件。一位目击者说，这场灾难的缘由"完全是我们自己缺少远见、勤奋和良好的管理，而不是因为那个地方的贫瘠和缺陷。这是大家的普遍看法"。

1612年初，公司不得不向伦敦的国王申请新的特许状。因为资金极为紧张，他们请求王室批准他们采用一种不同于先前的筹资方式（一种出现于16世纪后半叶的融资方式）。它将吸引了不少人移居美洲的暴富念头传播给尚未踏上移居之路的后来人。

特许状规定，公司可以通过在全国各地组织抽奖的方式来筹集额外的资金。最重要的抽奖活动要数伦敦的"大抽奖"。为此，公司在圣保罗大教堂的西端建了一个临时的"抽奖大厅"。宣传抽奖活动的海报张贴在全城各处，上面画着敞着口的一袋袋的金币，袋子装不下了，一部分金币溢落在地上。花20便士可以买一张彩票，彩票对应的号码放在一个上了锁的箱子里，由一个孩子———一般认为孩子不受贿——取出中奖号码。奖品是日用品、钱、珠宝、盘子，这些东西由同业公会、富有的投资者捐赠。

一等奖相当可观，是价值"1000英镑的盘子"。第一个中奖的是一位名叫托马斯·沙普利斯（Thomas Sharplisse）的伦敦裁缝。看到那个那么贵的盘子被"大张旗鼓"地送到他那小房子的家门口，很多人感到吃惊。上帝肯定听到了他那天早上的祈祷，派人给他送来了一座美洲金矿可能提供的庞大财富。他还会继续做衣服吗？可能不会？我们无从知道。如果不是在弗吉尼亚项目的抽奖活动中第一个中奖，历史根本不会记住他。

沙普利斯之所以那么容易获奖，缘于这样一个事实：虽然事先做了很多宣传，但公司发现劝说人们买彩票不是一件容易的事情。虽然卖彩票这种筹资方式具有持久的吸引力，但是这一抽奖活动在当时并没有很快被人们接受，尤其是其背后是一个影响不大好的项目。

公司管理层承认，这一方案没有"达到我们的预期"。他们哀叹市民"不积极"参与。第一次抽奖有3000张彩票没有卖出去。

形势不大可能突然好转。西班牙国王获得的消息仍然是那个项目对西班牙帝国的长期威胁，以及采取行动的必要性。驻英国的西班牙大使汇报说："他们已经改建了房子，准备在新英格兰再建一个定居点，就在他们有捕鱼权的那些地区。"他督促说："现在是惩罚他们的大好时机。"

还有一个西班牙人认为，英国人迫切地要在美洲建立一个稳固的立足之地，以至于他们准备"卖儿卖女"。同样真实的是，西班牙人经常说弗吉尼亚的那个风险项目没有雄厚的财力做基础,仿佛"空中城堡",完全是白日梦。他们根据自己掌握的证据,认为自己没错。大多数情况下,一旦发现暴富念头难以实现,他们就灰心失望,彻底放弃。一个英国投资者哀叹道,那个风险项目命运多舛,是因为"我们国民令人汗颜的惰性"。

同一年,也就是1612年,詹姆士一世颁发了新的王室特许状,颁给西北通道公司(North West Passage Company)——该公司的主要成员大多担任过弗吉尼亚项目的关键职位。这在某种程度上说明,这些能力出众的人物开始对从那个项目中获得他们梦想的财富感到绝望了——不管这财富指的是黄金,还是传说中通往东方的道路。他们总是迫切地脚踩两只船,于是开启了一个新项目。

1611年,克里斯托弗·纽波特最后一次前往弗吉尼亚。他做出这一决定,可能是因为他与那位新上任的暴力、专断的总督难以相处。和史密斯这样的前任总督不同,新总督认为没有多大必要将其他首领团结在一起。不过,纽波特没有退休,他很愿意让自己的最后几年在忙碌中度过。1617年春天他死在船上,当时他效力于东印度公司的一个成功概率很大的风险项目。

事后看来,约翰·史密斯的明智判断很多都应验了。对詹姆斯敦有关金银以及其他宝贝的梦想保持怀疑是正确的;要想建立一个持久稳固的定居点就要脚踏实地地干活儿,也是对的。不过,在一个史密斯从来没有质疑过的方面,那些追逐暴富梦想的人是正确的:在弗吉尼亚,在迅速发财的比喻意义上,那里是有"黄金"的,或者说,那里可能有"黄金",但这黄金生长在泥土里——这一点或许与那些到处寻找黄金的人的想法相吻合。

对于欺骗了人们眼睛的闪着金属光泽的一片片土壤来说,所谓

"黄金"并不是金属意义上的黄金，它也不会让人迅速发大财。它是需要种下的种子。

在1609年的"第三个给养补给队"中，有一个移居北美的人叫约翰·罗尔夫（John Rolfe）。他来自东盎格利亚，是一个精力充沛、长相英俊的年轻人；他是一对双胞胎中活到成年的那一个。

那年夏天，罗尔夫偕妻子登上"海上冒险"号。这艘船名副其实，它是当时坚固耐用的大船中尺寸最大的船。从伍利奇（Woolwich）地区伦敦东部王室码头，一共驶出七艘船。在那里，被称为"英国建造的最雄伟的漂亮船"的硕大的"王室亲王"号即将竣工。后来又有两艘船在普利茅斯加入船队。公司认为，让大量同胞移居弗吉尼亚是对抗那里的疾病和战争威胁的唯一途径。

"海上冒险"号上的150名乘客中，木匠尼古拉斯·本尼特（Nicholas Bennit），以及罗尔夫，有幸被官方名册提及。其他人，如果不是碰巧被提及，如三十一岁的女仆伊丽莎白·乔思（Elizabeth Joons），恐怕就完全被人们忘记了。在船队从普利茅斯出发向西横渡大西洋的途中，大多数人只能挤在甲板上；到加勒比海地区后，船队折向北方航行，而不是向南航行。随着英国海岸向后逐渐退去，然后消失在视线中，罗尔夫用手和身上的斗篷将烟斗遮起来，不让海风和船头溅起来的水沫将烟斗打湿。

他的出身背景在他生活的那个地方很典型。他是一个笃信加尔文教的教徒，他写的东西里到处是清教徒传统的原则和教义；他积极投身冒险事业，也能吃苦（他的父亲也叫约翰·罗尔夫，是一位虔诚的商人。老罗尔夫能敏锐地看到市场上的空白，在他生前做礼拜的古老的诺福克赫彻姆教堂里，有一座他的纪念碑，表彰他"进出口英国富有或匮乏的商品"。他的儿子除了继承他的名字之外，还继承了更多特长）。长大后的罗尔夫对大海非常熟悉，这不仅缘于父亲的活计，还缘于性格形成时期他一直生活在英格兰的西北海岸。东英国地区广阔的天空下，是漫长的海岸沙滩，旁边是灰色的大海。涨潮时海水涌到脚下，退潮时则显现出大片平坦的沙滩。

在罗尔夫的青少年时代，烟草在英国越来越常见，越来越容易买到。在他很年轻的时候，有人就怂恿他抽烟。后来，他成了烟不离手的瘾君子。二十几岁时，他第一次穿越大西洋前往美洲。一个与他相识的人说起他的抽烟历史时说，"他很久以前就对它产生了依恋"。世人却要在很久之后才了解烟瘾的形成过程。

第一次尝试抽烟的时候，他问那些让人感到惬意的味道浓烈的碎的干叶子是什么。当时，英国的烟草供应要依赖南美洲和加勒比海地区的西班牙殖民地。不过，通过与在泰晤士河边做生意的越来越赚钱的烟草商人攀谈，或者在跟船员前往詹姆斯敦的途中路过加勒比海地区时，他心里总是浮现出将这种能让人提神的、大受欢迎的植物移植到北美，然后出口到英国的想法——如果它能够适应弗吉尼亚的土壤和气候的话。

其实这种植物直到欧洲人发现美洲之后，才引起他们的注意。克里斯托弗·哥伦布是第一个惊奇地讲述美洲原住民点燃叶子之后"吸食"其烟雾的习惯的人；几十年后，在美洲更靠北的地方，一位法国探险家同样惊奇地看到，在今天加拿大的地方，原住民在研磨这种"草药"。他们将磨碎后的碎末塞进一个中空的木管里，"用一根燃着的木头"点燃，然后"从木管的另一端深深地吸一口，烟从嘴里、鼻孔里冒出来，就像从烟囱里冒出来一样"。他说，不管在哪里，他们都随身带着那个装着碎末的小布袋子，他们觉得，那种烟雾有保暖作用，有利于健康。

在这方面，英国人行动迟缓。直到16世纪60年代［在那个十年里，法国外交官让·尼科（Jean Nicot）使法国出现了"吸烟热"，他用自己的名字来命名这种植物和其中的化学成分］，捕鱼行业的先驱安东尼·帕克赫斯特和船上的其他水手才将一部分烟草的样品送到英国海岸；虽然一开始烟草供应量有限，但抽烟还是成为水手们一个怪异的习惯。然而，到了下一个十年，欧洲医学书籍的英文译本将烟草说成是治疗各种疾病的万能药；具有讽刺意味的是，这些疾病包括口臭（可能当时有一定依据）、癌症（没有任何依据）。再后来，在16世纪80年代，已有越来越多的英国人离不开它了。

1586年，罗阿诺克岛定居点失败后，回国的英国人的一个习惯性举止引起了轰动——他们举止夸张地用烟斗吸烟。据和他们一起移居美洲后来返回英国的早期科学家托马斯·哈里奥特（Thomas Hariot）记载，在美洲时，他身边的那些移居者学着他们（美洲原住民）的样子"吸"烟草；回国后，他们继续这样做。另一位目击者和历史学家后来记述道，那种东西"开始催生出巨大的需求"。有人喜欢抽烟，认为抽烟对健康有好处；有人抽烟纯粹是为了"放纵"。不管哪种情况，人们都喜欢用陶制烟斗吸入那种"臭气"，然后从鼻孔排出去。

有人痛心地说，大街上吞云吐雾的行为越来越"频繁"，人们表现出对那种东西的"无尽渴望"。据说，在大多数英国城镇，烟草店像雨后春笋般地涌现出来，其数量不逊于酒馆。不久，据一位英国绅士估计，仅伦敦就有大约7000家烟草店。"烟草店密度非常高，在伦敦的大街小巷，烟草店几乎随处可见。"与很多人的看法相悖的是，将吸烟习惯引入英国的并不是沃尔特·雷利爵士。不过，他在"普及"这种习惯方面确实起了很大的作用。在经受了长期的牢狱之苦后，在即将被处死之际，有人在他获准随身携带的烟草箱子上看到了这样一句话（原文用拉丁文写成）："在那些痛苦的岁月里，它是我的安慰。"

17世纪初，这种奇怪习俗的反对者和支持者在媒体上展开了激烈的交锋。反对者将吸烟者的肺与烟囱清扫工的肺相比。他们中的一个人的看法出奇地正确，虽然他的理论依据靠不住。他说经常抽烟会导致阳痿和不育，让男性"丧失生殖能力"（经常有人提起和坚持这种观点，一位诗人这样描述吸烟这种习惯："它让人精神萎靡，视力降低，夺走女人做母亲的权利。"）。他们还说，抽烟会让人情绪低落，破坏"记忆力、想象力和理解力"。

一开始，吸烟的多为男性。另一个反对抽烟的知名人物是詹姆士国王。他的反吸烟宣言非常有名，经常被人们引用。更为重要的是，詹姆士国王大幅增加了烟草税率。这一举动不但可以给拮据困窘的国库增加收入，也会让买卖走私烟的烟贩子增加收入。从那时起，各国政府纷纷效仿。

然而，即使是国王也不能决定这场战争的胜负。英国媒体自由度很大，詹姆士国王的辩论对手可以公开吹捧所谓"烟草的美德"。抽烟容易上瘾的性质让抽烟行为迅速蔓延。几年后，也就是1610年，弗朗西斯·培根（Francis Bacon）爵士写道，吸烟现象一直在增加。约翰·罗尔夫是17世纪早期英国吸烟者中的一员，后来吸烟者的数量迅速增长。培根发现，戒除吸烟习惯非常困难。

很快，詹姆士国王别无选择，只好同意烟斗制作商组建公司，虽然用那东西吸烟后口中会留下又苦又涩的味道。

在大多数航程里，"海上冒险"号与船队的其他船只一起航行。但当距离美洲殖民地还剩下一星期的航程时，人们看到了风暴即将来临的迹象——天空越来越暗。据船员回忆，乌云"浓重地压在头顶"，海风呼啸，发出"极为怪异"的声音。一连几天，在暗无天日的黑暗里，海水剧烈地翻腾涌动。据说，风雨一阵比一阵"猛烈"。经验丰富的船员说，他们从来没有见过那样的天气，"根本想象不到比当时情况更为恶劣的天气"。一个水手回忆说："我之前经历过的所有恶劣天气加在一起，也没法和那次相比。"

船队中的大多数船只在经历了滔天巨浪的打击后，设法抵达了詹姆斯敦，但是"海上冒险"号在"地狱般的黑暗里"和其他船只失去了联系，下落不明。暴风雨"遮蔽了天光"。来自英国西南地区的一位乘客回忆说："我们的船剧烈地颠簸着，被海浪撕扯着，不断漏水，船舱里的水淹没了压舱物。海水涌入的速度超出人们疯狂往外舀水的速度。"暴风雨平息之后，船长才借助昏暗的光线，望见郁郁葱葱的陆地。

很久以来，这个岛屿周围的珊瑚礁让来自欧洲的船员们望而却步（该岛屿因此得名"魔鬼岛"——"危险而可怕的岛屿"，"世界上最诡异、最荒凉的岛屿"）。然而，它却让那些刚刚经历了生死劫难的英国人看到了生还的希望，他们小心翼翼地让船避开珊瑚礁，用小船将人们送到岛上。上岸后，男女老少们发现，这里根本不像传说中的那么可怕。其中有人后来记述说，"其实"这个岛屿简直是天堂。其他船上的人以为他们已经葬身于海底，而他们却正徜徉在人类没有见识过的"最富饶、最舒适、最宜人的地方"。

约翰·罗尔夫的妻子和他一起度过了这一劫。他们从伦敦动身时，她已经怀有身孕。第二年，也就是1610年2月，她在这个岛上生下一个女儿。为了纪念女孩出生的这个地方，孩子起名为"百慕大·罗尔夫"（Bermuda Rolfe）。很明显，这个孩子的性命很可能朝不保夕。于是，人们抓紧时间给她施了洗礼。这是一种常见的做法，为的是让孩子在升天之前成为上帝的信徒。只有一条胳膊的克里斯托弗·纽波特也参加了这次远航,不过他担任副船长,而不是船长,也许是因为他没有兑现先前夸下的海口。眼下,他是那个女婴的教父。令人难过的是,和那个年代的很多婴儿一样,虽然身在天堂般的地方,她也没能活多久。人们将她埋在那个岛上。这期间,船员们动手造了两艘新船。这批移居者打算驾着它们前往詹姆斯敦。

可能就是在岛上的那段时间,罗尔夫看到并仔细收集了一些烟草的种子——不同于先前北美烟草的种子——除非这之前他已经有了那些种子,比如从随处可见到西班牙烟草的英国弄到了种子。弗吉尼亚烟草的尼古丁含量高,苦味重,一位抽过的人用"劣质"一词来形容它,说是有"一种浓烈的味道"。西班牙在加勒比海地区和南美地区种植的烟草叶子硕大、平坦,口味温和、香郁,价格很高。这种烟草因为叶子个头儿大,得名"长烟草"。罗尔夫本人也抽烟,他发现英国在烟草方面蕴藏着巨大的市场,于是他决心在詹姆斯敦种植烟草。

在那个春末,英国人紧张地再次登上他们刚造好的船(其中一艘船的名字起得很贴切,叫"忍耐"号,另一艘船的名字透露着乐观,叫"拯救"号),抵达了一个与天堂有着天壤之别的定居点——经历过"饥饿时期"绝望的严冬后,那里的村庄被大肆劫掠,人口大幅减少,一片破败惨相,仿佛是当时的詹姆斯敦。

新上岸的这些人发现这是一个"充满痛苦"的地方。城堡的大门斜吊在铰链上;有一半的户门被拆掉烧火取暖,为的是可以不用冒险到树林里找木柴;寥寥无几的幸存者只剩虚弱呻吟的力气。事实上,这里的情况糟糕透顶,他们决定离开这个定居点——这正是美洲原住民所希望的——前往纽芬兰海岸附近的渔场,然后返回英国。

如果这样的话,罗尔夫的烟草种子就没有机会在美洲种植了。然而这时突然出现的另一个来自英国的移居船队及其给养让他们勉强改变了主意,突然增加了人手,人们努力将这个"令人讨厌和破败的地方"变得可以居住。他们发动了对附近原住民城镇的突然袭击,占领了那个城镇和周边的田地。

罗尔夫可谓祸不单行。女儿死去没多久,妻子也死了。当然,这在当时并非异常。他暗自思忖,上帝的动机凡人无法洞察。孤独而悲伤的罗尔夫遂投身于种植实验,不知疲倦地在地里劳作。有人记叙说,"没有人"像"他那样卖力"。一段时间的忙碌之后,他觉得,初步来看前景不错,虽然种植的规模小了一点。

1614年初,也就是第一批英国人抵达那个定居点六年多一点,他第一次试探性地将这种抽起来感觉良好的弗吉尼亚烟叶运回英国,结果市场反响不错。第二年,他将更多烟叶用箱子运到英国,卖了很多钱。人们评价美洲的这个英国定居点时说,"没有任何一个地方能提供让人感觉更好、气味更浓、更有劲道"的烟叶。同时,英国人开始在弗吉尼亚站稳脚跟,生活范围从詹姆斯敦扩大到上游的其他小型定居点。据说,当地的总督实施高压统治,人们的行为稍有不端,就施以重罚,甚至处死。

今天,罗尔夫因为他的第二个妻子而为人们所熟知。第一个妻子死后,他在美洲又娶了一个妻子。这位女子不是英国人,而是詹姆斯敦附近最有威望的美洲原住民波瓦坦宠爱的女儿。她很年轻,第一次与英国人接触时她还是个小女孩。她结交的第一个英国朋友就是那个粗豪坦率、留着络腮胡子的移居者约翰·史密斯。史密斯回忆说,那时的她只是个"孩子"。不过,即使那个时候,她已经出落得楚楚动人。史密斯说她"聪明、活泼"。她经常去英国人定居点找男孩子玩耍,做侧翻。那些漂洋过海的新来者带来的文化和宗教让她感到一种强烈的亲近感。

然而,1613年早春,她被定居点的英国人绑架了。他们将她骗到船上，想用她做谈判的筹码，要对方归还落入他们手中的英国人、被偷走和抢去的枪支和工具，要求获得对于那些再次陷入绝望境地的移居者来说可以救命的粮食。听说了这件事的投资者，还主张借此机会逼迫美洲原住民帮助他们寻找土壤中的财富，虽然找矿一事当时仍然没有任何结果，但历经多次挫折的他们仍然心存希望。听说已经将那个原住民姑娘控制在手中，英国的一位观察者颇为兴奋，说是终于给那个风险项目，给"那个之前几乎是孤注一掷的行动"注入了"某些活力"。

他写道，移居者"抓住了一个原住民国王的女儿，那个国王是他们最厉害的敌人"。为了让女儿平安归来，国王答应英国人"在他的范围内可以倾其所有，可以与他们交朋友"；更为重要的是，他还答应"带他们到可以找到金矿的地方"——这是一个不同寻常的承诺，虽然带有诱惑性质，因为看不到那些原住民有很多金子的迹象。后来，也就是她在英国人那里做人质期间，她认识了这个英国人——约翰·罗尔夫，他对其他人寻找金子的热情无动于衷，而是忙于照料他在北美土地上种下的第一批烟草秧苗。

丧妻后不久，年轻英俊的罗尔夫住在詹姆斯敦上游30多英里（约48千米）处一个名叫"亨利科"（Henrico）的新定居点，而那个原住民人质就被关在那个定居点，每天有人严密看守。罗尔夫发现自己莫名其妙地被那个年轻姑娘迷住了。传统观念（尤其是《圣经》）禁止娶外族女子为妻的禁令让他内心十分痛苦——他是虔诚的教徒，很重视这一点。他设法获得了那位专横傲慢的总督的许可，保证让他动心的不是"世俗的爱"，而是"种植园的利益""祖国的荣耀"，归根结底是"上帝的荣耀"——他说上帝肯定会同意那个"不信神的人"皈依基督。同时，他私下里也承认，他心里对那个年轻女性的情感比他说得更复杂、更痴狂："仿佛走进了一个错综复杂、千头万绪，怎样也走不出去的迷宫。"

他获得了他想要的许可之后,她也同意嫁给他。她受洗成为基督徒,从此放弃了她从小到大信仰的本地传统宗教。受洗时,她被命名为丽贝卡(Rebecca)。这个名字来源于《圣经·旧约》里一个来自异邦、象征上帝祝福的漂亮女仆。不过,这个名字没有用很久。她在先前部落中的正式名字是莫托卡(Matoaka),而她的原住民昵称仍然在人们心中家喻户晓——"Pocahontas"(意为"小荡妇",音译"波卡洪塔斯")。

1614年春,约翰和丽贝卡结婚了。他们在亨利科生活了一段时间。1616年,也就是他们结婚两年后,罗尔夫带她去了英国。在那里,她使得她丈夫进入了他很不熟悉的社交圈子。对于处在史密斯那个阶层平平无奇的罗尔夫来说,这些社交圈子让他大开眼界。他们两人生下的儿子施洗礼时被命名为"托马斯"(Thomas),这个孩子是英国人与詹姆斯敦附近波瓦坦管理下的美洲原住民部落和平相处的"见证",让双方之间的和平维持了很长一段时间。

约翰·史密斯说,她是"那个地方第一个基督徒,第一个讲英语的弗吉尼亚人,也是第一个与英格兰人结婚并生下孩子的原住民"。显然这一切具有重要意义,而且她还是英国人开始实现一再倡导的让美洲异教徒皈依基督教这一目标的象征。然而,令人惋惜的是,她却在格雷夫森德港去世,没能回到美洲的故乡。

回到英国时,深有感触的罗尔夫开始发表反对弗吉尼亚不适合移居的言论。他说,大量流言蜚语和恶意谣传,无情地诋毁了这一殖民事业。为此,他出版了一本名叫《弗吉尼亚州的真正关系》(*A True Relation of the State of Virginia*)的书。

虽然与波卡洪塔斯的婚姻很值得一提,但罗尔夫对英国人成功开拓北美殖民地做出了更为独特、持久的贡献。在他偕妻子回英国的船上装着成桶的烟草,这是他亲自种植的烟草;他种植的第一批烟草在两年前的1614年就越洋到了英国。他将自己的产品命名为"奥里诺科"(Orinoco)烟草,这是为了纪念沃尔特·雷利爵士在传说中奥里诺科河附近的"黄金城"寻找真正的黄金,也是为了纪念雷利在英格兰推广烟草方面所起的作用。

这种独特的烟草非常畅销。它的价格比走私的西班牙烟草还要便宜,质量则大大优于北美自然生长的烟草。在英国人第一个美洲定居点詹姆斯敦的上游,也就是他与波卡洪塔斯、儿子托马斯生活的地方,罗尔夫开辟了一个名叫"瓦赖纳农场"(Varina Farms)的烟草种植园。在那里,那种烟草长势非常好。罗尔夫写道,在略为辛苦的收割之后,它可以和西印度群岛最好的作物相媲美。他的种植模式迅速被他人效仿,那种烟草在弗吉尼亚的种植面积随之扩大。

于是,詹姆斯河沿岸出现了大片的烟草种植园。为了便于将烟草集中运输到下游,人们在河边修建了码头。一开始,人们住在一片片帐篷和临时搭建的住处,后来搬入了虽然低矮、原始但非常耐用的棚屋里。公司的很多股东哀叹,那么短的时间内,定居点就开始依赖烟草种植的收入了,这与他们之前想象的财富完全不同。他们担心烟草收入不稳定。然而,这种产品的市场需求稳定攀升。随着市场需求的扩张,供应量也稳步增长。总的来说,英国投资者很欣慰,因为现在公司在弗吉尼亚找到了一个能够带来大量利润的业务,很可能为那个定居点的未来发展奠定坚实的基础。

在接下来的半个多世纪里,弗吉尼亚的英国定居点一直保持着快速发展的势头。这与该定居点最重要的产品在英国的消耗量不断攀升密切相关。在经历了早年寻找黄金失败、定居点岌岌可危的形势之后,烟草终于让弗吉尼亚定居点在经济上站稳了脚跟。据估计，在17世纪20年代后期，也就是罗尔夫种植第一批烟草的15年之后，每年有价值将近50万英镑的烟草输送到英国。虽然价格有所下降，但市场需求急速上升。到了1670年，有一半的英国成年男性经常使用陶制小烟斗吸烟。

在弗吉尼亚，人们赶在圣诞节一过就播下种子，到了春天，他们费力地再将小苗移栽到田里。在这几十年里，种植园的劳动力，即白人契约劳工在很大程度上是被现代美洲和国际社会视为不光彩的。他们因为在英国看不到任何希望，而美洲可以提供某种可能的出路，于是被迫登上前往美洲的船只。后来，白人契约劳工被更为廉价的劳动力——奴隶所取代。在那几十年里，数千非洲黑人被押上船只，送到美洲卖给种植园主。到17世纪末，这些黑人男女占据了美洲没有自由的劳动力的绝大部分。罗尔夫本人就用文字记述了美洲黑人劳动的开端。1619年，他记叙说，一艘路过的荷兰船"卖给我们20个黑鬼"。不过，奴隶劳动起先带有浓重的东方特点，被看作一种域外的、不符合基督教（在事实上，如果不是在教义上的话）的行为惯例。在罗尔夫时代之后的数十年，美洲的奴隶买卖才成为一种经常性的、广泛进行的活动。

1616年，波卡洪塔斯去世后，罗尔夫潜心从事这种新经济作物的种植，尽管他也担任弗吉尼亚定居点的管理人。几年后，即1619年，他又一次结婚。他的儿子托马斯跟随罗尔夫的叔叔生活在伦敦，长大后重返弗吉尼亚——他肯定将那里看作某种意义上的故乡。在罗尔夫婚姻的推动下，英国移居者与美洲原住民之间的和平持续了很长一段时间，但在1622年，定居点遭到原住民的毁灭性攻击（当时波卡洪塔斯的父亲波瓦坦已经去世）。罗尔夫也在攻击发生的那一年离世。在那之前他说自己"身染疾病"，因此有可能他是死于疾病，而不是暴力。

不管罗尔夫是死于疾病还是暴力，在推动英国人在弗吉尼亚定居点生存方面,罗尔夫相较于其他人所起的作用最为长久。有人写道,他是一位"应受高度赞扬"的绅士。后来,当大批女性作为那些英国移居者的未来配偶穿越大西洋时(最初移居北美的绝大多数是男性),用以支付乘船费用的不是现金,也不是黄金,而是烟草。

有人说,烟草"锁定了"早期英国人的美洲定居点的"成功"。

在脱离了弗吉尼亚公司的长期雇佣关系后,约翰·史密斯继续对移居美洲生活的那些英国人的命运保持着浓厚的兴趣。

从类似旁观者的角度,史密斯颇为认真地观察了一个新定居点的初建过程。该定居点是马萨诸塞湾公司(Massachusetts Bay Company)建立的,那个地方属于新英格兰地区。离开弗吉尼亚之后,史密斯曾前往那里考察了好几年,并留下了一些文字记录(表面上,这个风险项目的目标和先前一样,寻找黄金和铜,当然这是在捕不到鱼的前提下。实际上,他心里持嘲讽态度。他说,寻找黄金的承诺完全是为了吸引投资者,而不是因为组织者"掌握有关这些东西的任何知识")。实际上,他曾主动向公司推荐自己,愿意担任他们在安全保卫方面的主管,不过没有被选中。也许,当时他的年龄已经不适合做那个工作。虽然才五十出头,然而,他的海上经历,再加上当时生活条件的恶劣,让他看上去比实际年龄苍老很多。他时常说自己"左腰"受过伤——在弗吉尼亚的一次意外中受的伤——每天疼痛不止。他于1631年去世。

虽然未被选中任职,史密斯看到这一风险项目还是感到由衷的兴奋。这家公司似乎吸取了弗吉尼亚公司最初的教训:最重要的事情是遴选移居者的标准,应该剔除为了躲避"故国的债务或丑闻"而欲前往海外的人,更绝对不应该选择理查德·哈克卢特所说的"民众中的渣滓",这些人乐于前往海外是因为肢体懒惰,而不是因为宗教主张;另外也不应该选择那些想要迅速暴富的人,这些人会将他们身上的缺点输出到海外定居点。

史密斯经历过一段痛苦的时期，他亲身经历了弗吉尼亚定居点建立之初发生的一切。他写道，那家公司不顾一切地寻找"金矿和南部海洋"是一件"多么糊涂"的事情，那简直是"毁掉自己的最好办法"。他认为，对于美洲的移居项目，需要的是那些不太在意个人物质财富增长的人，需要的是那些"将财富看作是仆人，而不是主人"的人，应该是"为人正派，有手艺、有一技之长、有能力"的人，不应该找那些"像法利赛人那样自以为是、拈轻怕重、不关心他人的人，而是要找类似古代收税官那样吃苦耐劳，意志坚定的人"；移居者应该具备实用的手艺，应该肯劳动，会制作陶器、砖头、家具、铁器，会加工皮毛，会种地，不管是种粮食还是种烟草。

史密斯知道，他也可以像弗吉尼亚公司的其他人一样，做一些虚假承诺，说那里可以找到金子，然而他没有这样做。他认为，通过循序渐进的积累和努力积蓄力量和财富，虽然耗时较长，却可靠得多。他写道，"虽然我无法保证能找到金矿"，然而请读者们看看荷兰人通过捕鱼获得的财富——如果几十年后，他还能看到烟草的奇迹，他会让读者也见识一下到弗吉尼亚通过种植烟草获得的收入（当然，如果他看到弗吉尼亚的奴隶买卖已成为司空见惯的事情，再加上他自己曾在欧洲南部被卖，做过一段时间的奴隶，后来才侥幸逃脱，他就不会对这种劳动方式抱有任何幻想了）。

正是这些殚精竭虑的英国臣民，也许他们感觉自己就像新英格兰的那些移居者一样，有人在严格地约束着他们——"西班牙国王的特别权力也无法完全压倒"这种约束。史密斯觉得，在那里，英国国王拥有巨大的影响力，因为"相较于黄金，国王——至少对于英国国王来说——拥有更多勤劳的臣民"。

第三章 | 上帝面前人人平等

一个名叫罗伯特·库什曼的心思缜密、让人捉摸不透的男孩,从十几岁起就一直生活和工作在坎特伯雷。这座城市虽然规模不大,但建筑大多是砖石结构,它坐落在肯特到伦敦的那条历史悠久的大路边。

库什曼出生在英国南部的一个小村子里,是家里的第二个儿子。父母亲希望他能在外面的世界里出人头地。然而,家里经济拮据,父母亲无力供他接受正规教育,他甚至连小学也没读过。他后来回忆说,他从来没有在"任何学校"学过英语,更不要说拉丁语。虽然如此,家人一直在向他深入灌输学习的重要性。靠着强烈的上进心和顽强的毅力,他坚持自学,成就斐然,后来发表了自己讲道使用的《圣经》文句。他作为一个普通信徒,向本地会众讲道。不过,在那些很早就开始接触和学习这些内容的人面前,他感到非常自卑。虽然如此,后来,他说,"用通俗直白的英语"向"(和我们一样)非常普通的英国人"阐述福音是传授思想的最好方式。

羽翼稍微丰满,他就离开了家乡——想必是父母鼓励他这样做的。在家乡生活期间,他熟悉了羊毛加工和织布工作,这一行业是那个地区最重要的行业。然而，在坎特伯雷，靠这一行当生活的人非常多，因为欧洲大陆的新教徒在16世纪末为了躲避宗教迫害，大量逃来这里，这些人中大部分是织布工。家传谋生方式面临着激烈竞争，年轻的库什曼决定改行，到这个有城墙的城市里的一家杂货店做学徒。他在这座城市生活了很多年，他住的地方就在牛市和屠宰场之间。

这个落脚处与他的志趣格格不入。屠宰场的血水和动物内脏（这些东西是在附近奔跑、出没、繁衍的野狗和其他动物的食物）污染了空气，弄脏了街道。坎特伯雷的屠夫每天用吱吱响的手推车将还带着温度的动物油脂送到他的门口。从屠宰后的动物身上扒下来的白色油脂，堆成散发着臭味的一大堆后，库什曼就会忙碌几个钟头。他将油脂熔炼成液体后倒入蜡烛模子里，冷却之后，就变成了坚硬而粗糙的蜡烛。夜幕降临后，这个城市的千家万户就会点燃蜡烛，蜡烛熔化，烛光摇曳。库什曼的师父兼雇主享受着这个城市的独家买卖。

对于库什曼来说，在坎特伯雷度过的那段时间的独特之处，不仅仅在于每天太阳慢慢地东升西落和黄昏的到来，也不仅仅在于笼罩大地的浓重夜色的降临（每当这时候，人们就会点起蜡烛），还在于经常敲响的教堂的大钟。有人会想，让人感觉到如地狱般恐怖的应该是那些待宰的牛和猪因恐惧发出的嚎叫声，然而实际上，让库什曼感到痛苦的并不是那些牲畜临死前发出的叫声。

毕竟，这完全符合《圣经》教义——上帝创造其他生物是为了人类；而矗立在周围一片破败景象中，每次从狭窄街道上走过时都感觉被其俯视的大教堂，却成为库什曼心中在伊丽莎白女王时代最后几年所产生的对英国国教鄙视的象征。

在17世纪这座城市奉行"宗教至上"（Religious Primacy）的原则之初，坎特伯雷就享受着与罗马的亲密关系。在库什曼生活的那个时期，在这个一般来说信仰新教的国家，这个城市的修道院已经被废除。然而，大教堂仍然保留了修道院的管理框架——拥有主任牧师和教士。

从事实上来说，在教会分裂之后，坎特伯雷大教堂回到了"世俗教士团"的状态。不过，它仍旧是教会体系等级制度的最高点——这个国家地位最高的大主教的所在地（他的"宝座"就在该城市的大教堂内）。至少在库什曼等观点激进的新教徒看来，没有什么地方比坎特伯雷大教堂及其雄伟的哥特式高塔、彩色玻璃窗、复杂的拱壁、华丽而神秘的装饰更能鲜明地表现出英国国教对罗马做出的卑鄙可耻的让步。

库什曼等激进信徒明显地感觉到，新教没有完全摒弃罗马天主教的旧传统及其复杂、烦琐的东西，没有恢复到早期教会的那种简洁风格，它没有实现彻底的自我净化。从这个角度看，英国清教徒呼吁宗教改革而非重起炉灶的运动缺少一套明确或统一的信仰表述，其中含有很多相悖的观点和主张；很多时候，它更为注重思维方式、表达的强烈情绪，而不是内容。

在宗教信仰方面，推动英国教会脱离罗马教廷的国王亨利八世本是一个保守的人。他推行的"宗教改革"更多是为了另娶新王后，而不是因为真正的宗教信仰。到他的儿子爱德华（Edward）统治时期，那些希望深入贯彻教义改革的宗教理论家才掌握了权势。后来，16世纪的下半叶，在亨利八世的女儿伊丽莎白一世（此前在伊丽莎白同父异母的姐姐玛丽一世统治期间，曾短暂地恢复天主教地位）的长期统治时期，新教开始在英国深入人心。

在国际上，她积极追求英国的强国地位。在与欧洲一流天主教强国的冲突中，她被国内民众尊称为"新教徒中的底波拉"（Protestant Deborah，底波拉是《圣经》中作战勇敢的希伯来人的法官和先知）。

在国内，她倾向于采取谨慎、温和的统治方式。她不像很多臣民那样在宗教教义和仪式方面持有激进的观点（"救世主只有一个，那就是耶稣，他是我们的唯一信仰，"她说，"其他所有一切都是针对琐碎细节的争论。"）。她不主张完全摒弃旧的仪式、服装、教堂装饰品。她开始青睐那些坚持传统理念、在宗教仪式中阅读标准的既定"说教"的神职人员，而不是那些对教义自由诠释、随意发挥的牧师。

虽然如此，她在位期间，激进派规模有所增加，而且更加敢于直言。他们笃信《圣经》经文的核心作用，他们呼吁提升国民识字率、将《圣经》翻译为本国语言并大力普及，这样全国民众都可以独立阅读《圣经》。他们认为天主教神职人员扮演的上帝与信徒之间的"中保"职责根本不重要。他们认为，教会神职人员的核心职责是布道，诠释经文，引导人们思考和敬神——很可能"不布道就不会有拯救"。他们尤其强烈地批评那些见利忘义、被教会过于张扬的炫富所腐蚀的人。

伊丽莎白一世在位的几十年里，主持坎特伯雷大教堂的大主教约翰·惠特吉夫特（John Whitgift）是一个热衷于张扬和炫耀、具有"高教派"观点的人，他憎恶和迫害"清教徒"（"清教徒"标签最初是一个侮辱性字眼，后来被指责对象欣然接受并引以为荣）。在清教徒看来，在一个很多人衣不蔽体的社会，惠特吉夫特华丽阔气的服饰穿扮无异于魔鬼现身。他们认为，神职人员应该身着朴素的黑色长袍。惠特吉夫特那类人"身着紫色、猩红色长袍，大吃大喝，纵情欢笑，沉溺于肉欲"的做法让众多清教徒连连摇头，深恶痛绝。要知道，很多被他们称为"神家的儿女"的人被丢在污垢中，"在离开人群的地方向主哭泣和哀叹"。

惠特吉夫特抵达坎特伯雷时，带着阵容庞大、场面奢华的随从队伍。数百匹骏马的马蹄声、嘶鸣声、排泄物在附近居民眼里显得极为张扬。库什曼等"火爆的"激进派清教徒无不怒目而视，想把他们送入地狱。他们哀叹，当下"汇聚和治理教会"动用的"铺张和排场"要超出"耶稣及其门徒规定的"多少倍。他们扪心自问，也互相询问，他们怎么受得了相较于"朴素的耶稣门徒"的这种"天主教的浮华"？怎样才能不直截了当地诅咒这个时代"庸俗的炫耀"？

清教徒谴责惠特吉夫特是一个"傻瓜"。在他掌管下的广大教会里，激进的清教徒认为过于复杂的排场和"类似迷信的"仪式一直在持续。牧师身着被称为"罩衣"（激进者称之为"天主教的破布"）的白色长袍。在给婴幼儿施洗礼时，牧师要在他们额前画十字，象征耶稣受难的十字架。信徒要跪倒在地领用圣餐，圣餐的面包和酒证明他们相信耶稣的存在。牧师支持的婚礼仪式上，男女双方要交换戒指。清教徒斥责说，这些做法在《圣经》中找不到任何依据。在激进的新教徒看来，英国国教会的教徒"一半是新教徒，一半是天主教徒"，之前的宗教改革只完成了一半，相关改变必须彻底完成。

库什曼的观点比较极端，不过，坎特伯雷肯定不乏与他观点相仿、同样鄙视该城大教堂的人。作为一个郡，肯特一直是激进信仰的中心——最早是罗拉德派（Lollards），后来是甚至准备在火刑柱上慷慨赴死的新教徒（当时他们处于玛丽女王的天主教统治下）。此时生活在这个城市里的，不仅有一直生活在本地的狂热信徒，还有很多为了逃避迫害从北欧逃难至此的激进信徒，即被称为"胡格诺教派"的讲法语的加尔文教派信徒；一位英国新教徒赞许地称之为"博学的教友"，说他们肯定能"让我们的教徒有所长进"。在重要的教义方面，这些人不一定有异于温和的新教徒；然而，他们的信仰更为坚定，他们的言谈以及所有思维都充斥着《圣经》上的词语和故事。

在伊丽莎白一世统治下的英国，真正意义上主张脱离英国国教另立门派的新教徒非常少。只是在伊丽莎白统治的最后几年里，才出现了相当数量的分离主义者，以至于英国国会宣布拒绝定期去教堂做礼拜属于犯罪行为。虽然如此，这一现象在后继者詹姆士一世统治时期开始盛行起来。库什曼继续在教区教堂，即殉道者圣乔治教堂（St George the Martyr）做礼拜，虽然那些神职人员的受教育程度、布道水平远远低于他和其他激进者的期望。来自肯特郡的一个激进者抱怨说，在教堂里"听不称职的牧师在那里照本宣科念祈祷词"，和坐在酒馆里没什么两样（最早一批为了追求宗教理想移居美洲的清教徒中，有不少来自林肯郡。一位信徒失望地抱怨说，"他的某匹马讲道也不逊色于那位副牧师"）。清教徒，以及一些观点并不很极端的信徒，渴望大幅提升神职人员的讲道水平，希望他们成为"虔诚、博学，帮助人们拥有坚定信仰的牧师"。

不同于严格的加尔文教派（加尔文教派认为神要挑选的人在其出生时已经注定，这种挑选是无法改变的，不管它是否令人满意），库什曼和他的同伴有一段时间仍然相信，只要聆听上帝的告诫，一部分"骚动的灵魂"依然可能得救，因此耗费精力向他们布道是值得的。然而，他们发现，他们很难不因为身边那些争吵、斗殴、违反教义的会众而感到绝望。库什曼不得不相信，在社会最底层，被神选中的人——"神的选民"——数量肯定很少。

显而易见的是，最底层群体中的绝大多数是"亵渎神者、说谎者、酒鬼、争斗者、荡妇、不信神者"。这些"地狱的孩子"们去教堂只是因为律法的要求，之后他们就会溜回他们的"腌臜生活"。让那些激进者痛心的是，虽然新教的传播已有数十年，但大多数英国国教的信徒侍奉的"不是上帝，而是撒旦"和"他们自己的肉欲"。

因此，每次坎特伯雷的库什曼结束了礼拜天的礼拜仪式后，走出教堂，他感受不到精神的充实和神性的启迪，而是有一种又被玷污、被冒犯的感觉。

他渴望听到深入而精妙的布道，渴望有所启迪的教义讨论。他渴望和志同道合的、虔诚的男女信徒，而不是那些他称之为"世俗的群众"的人，"用诗章、圣诗、灵歌"来教导和警示自己，赞美信仰。

因此，每天晚上，或者安息日下午，他会参加所谓的"秘密聚会"——不满于英国国教的奢华和某些不虔诚信众的个别信徒，在秘密场所举行聚会。这些信仰极为虔诚的小群体组织严密，被称为"小组圣会"（holy huddles）。他不理解，这样的聚会对人们的信仰有什么不好。真正观点激进或想从国教中分离出去另立炉灶的人很少。这些聚会在每周的教堂聚会之外进行，而不是要取代教堂聚会。难道敬神的人会不愿意和其他虔诚的基督徒交流吗？

很多年里，参加这种"秘密聚会"满足了库什曼获得心灵启迪的需要。然而，像他们这样的男女信徒后来不得不极端起来，一方面是由于教会不明智的、不加区别的宗教迫害，另一方面是由于信仰。这种极端首先体现在，清教徒越来越难以相信英国国教存在大规模改革的可能性。伊丽莎白一世提出的、被继位者奉为圭臬的那句格言就是"*Semper Eadem*"（始终如一）。有人哀叹，英国社会的富裕阶层"生活更像王子，而不像上帝门徒"。如果外表可以做某种判断依据的话，库什曼估计，在所有信徒中，真正信神的最多只有百分之一。

这场辩论的双方，"争吵和争论"越来越频繁。各种"混乱"越来越普遍，因为越来越多的信徒拒绝参加一些仪式和"迷信活动"，甚至开始公开说出他们的不满。詹姆士一世即位后不久发布的一项公告，批评清教徒的不满引发了越来越多的"混乱、骚动和暴力"。每个周末，越来越多"虔诚的信徒"步行数英里到邻近教区，去聆听他们觉得更好的讲道。针对越来越多到邻近教区听道的信徒，有人"发明"了一个词语叫"远行听道"。原本为了深入领悟《圣经》教义的"秘密聚会"，开始传递出对国教明确的不满和不服从。更多参加"秘密聚会"的信徒认为，国家出现了全面腐败。更多的信徒干脆不参加国教的宗教活动了。

詹姆士一世立刻意识到了这一日益扩大的裂痕。1603年即位后不久，他就在汉普顿宫（Hampton Court）召开会议，希望通过各方讨论的方式解决这个问题。很明显，清教徒希望新即位的君主能够朝着加尔文教派的方向调整国教的礼拜仪式（很可惜，他的前任没有这样做）。这些清教徒心情非常迫切，当新君主在伊丽莎白一世去世后赶往伦敦途中——刚进入英格兰境内，他们就向他呈交了一份详细的请愿书，满怀希望地称他为"医治这些疾病的国医"。

起先，这位刚即位的君主让各方都抱有希望。虽然他曾经称清教徒为比偷牛贼更严重的"害人虫"（他之前在苏格兰遭遇了大量的宗教激进行为），但他承认他之前只是被人误认为是强硬派人物。之后，在有这位国王出席的有大主教、清教徒代表参加的讨论中，大家也找到了一些中间立场，但极端者的要求并没有得到满足，事实上也很难满足。詹姆士一世坚定地采取温和立场。他始终坚持教会的等级制度，因为他认为这有助于维护社会的等级制度。在那次讨论会上，他说的一句名言是："没有主教，就没有国王。"

当然，詹姆士一世很清楚，如果听到他的真实看法，宗教激进者肯定不会满意。他曾经说过"某些人不听话的灵魂从来不会满足"，还说一些人是"患有脑疾的顽固的布道者"，同时赞扬"辩论双方中博学、严肃"、持温和观点的人。虽然从十岁开始他就生活在苏格兰清教徒周围,但是他说,他从来没有同情或理解过他们,他从来不是"他们的人"。在导致分裂的大主教约翰·惠特吉夫特去世后不久,和惠特吉夫特一样顽固反对清教徒的理查德·班克罗夫特(Richard Bancroft)接替了他在坎特伯雷大主教辖区的位置。

同一年,也就是1604年,新的"教规"颁布。该教规规定,凡是认为祈祷书或国教的主教治理制度违背神的话语的人,都将被开除教籍。然而,这些措施以及库什曼等激进派因之而产生的失望,让清教徒们的思想更为极端。

在詹姆士一世统治之初的一天晚上,库什曼带着一沓羊皮纸、一个锤子和一些钉子,穿过坎特伯雷安静、黑暗的街道。

每经过一座教堂,他都停下来,抽出一张羊皮纸,将它用力钉在教堂木质的拱门上,然后在黑暗中隔窗张望的人的视线中迅速离开。在每一张纸上,他都用大号字写着"神爱世人"(Lord Have Mercy Upon Us)。他想表达的是,这些教堂每次进行的宗教活动都是对上帝的"不敬"。库什曼认为这些"不敬"简直是一种罪过,需要得到上帝的宽恕。

后来,他被带到教会权威人士面前解释自己的行为,但库什曼没有认错,也没有否认自己的行为。他被送进监狱,但在监狱里没待多久。出来后,他描述了监狱里的恶劣条件,同时,他干脆开始抵制所在教区每个星期的宗教活动(当时,全国各地清教徒抵制所在教区的宗教活动已成风气),他认为自己无法从中获得任何启迪。后来,库什曼认为,对于笃信神的人来说,需要彻底从英国国教中脱离出来,另起炉灶。

之前,有人劝告一个激进者放弃脱离国家的想法,后者不情愿地放弃了他所说的"远离其他花朵的分离或隔离之花,就像远离邪恶的、受诅咒的人"。不过，值得一提的是，这一事业仍被看作一朵花——并非最让人讨厌的形象。另外，众所周知，很少有"发臭"的花。从年轻时就一直积极参加所在教区宗教活动的库什曼发现，实施真正的国教改革的希望总是以失望告终。他怀疑，解决方式只有"分离"，"宗教改革无法医治我们"。他再次被告发。最终，1604年初，他被开除教籍。

一开始，他得到了宽恕，判决被撤回了。这时的他尚不愿意迈出最激进的一步——让自己和家人离开坎特伯雷。他完成了学徒期，并开了自己的商店，正式成为那个城市的杂货店店主和"荣誉市民"。不过，他经常从坎特伯雷的那些清教徒教友那里汲取支持和友谊。那些教友组织了一个"小组圣会"，有的家庭多个成员都参加了这个圣会，他的第一任妻子是个本地人，最初就来自这个圣会。1606年，这个圣会的一个成员被告发，理由是发表了有关得救预定论的"邪恶"观点，而英国国教认为，得救预定论是"对上帝话语的大不敬"。得救预定论认为，上帝在人们中预先选定了可以得救的灵魂，因此人们死后是否可以得救早在出生时就已经注定，自由意志毫无意义。需要指出的是，这与库什曼的观点完全一致。而这些观点正是加尔文主义的主流看法。明显的迹象显示，他认为向人们布道已经没有任何意义，换句话说，他已经成为一个分离主义者。

库什曼等清教徒又在坎特伯雷（或者说英国）生活了一段时间，他们举行秘密的小型宗教聚会，不参加日常的教堂活动，哀叹身边反新教的种种行为。然而，事实证明，詹姆士一世对激进者的态度绝不比伊丽莎白一世更好。相反，他对激进者越来越不耐烦，越来越不容忍。他曾对那位身材矮小的首席秘书罗伯特·塞西尔说，他"对那个小教派所有人的讨厌和憎恶与日俱增"，他们是"所有君王的敌人"。

这位斯图亚特家族在英国的第一位国王不想再忍下去了。他厉声大吼，参加秘密宗教活动或聚会的人，胆敢不去教区教堂做礼拜的人，都要被"关到牢里去"（不难想象，他私下里讲的话要粗鲁得多。他一贯如此）。枢密院乐得那些"总是想办法制造教会混乱"的"受折磨的灵魂"远离他们的视线，他们觉得应该让那些人远走他乡。他们应该离开英国，如果不听话，就不许回来。詹姆士一世说，他们只有一个选择：如果他们不能乖乖地服从国教，他就要"把他们赶出这个国家"。

因此，在接下来的几年里，清教徒们如饥似渴地讨论、研究《圣经》，热切地祈祷，希望从中找到来自上天的启示，神希望他们作何选择。他们细细研读上帝在《创世记》篇中吩咐亚伯拉罕的话："你要离开本地、本族、父家，往我所要指示你的地去。"库什曼他们感到，和远古时代不同，上帝已不再通过梦境、幻象或明确的预言来指导信徒，因为现在他已将要告知人们的话语明确写在《圣经》中了。不过，这些话语仍然需要加以"正确地理解和运用"。

如果要离开的话，将朋友、家人抛在身后无疑是一件"非常痛苦"的事情。库什曼承认，没有什么比抛下所有"挚爱的教友"更令人难过的了。不过，他们互相安慰说，即使亚伯拉罕和罗得也有分别的一天。另外，这一决定也是出于无奈：他们不得不分别，否则就要面临"更大的困难"。他们想来想去，最终认为，犹豫不决完全是怠惰的表现，是不够虔诚的表现。要想成为上帝的选民，就要离开英国。库什曼不满地说，世上的众生，大多数"宁愿和所有朋友们"在这个他们出生的国家"一起乞讨、服从、挨饿"，也不愿意"克服些许困难移居海外"。

于是，越来越多持极端观点的新教徒，热切渴望着像库什曼那样被英国国教开除教籍,因为那样正好可以成就他们作为上帝选民的身份。说到被开除教籍,"他们并不在乎"。事实上,他们还"进行嘲讽,并认为那是一件令人高兴的事情"。他们乐得被一个他们"从来没有怀抱任何热情"的教会驱逐出去。长时间地被开除英国国教教籍,意味着被驱逐出英国。在全民必须信仰国教的时代,国籍和教籍不能只拥有一个。

但当时并没有一个像《圣经》中所说的"应许之地"那样的地方。库什曼说,没有一个国家可以在"信仰自由方面那么完美"。上帝没有给他们挑选一个像《圣经》上记载的迦南那样的乐土。真正的信徒应该是这样的人:虽然自己的国家不完美,但心有信仰,"远离亲友四处漂泊、流浪,去海外寻找理想之所";他们真正的"应许之地"只有天堂里才有。当时的英国远不是一个理想的地方。

"我们没有背弃祖国,"分离派(不久后库什曼加入了这个教派)的领导人写道,"我们是被它背弃了。"实际上,他们已经被驱逐了,驱逐他们的是"最极端的法律"和"粗暴的教籍剥夺"。他们认为,移居海外是唯一的出路。

从16世纪末开始,一些倡导完全脱离英国国教、无法在被罗马天主教的"恶臭"彻底污染了的教会继续做礼拜的人,开始将重要家当装进马车,准备远走他乡。

在大路小径上,他们带着妻子,往往还有裹着御寒衣物的幼子——当时那些因为宗教原因移居海外的人,大多举家出走,而不像之前那样只身离开——他们向英国东海岸和大海的方向前进。他们事先与英国或荷兰的船主达成秘密约定,在远离城镇的僻静海湾上船。但是,因为擅自移居海外是非法的,所以清教徒在离开英国的过程中,经常被武装巡逻队抓获。

库什曼后来加入的林肯郡教友会的信徒，在第一次步行前往海滩时，被一个假意答应送他们到大海对岸的船长骗了。他们被粗鲁地搜走了身上所有的钱，连女人也不放过，然后被马车拉到附近的波士顿镇，在"全城男女老少的面前出洋相"。第二年，他们再次尝试出海，那些乘坐驳船到海岸的妇女和儿童，在退潮时被困在河口，并再次被捕，而他们的丈夫和父亲则在海面上的船里无可奈何地望着他们。直到后来，因为当局不知道如何处理而将他们释放后，他们才得以前往海外与家人会合。

这些人的目的地一般是向东渡过北海前往荷兰。据说，"很多知名教派和异教"进入鹿特丹城是有原因的。那座城市位于低地国家的水涝地区，四面有城墙，当时人口稠密，居民区已经延伸到了历史悠久的护城河外。在伊丽莎白统治英国末期和詹姆士一世即位之初，激进的新教徒可以自由地在那里从事宗教活动。这在当时的欧洲几乎是独一无二的地方。

最初，哈布斯堡王朝也竭力将主张改革天主教会的"邪恶"异教徒赶出荷兰领土，就像他们之前用残暴方式树立自己的威权一样。宫廷命令法院，任何被确定为新教徒的人必须被烧死、砍头或活埋；他们绝对不是做做样子，而是毫不留情。宗教法庭专门成立了一个分支机构，负责剪除和惩罚那个地区出现的任何邪恶的宗教。他们对安特卫普进行了彻底的"清洗"，就像清洗奥吉亚斯的牛圈[1]一样。

然而，这一强硬路线失败了。数十年的战争，让哈布斯堡王朝统

---

[1] 奥吉亚斯的牛圈，源自古希腊神话中关于赫拉克勒斯的英雄传说。奥吉亚斯是古希腊西部厄利斯的国王，他有一个极大的牛圈，里面养了2000头牛（一说3000匹马），30多年从未清扫过，粪秽堆积如山，十分肮脏。——译者注

治下的北部各省获得了事实上的独立[1]。在那里，世俗统治者不承认新教神职人员拥有因为宗教信仰而限制外来移民的权力。那些统治者非常看重不同基督教派的难民——甚至犹太教徒——可能带来的潜在经济效益。实际上，这种放任也是有原则的。在16世纪的最后几十年里，"联省议会"（States-General，管理拥有很大独立权的各省的联邦机构）规定，各省允许罗马天主教和经过"改革"的宗教从事宗教活动。阿姆斯特丹的一位高官认为，最明智的措施是"不要因为信仰为难任何人"。

直接的结果是，从17世纪早期开始，阿姆斯特丹的城市规模以惊人的速度扩张，规划者不得不制订城市扩张计划。大量难民蜂拥而入，有的来自荷兰的其他地区，尤其是南部，有的来自像英国这样没有宗教自由的邻近国家。詹姆士一世厌恶地说，"不计其数的新的异教教派，现在涌入了荷兰。"他觉得对他们来说，地狱才是唯一合适的归宿。一个英国人后来说，那座城市是"所有教派的集市"，"信仰各种宗教的小商贩们去那里兜售玩具"。在这方面，一个英国国教的牧师同样不屑地说，在那个"各种信仰的大庇护所"里，"犹太教、阿里乌教派（Arianism）、重浸派（Anabaptism）胡乱混杂在一起"，散发出熏天的臭味；相较于阿姆斯特丹，英国国教就像是天堂一般，不管那些激进者和异教徒对它多么不满。

很自然的是，来自不同文化的移民各自聚居在一起，让那座城市的不同区域具有了各种显著而独特的文化特色。随着新街道的迅速规划，房屋的搭建，新来者见缝插针，在洪水淹过的田地里、城墙附近

---

[1] 尼德兰革命推翻宗主国西班牙的统治，于1581年建立以荷兰为首的北方各省的联省共和国，亦称"荷兰共和国"，1609年、1648年先后获得西班牙和全欧洲的承认。——编者注

的沼泽地，迅速搭起了临时住所。人们生活在狭窄、逼仄、极为封闭的环境里，他们想方设法寻找他们熟悉的活计——往往是去英国人开的纺织厂工作。

阿姆斯特丹是库什曼和他的教友们在离开英国后落脚的第一个地方，他们在那里的生活并不容易。据说，有人宁愿在英国蹲班房，也不愿意在荷兰享受自由。

他们中的一位教友说，"他们在那个地方和国家的生活极为艰苦"，很少有人愿意投奔他们，"能够和他们继续待下去"，能够"忍受繁重劳动和粗劣饭食"的人更少。他们觉得，只要有一个"生活条件略好的地方"，当时英国很多能够克服"失望情绪"的人就不会来这里（人们对阿姆斯特丹的失望非常明显）。阿姆斯特丹狭小不堪，随着城市人口的增加，情况越发糟糕。随着"争论的火焰"开始闪现，看来避免形势恶化的办法就是再次迁移。

这些不同派别的英国流亡信徒之间爆发了激烈的争吵，因为下决心远离家乡的人很容易情绪失控。当与另一个教派的教友一起迁移的可能性显现时，库什曼评论说，那些人主张的艰苦生活将会让本应是合作伙伴的他们变得像西班牙宗教法庭一样不受欢迎。他认为，那些人就像老鼠药一样令人讨厌。不但存在这么多的分歧，并且如果继续留在荷兰，那么受到残暴迫害是早晚的事。

起先，他们只是步行迁移到距离鹿特丹不远的莱顿（Leiden）。他们将所有的家当装入手推车，沿着用砂石铺就的高出泛滥河道和农田（泛滥的河道和农田是那里的一大特点）的路面，前往那个"非常漂亮"的城市。在面积上，这个城市仅次于先前的那个城市。这里有运河、纺织业，还有新建的研究加尔文教义的大学、"理想的环境"（虽然一位不太虔诚的教友说，这里随处可见的河道里的死水总是

"散发着臭味")。这里不像鹿特丹那样是拥挤热闹的国际市场,生意确实不大好做。后来有人说,莱顿对"他们行踪不定的生活方式"不利。不过,在这里,这些流亡者之间的争吵少了很多,人们很平静,不再动辄就互相对抗。

虽然如此,和阿姆斯特丹一样,莱顿的人口增长得也很快,住房和基础设施的增加跟不上人口增长的速度。难民不断涌入这个城市。这些英国人,其中包括成年男女和孩子,同样没有受到什么特别的关照,虽然他们事先向政府申请了居住许可。他们保证,他们绝对不会给"任何人添麻烦"。批准他们进入这座城市的同时,城市长老们声明,拒绝"不诚实的人随意进入这座城市生活"。他们希望经济得以发展,他们深知,经济扩张和城市扩张密切相关。他们说,任何行为坦荡端正、遵守当地法律法规的人都将"深受欢迎"。

英国政府曾向莱顿政府详细打听这些流亡者的信息,想阻止这种海外移居行为,不过被莱顿政府搪塞了过去。市政府向外扩展了莱顿的城墙,为的是容纳更多的新来者。在莱顿,从肯特海岸某个地方乘船前来的罗伯特·库什曼加入了分离派。坎特伯雷的档案里记录了他儿子的出生。1611年,他和家人住在莱顿,距离莱顿大学不远。

一连数年,他和教友们作为一个教派集体,集中生活在一起,不和外人打交道,就像他们当初承诺的那样,不给任何人添麻烦。他们努力做工,很多人(至少一半的人)在那座城市里数量迅速增加的纺织作坊或工厂里辛苦地工作(纺织业是那个城市最重要的行业)。库什曼很可能继续操着他熟悉的、他们全家人先前做的活计,这可以让他更容易找到报酬不错的工作,因为他在文字中提到他重操旧业,拿起了梳子——梳羊毛用的梳子。

同时,莱顿大学为人们提供了一个针对宗教问题进行激烈辩论的场所。据分离派的一位重要人物说，每天"课堂上都有激烈的辩论"。在课堂上，老师之间以及学生之间，观点往往大相径庭。到了晚上，男人们可以逃离灯光昏暗的狭小逼仄的小房子（孩子们正在里面熟睡），聚在烟雾缭绕的酒馆里，商谈和争论各种方案和想法，用陶制烟斗就着每个桌子上提供的烧红的木炭来吸烟。17世纪早期，吸烟现象在欧洲已经很普遍，然而荷兰人更甚，因此荷兰人有"积习难改，烟不离口"的名声。

虽然阿姆斯特丹人更具商业头脑，然而总的来说，莱顿人对"内心的平静"和"精神的安宁"的重视"更高于其他财富"。当时荷兰正处于与西班牙的停战时期，停战协定的有效期限是到17世纪的第二个十年。因此，人们至少不用担心所向披靡的敌军进犯。随着流亡者在那里平安生活的消息传到英国国内，很多人前往投奔他们，他们的人数越来越多，从最初抵达莱顿的约100人发展到约500人。有记载说，"很多人前来投奔他们，他们来自英国各地"，大部分来自肯特郡（罗伯特·库什曼就来自肯特郡）、英国东南部和伦敦。

在库什曼和他那些清教徒教友看来，在某些方面，莱顿的生活要优于英国。

在这里，宗教统治者不会隔三岔五地骚扰他们。负责印刷工作的教友睡在屋顶为斜坡的阁楼里，那处房子归会众中某位"长老"所有，隐藏在一条阴暗的小巷里。那条小巷被称为"发臭的街道"，因为被污染的运河的死水送来一阵阵难闻的气味。他们在一间拥挤的卧室里，用一台暗藏的破旧的排字设备打印一些在英国被查禁的或很可能被查禁的小册子。事实上，住处的拥挤、资源的紧张，比过去更为严重。另外，战争的威胁越来越近。

在西班牙无敌舰队时代英国面临强敌入侵威胁的时候，在大多数英国人看来，大海几乎可以让他们高枕无忧。而此时，大海无法提供那样的保护了。他们觉得这不是纯粹的凡人与凡人之间的冲突，也不像是凡人与凡人之间的冲突——撒旦的大军即将兵临城下。相较于英国，荷兰距离信仰天主教的西班牙要近得多，而且中间没有可以作为屏障的辽阔水域。

就在十年前，西班牙军队曾经一连围城数月，对附近男女老幼实施的暴行仍然历历在目。此时，大家都清楚，西班牙当年与荷兰签订的停战协定的有效期即将结束（1609年签订的为期12年的停战协议即将在1621年到期）。一位分离派领导人写道，当时，除了"清晰的战鼓声和备战号令"，什么也听不到。

这些离开故土追求宗教理想的信徒，没有从世俗意义上看待这种形势，库什曼及其教友经常考虑怎样从上帝为世界和人类设计的宏大计划的视角，来分析现实社会的形势。他们经常焦虑地交流各自的看法。他们研读《圣经》，真诚地向上帝祈祷，希望从上帝那里获得某种启示。他们在荷兰享受的自由随时可能消失——在当时看起来确实是这样，毕竟，他们在这里是流亡者，他们"处境艰难"。看起来，形势会变得更糟，而不是更好。他们面临的形势只能用末世论来解释。"我看不清形势，"库什曼写道，"不过，某种审判已经不远了。"

事实上，他们面临着很多困难。荷兰与西班牙之间的分歧无法弥合，荷兰可能不得不驱逐他们，虽然两国之间的大多数分歧已经解决。这时，罗伯特·库什曼已经有了一个小男孩。和很多教友的孩子一样，在荷兰期间，这个孩子在父母亲身边长大（1616年，罗伯特的第一任妻子萨拉死于莱顿，当时他们的儿子大约八岁。第二年，他续娶了一位妻子）。他们的下一代会经历第一代海外移居者远离故乡的那种分离吗？对很多人来说，害怕"丢失我们的语言，我们英国人的名字"是萦绕在他们心头的一件可怕的事情。

库什曼等人已经注意到，他们的孩子已经和当地孩子成了很好的玩伴，已经在学习当地语言——虽然他们阻止孩子们这样做。在这里，虽然他们可以更为自由地崇拜他们想崇拜的神，然而他们周围的当地人让他们觉得并不比当初的英国邻居更为亲近，那些当地人甚至不像样地过安息日。库什曼等人认为，等孩子长大后，很可能感觉不到自己的独特和神的挑选，以为自己不是"远离亲友四处漂泊，去海外寻找理想之所的人"，而只是荷兰人。

这些追求宗教理想的流亡者能支付得起生活费用的贫困生活区，环境条件都很不好，空气中总是有一股臭味。他们不仅担心下一代长大后只会说荷兰语，或染上荷兰人的思维方式，更担心他们会像当地受压迫的底层群体一样，走上犯罪的道路。最好的办法是搭上某条荷兰船逃往东印度群岛，永远不回来。

究竟该何去何从？他们进行了焦灼的讨论。他们一起祈祷、禁食，寻求上帝的指示。一些人越来越感到神指示他们搬迁到更远的地方。他们决定在适当的时候，那些"最年轻、体质最好的人"先动身，去找寻"一个条件更好、更不危险的地方"。对世界版图的深入认知，很自然地与末世论观点（关于上帝对人类未来的安排）结合在一起。结果，这更强化了再次迁移的迫切性。有的清教徒认为，"在这接近世界末日的时期"，上帝将赐福于世界的西部。

并不是所有人都走了，走的人甚至没有超过一半。然而，很多正直、高尚的人决心离开这片充满是非的土地，他们受够了那些"激烈的争论"。在"那么多吝啬、毫无怜悯之心的人"手下艰辛劳作，他们苦不堪言。面对英国、欧洲过多的人口，上帝已经给他们安排了另一个地方。"那里地域广阔，"库什曼说，"不过需要越洋前往。"另一位牵头的清教徒说，"那里土地广袤，人口稀少"，并且"果实累累，适合居住"。

他们是否应该前往那里？库什曼认为答案是肯定的；最近，那里生活的人——长着一身长毛、"在树林和洞穴里"爬进爬出的"野蛮人"——数量大大减少。库什曼和他的教友们认为，这是来自上天的明确指示：这是上帝为他的信徒创造的地方。一位长老说，那些人——也就是"印第安人"——不是"文明人"，他们只是"野蛮残忍"、到处游荡的野蛮人，他们是无关紧要的动物。在美洲，他们自己很可能过上不一样的日子——舒适、简单、富足。库什曼说，在那里，他们可以"马上改变眼前的生活"。

有人担心，很多人已经离开英国十多年，年岁渐高，不适合这种艰苦的行程。即使在他们这个虔诚的教派里，很多人也对这一迁移没有信心，并出言反对。他们"担心害怕"，反对迁移，试图改弦易辙。如果他们在荷兰的生活条件不好——事实确实如此——那么，再次迁移这项事业是不是会更加辛苦？

没错，在他们之前，已经有欧洲人远涉重洋去了美洲，尝试在那里开始新的生活。悲观者不难找到他们所说的"很不成功，结局可怜的先例"的证据。不顾一切地渡海前往美洲，要么是一个果断的英明之举，要么是一个鲁莽草率的行为。这完全取决于个人的看法。因为这么多人"从一个人口拥挤的地方搬迁到一个地域广阔的荒凉之地"不是一件容易的事情，要经历"路途漫长、危险重重"的越洋航行，深入陌生的世界，同时要将福音带给那些对此一无所知的人——那些"野蛮的不信神的人""动辄怒气冲天的人"。

那些早期的海外移居者的动机大多与他们不同，因此这些人（其中很多人去了弗吉尼亚）的命运并不能全面说明海外移居的风险。库什曼等人认为，早期移民者去那里是因为贪婪和虚荣——为了"世俗"目的（当然，对于很多类似的海外移居活动来说，对这一点很难提出异议）。大多数英国人深陷于所谓"肉体的放纵"，他们对精美食物的追求没有止境。库什曼等人不由自主地认为，这正是那些英国人的早期移居活动失败的原因。贫困，再加上看到一些同伴享受着富足而其他人在忍饥挨饿，让他们变得"无耻、扎眼、粗野、张扬"。当然，天上的神，始终在洞察世事。

库什曼说这些人是"财富的搜刮者、掠夺者和收集者"——他们的目的就是赚钱。对于他们来说，"金子才是他们的希望"。他愤怒地说，"那些猪、狗和野兽虽也喜欢享受，但不过分贪求"，为什么有些"永不安分，四处搜刮，贪得无厌"的人活得还不如"猪的生活方式"？相较而言，"诚实节俭的基督徒"只有当邻居和教友不再忍饥挨饿时才会考虑积累财富，他们会将其他人的赞扬看作"泡沫和虚荣"。

这些远离故国的信徒是真正的、虔诚的基督徒，这一点很重要。他们的领导者写道："我们诚挚地相信，神与我们同在。"他们相信，神"会因为我们内心的纯净而赐福于我们"。

后来，人们达成一致，一部分人先走，如果一切顺利的话，其他人日后再走。罗伯特·库什曼被推选为代表，回到英国去与相关部门谈判：一方面寻求资金，另一方面做一些安排，比如信徒们可以搭乘的船只。我们知道，他联系到了"五月花"号，愿意前往美洲的信徒可以乘坐这艘船前往美洲，另一艘船是"佳速"号。

库什曼与詹姆士一世身边同情他们这项事业的重要官员展开谈判。打算前往美洲的那些信徒认为，他们在船上（或在美洲）并不孤单,因为上帝将"与他们同往"。听说他们要前往距离英国更远的地方,远离英国的事务,国王当然喜出望外。他们离开是不是真的有利于英国的发展,他才不在乎呢,眼不见心不烦。众所周知的是,国王曾经戏谑地说,靠捕鱼实现自给自足(库什曼曾告诉国王,他们打算在当时的弗吉尼亚北部以捕鱼为生)是耶稣门徒受到了感召,是一个"诚实的行当"。

库什曼等人到底怎样看待这次即将启动的迁移计划?仁者见仁,智者见智。在此不久前的1616年,约翰·史密斯发表了《新英格兰记》(Description of New England)。在书中,他谈到了一片几乎完全"陌生、未被发现"的海岸,他抱怨现有的相关地图"简直是废纸"。当时,很多人不知道——现在是众所周知的事情——新英格兰处在与佛罗里达、弗吉尼亚同一条大陆海岸线的北部。

先前的一位海员兼作家曾经说到大西洋上的一连串岛屿,他说那是"伊丽莎白群岛"。这个说法可以理解,因为欧洲人要抵达美洲,不是从北部经过纽芬兰岛就是从南部经过西印度群岛前往。从地图上也可以看出这一点。在新英格兰生活了一段时间后的库什曼说,"就我们所知,那是一个岛屿"。约翰·史密斯没有指出的是,促使库什曼等人离开故国的传统信仰的力量仍然强大。英国移居者将那个群岛称为"伊丽莎白群岛",部分原因是为了给英国声索一片领土,就像"新法兰西""新西班牙""新尼德兰"等地名一样。另外,也是因为那些移居者发现那个地方与他们的故国有相似之处。

不管是在面积上,还是当时人们以为的岛屿状态上,英格兰与新英格兰都很相似。"由于海洋阻隔,新英格兰远离美洲大陆,而英格兰远离欧洲大陆。"这两个地方都没有崇山峻岭,而有的是溪流和牧场,还有很多江河和泉水。在土壤方面,库什曼说,与他在故国所见过的土壤相比,"很像肯特郡、埃塞克斯郡的土壤"。新英格兰的气候也接近英格兰的气候——温和,可能冬天略冷一些(英国人说那里气候宜人,让人神清气爽,对健康有好处——如果用人口扩张速度和低死亡率做判断标准的话,事实确实如此)。一方面,欧洲文明已出现进入暮年的明显迹象,残酷的战争和宗教冲突似乎预示着最后的决战——上帝将惩罚信徒的"纷争",惩罚"土耳其的奴隶制"和"天主教的专制"对"福音书的肆意亵渎";另一方面,在美洲,上帝安排的方案才刚刚开始铺开。

在美洲,库什曼写道,这"仅仅是开始"。在那里,来自英国的定居者可以目睹"新世界的黎明"。那里有广阔的天地,给"那些有志于飞入这一荒野地区的人们"提供机会。

离开英国的行程一再耽搁。罗伯特·库什曼乘坐的是和"五月花"号一起的另一艘船,也就是"佳速"号。就在穿越英吉利海峡的过程中,海水不断透过船体涌入船舱。用库什曼的话说,船"漏得像个筛子"。修补失败之后,这艘船退出了这次越洋航行。另外,风力的缺乏也加剧了延误。船上的给养被消耗掉很多,很多乘客开始打退堂鼓,觉得这些挫折也许是上天不喜欢他们这次行动的启示。然而,船长一口回绝了他们的下船要求。

库什曼病得厉害,沉重的压力让他患上了严重的胸痛。用他的话说,就像是"一大块铅压在我的心上"。死亡似乎近在咫尺。他害怕自己成为"鱼儿的美餐"。虽然他和他的家人作为这些流亡者的牵头人,有权在"五月花"号上获得一个特殊位置。但是,由于身体原因,他不得不留下来。他"渴望"加入前往美洲的教友,并且"希望立刻"就走。

由于这些问题,已经离开南安普敦港的"五月花"号不得不逗留在普利茅斯港。"五月花"号商船大约100英尺（约30米）长，25英尺（约8米）宽，开始投入使用时算得上是一艘大船，然而因为塞进了原本在"佳速"号上的大多数乘客，所以显得格外拥挤。那年，这次航行最终启动时，已经比原计划的时间晚了许多，一路上很不顺利，人们受尽折磨。

滔天的巨浪无情地撞击着甲板，船体受到破坏，船上的木匠不得不动用原计划用来建定居点的设备材料来进行紧急修理。他们经历了一位牵头的移居者先前所说的"困难和危险"，最终辗转进入了鳕鱼角湾。虽然之前听说了很多有关那个海湾的事情，但亲临此地，他们还是惊叹于这里的富饶，无论是水里还是水面以上。有人说，他们"从来没见过"那么多鸟。另外，体形庞大的黑色"领航鲸"数量多得惊人，如果身边有合适的工具，他们真想捕上几条。抵达美洲海岸后，因为水浅，船只无法继续靠近，他们只得跳进深至大腿的（对健康不利的）冰凉海水中，蹚过感觉好像永远走不到头的一段距离后涉水上岸。

经历过这些周折，抵达北美的时候已是11月，船上的给养消耗得所剩无几了。这时候新英格兰的气温要比他们先前所熟悉的最低气温低很多，"非常冷"，而且越来越冷。一连几个月冰雪覆盖，地面上的积雪有好几英寸厚。刚登上陆地时，岸边的淡水很少，而且在沙土地上很快就渗干了。他们不得不继续待在船上。他们在那里的第一个冬天，就有40多人死亡（那次一共去了100来人），船员的死亡比例大体类似。

通过约翰·史密斯等此前到这里探险多次的人们的文字记述，他们已经知道这个地方有人居住。虽然如此，大片的墓地、开垦过的田地以及夜间黑暗中闪烁的火光，都明显证明，不久前的传染病（造成人们大量死亡的主要原因）使原住民的人口密度显著下降。另外，虽然双方之间之前有过一些接触，但是，英国流亡者与这些"高个头儿的正派人"——当地的美洲原住民——长时间的往来还很少。

意识到他们最初登陆的那个巨大的弯月形海湾不是建立定居点的理想地方——缺少淡水，而且过于暴露，先前的一个法国探险家对这个海滩的评价是"地势很低""从海面上一览无余"——于是他们开始在周围考察。12月，他们在海湾对面的岛屿一侧找到了一个更合适的地方。他们给它命名为"新普利茅斯"，以区别于他们先前动身的普利茅斯。（当时已经有了针对这一广大地区的名字"新英格兰"，约翰·史密斯绘制的地图上就出现了"新英格兰"。）

他们的背后是树林和山脉。这里生长着各种茂密的树木：橡树、松树、刺柏、黄樟、桦树、冬青树，以及这些英国人叫不上名字的树。有人说这个地方"树林一直延伸到海边"。"马萨诸塞"这个名字出自当地部落，意思是"附近有大山的地方"。

天气允许的时候，他们就开始工作，动手建设一个新的城镇。建好了一个集体住处之后，他们决定"每个人都应该建一个自己住的房子"——这一想法是为了提升相较于集体干活儿的效率。然而，冬季恶劣的气候条件显著地降低他们的工作进度。有人记录说："霜冻和讨厌的天气给我们带来很大障碍……这个时节，一周里几乎只有一半时间可以干活儿。"

这些人里既有库什曼追求宗教理想的教友，也有其他人，后者是弗吉尼亚公司从英国招募的成年男女和孩子，他们被清教徒称为"外邦人"。因为他们的登陆地点比原计划的地点更靠北，远离了弗吉尼亚公司控制的地区，所以，他们需要临时起草和签署一份法律文件。这份后来被称为《五月花号公约》的文件在开篇处写道："我们应该结为一个联合体,签署一份协议;我们将团结在一个集体里,服从我们共同自愿成立和选择的这种政府和长官。"

在某些方面,该公约受到了当时世俗观念的影响。它只给所谓"自由人"提供表决权,仆人没有表决权,虽然这些"自由人"只占少数。公约里的"共同自愿",指的是所有男性,女性只是男性的附属物。虽然如此,该公约仍是一份具有重要意义的文件。也许,只有认为是否被上帝挑选比社会阶层更为重要的激进的清教徒,才能起草出这样的公约。"五月花"号上的大多数人签署了这一公约,公约上还有那些身份仅为"劳工"的人的签名。

公约规定了"自治政府"的原则,也就是征税、实施其他措施需要获得所有公民的同意。毫无疑问,这一治理形式完全背离了基于社会阶层的等级制度,不再将大多数人排除在政治参与之外,完全不同于这些移居者熟悉的英国规则。它的重要意义显而易见。有人说,16年之后,自治政府仍旧是一个"庄严的、具有约束性的联合体(虽然在那个时候,该政府很大程度上已显得多余了)"。

罗伯特·库什曼将大家的需要放在第一位,自己则继续扮演谈判代表的角色——驻英国"大使"。1621年,他只在美洲待了短短的几个星期,就被迫返回伦敦。在伦敦,他积极奔走,推动出版一些介绍新普利茅斯定居点种植园的小册子,呼吁人们为了信仰移居海外。不幸的是,在伦敦期间,他染上了1625年春季暴发的欧洲大瘟疫——事先他已预感到这一疫情——在疫病暴发那年死在伦敦。

安妮·布拉德斯特里特出生于北安普敦郡,出生时间略晚于库什曼。安妮和库什曼有很多相同之处,她也是一位清教徒,具有深厚的英国国教背景。在英国看到的拒绝信仰宗教或各种信仰不虔诚的现象,让她痛心不已。她很有思想,受过高等教育——这一点优于库什曼。

不过，作为一位女性，她的教育大多来自家中的父亲。这一方面缘于她自己想要学习的意志，另一方面也是由于她幸运地赶上了清教徒群体中倡导女性受教育这一重要传统的尾声。即使在清教徒中，我们也可以看到她的与众不同之处。她超越时代的观点，到了令人惊讶的程度——她强烈主张男女平等。

虽然她性格开朗、温柔体贴，但她颇有主见、独立性强、做事果断。早年，她也在口头上赞同家长制的、男性主导的文化（"男人什么都会做，"她在年轻时写道，"女人们很清楚这一点。"）。然而，实际上，这种不加区别、一概而论的看法让她非常不满。这些看法毫无依据。她非常崇拜伊丽莎白女王。女王高超的治国能力，以及女王所受到的尊敬，似乎可以推翻女性能力低下的看法。"她消除了对女性的诽谤，"安妮说，"女性并不缺少治理朝政的智慧。"

安妮清楚地记得17世纪20年代她在英国长大的经历——那是这个国家的痛苦时期，几乎所有生活在那个时期的人都对那个年代的事难以忘怀。在那个艰难的十年开始的时候，也就是罗伯特·库什曼的教友们准备渡过大西洋前往新世界的时候，她大约八岁，刚随家人搬到森普林哈姆（Sempringham）不久。这是林肯郡平坦的沼泽地上的一个小村庄，距离英国东海岸不远。这里的地形与荷兰很相似，到处是积存着死水的沟渠。相较而言，伦敦是一个遥远的地方。

林肯郡的伯爵（该伯爵大多数时间生活在那里）让安妮的父亲当他的管家，负责全权管理整个府邸的日常生活。这不是巧合，因为这两个男人（还有安妮的母亲）都是信仰英国国教的虔诚的"清教徒"，他们都坚定地认为，英国需要进行更为彻底的宗教改革。事后看来，一切也颇具定数，原来林肯伯爵的大宅子是建在一个被毁掉的天主教修道院的旧址上的，而且还是用先前的砖瓦建造的——那个修道院曾经是大批天主教信徒远道朝圣的地方。第四位林肯伯爵在那里生活的时期，森普林哈姆成了清教徒运动的焦点。在当时前往那里或在那里工作的人看来，那个地方、那些砖瓦，以及先前的居民，都是他们深恶痛绝的对象。

小时候，安妮是一个严肃、敏感的孩子，在道德准则和信仰方面对自己的要求非常高。她时常反省自己。她后来写道，如果感到自己犯下过错，那件事就会一直萦绕在她的心头，她会一直惴惴不安，直到"通过祈祷向上帝忏悔"。她对阅读有着浓厚兴趣，父亲对历史知识和学习新鲜事物的热爱极大地影响了她（有人说她的父亲是一位"嗜书如命的人"，安妮也经常在森普林哈姆的那个藏书丰富的图书馆一待就是几个小时）。但是，作为一个小女孩，她依然与身边的成年人世界保持着距离，局限在自己狭窄的小天地里。后来，她说，她发现"阅读《圣经》能给她带来很多安慰"。随着年龄的增长，这种安慰越来越强烈。

在安妮逐渐长大的17世纪20年代，当时"五月花"号刚刚驶往美洲，英国经济严重萧条，腐败盛行，饥荒和疾病肆虐，出口额下滑，大批金银流出了这个国家——相较于乘坐"五月花"号移居国外的臣民，政府更关心的是被他们带走的外流的金银。詹姆士一世认为这些现象都是"恶劣习气"，他召集专家，让他们做出解释。他不但没有解决他即位时就已经存在的严重的金融问题，还让这些问题愈演愈烈。詹姆士一世的外交政策带来了令人难以置信的灾难，法国、西班牙这两大欧洲强国同时成了英国的敌人。1618年之后的几十年里，残酷的战争席卷了整个欧洲，结果信仰天主教的军队取胜，信仰新教的军队一败涂地。这一切意味着什么？支持新教事业的上帝到底是怎么安排的？

军队因不受重视，严重缺少资金，处于一种凄惨的状态。国家对军队的有限使用，无一例外地产生了灾难性后果。詹姆士一世本人非常倾向于讲和，他哀叹欧洲的"悲惨景象"让人哭泣。当时的英国人不再将欧洲大陆看作避难的好去处，荷兰也不再是西荷停战协议有效期内的安全地带。之前到那里避难后还没有离开的英国人，开始考虑如何渡海去往新世界，远离在他们眼中已经真的成为《圣经》中世界末日善恶决战第一阶段的战场。在他们看来，上帝给人类安排的地方已经转移到了西部。

在英国国内，激烈的争论——"争论的气息"——随处可见。看到铺张、堕落、没有信仰的王室（沃尔特·雷利爵士有一句很有名的评价，说英国王室的光泽"就像朽木"），像安妮父母那样的清教徒只能绝望地搓着双手。在很多人看来，真正的宗教"岌岌可危"。詹姆士一世想要平衡极端的天主教派别和新教派别的政策，在国内外都以失败收场。危机仍然存在。年轻的安妮想必是从成年人苦闷、低沉的谈话中得到了某些启示，随着年岁的增长，这些启示在她头脑中变得越来越清晰。

和罗伯特·库什曼一样，她也是家中的第二个孩子，但是作为一个女孩，她的前途更加受限。不过，因为信仰的关系，她的父母坚持做了一件事情——经常鼓励她认真读书，绝不能因为性别限制了思维。她用毕生时间谴责那些藐视女性权利和能力的人，她的见识让她相信她可以和任何人竞争。她的家庭环境比较好，这可以让她投身于很多人（尤其是女人）没有机会参与的领域。在这些领域，她迅速脱颖而出。

在那个十年中，安妮一家一度从森普林哈姆搬往林肯郡海岸附近的波士顿镇（当时名为"Botolph's Town"，7世纪时为圣博托尔夫所建）居住。当时，那里是外来人口的向往之处，不过后来成了人口流出的地方。

这里有一个专业知识深厚、做事认真热情的人，名叫约翰·科顿（John Cotton）。他是一位有名的布道者和清教徒领袖。和罗伯特·库什曼一样，他深入钻研了加尔文的作品。他甚至说出了他领导的会众中可能成为"上帝选民"的人，他给他们提供特殊的宗教仪式，给他们涤罪。安妮的父母是其中的成员。那些被神选中的人说这是"神的爱抚"（那些没有成为"上帝选民"的人有什么反应，文中没有记载）。换句话说，在波士顿镇，安妮和家人仍然是一个关系密切的虔诚的新教徒群体的成员。这是一个志同道合的集体，后来有人说他们是"一群不和外界打交道的怪人"。

大约就在同时，1625年，也就是那个十年的中间，詹姆士国王死于中风，他的儿子查理即位。这位新即位的国王因为从小患佝偻病而身材矮小，并且一生因为口齿不清而烦恼——这两个因素让他性格内向，缺乏自信。虽然如此，一些人仍对他寄予厚望。威尼斯大使说他为人"稳重""温和"。他完全不同于成为"挥金如土"代名词的詹姆士一世，查理一世看重的是"秩序和利润"。

查理一世的一些品行远胜于他的父亲，从他口中从来不会说出詹姆士一世生气时说的那些污言秽语。据说，查理一世的耳朵厌恶"任何不洁之词"。相较而言，他看重的是秩序、美观、端正。他喜欢独处，他给自己的房间安装了很多复杂的新式门锁。他总是认为自己的看法是正确的。他曾说自己永远也不会成为律师，因为他根本不想为自己想要做的不大好的事情寻求他人的支持，也不想向他人提出的正确方案让步。如果他认准一件事情是对的——认为它是神的意志——他就会不惜一切代价坚持自己的选择。

虽然和父亲的性格大不相同，但查理一世完全赞同他父亲"君权神授"的观点，认为国王可以诠释上帝的意志，无须容忍任何不同意见。在他即位的第一年里，伦敦暴发了一场严重的瘟疫，安葬病殁者时为了省事，他命人将四五十具尸体扔进一个飞舞着苍蝇的大坑里。这一行为完全有悖于"君权神授"的观点。另外，清教牧师发出了严厉的抨击：这场瘟疫带来的灾难明显体现了上帝对这样一个深陷于天主教泥淖的不敬神的国家的惩罚。也许在潜意识里，也许是有意识的，这些清教徒批评者希望看到身边发生混乱。他们坚信，上帝将他的圣徒们召集在身边的时候，他们自己就是这些为数很少的上帝选民的一部分。当他们聚在一起时，他们会用一种近乎病态的热情"讨论""社会的堕落"。

起先，至少在表面上，查理一世表现出召集国会讨论事情的积极性。"我喜欢国会，"他说，"经常和我的子民在一起商量事情是一件多么高兴的事情。"不过，随着国会会议厅里气氛的骤然紧张，他很快改变了主意，决定干脆关闭国会。他说，虽然大多数国会成员的出发点是好的，但是因为几个声嘶力竭的"恶毒小人"淹没了其他人的声音，让他只能听到"对国家的怨恨和不满"。1629年，国会会议即将结束时，清教徒议员将下院议长用力摁在椅子上，要求他在宣布休会之前通过他们推出的法案。查理一世决定不再召集这个吵吵嚷嚷、混乱不堪的机构开会，然后，他开始动用他能找到的所有有关敛财的法律（那些废弃不用的法案）的漏洞来筹集资金。

对于那些符合其他条件但因为没有参加查理一世加冕礼而未被授予骑士称号的人，查理一世要求他们上缴罚款；古老的船税——目的是加强海军和英国的海上力量——征收范围从沿海城镇居民延伸到了内陆居民，而当时，原船税所应对的战争早已结束，英国也没有面临任何明显的国际冲突；此外，王室还出售商品专卖权，其中包括从美洲进口烟草的专卖权——父亲詹姆士一世措辞激烈的《反烟草文告》可以让他从烟草中获得丰厚利润。民众中流传着很多有关新税种的传言，比如身穿绿围裙的女人要交税。这些税种是否真实并不重要，重要的是，人们相信这种谣言。这一现象说明了当时在民众中广泛存在着焦虑和怀疑。

相比这些谣言，在英国国教方面，有很多更真实的事情让"内心炽热"的新教徒哀叹不已。教堂被装饰得富丽堂皇、美轮美奂，包括圣坛、墙上的装饰、窗户。宗教仪式中，越来越强调神职人员的法衣和教堂里用的音乐。在清教徒看来，强制性的禁食和不许吃肉但可以吃鱼的日子，让人联想到宗教改革之前的教会日历。查理一世迎娶法国公主亨利埃塔（Henrietta），不但意味着英国要拥有一位信仰天主教的王后，还意味着她规模庞大的随从队伍也将前往伦敦生活，这让很多极端的清教徒充满猜疑和敌意，他们认为这个国家陷入了"罗马天主教"的一场阴谋中。专门为王后在萨默塞特宫（Somerset House）新建的宏伟的天主教教堂似乎印证了这种担忧，而亨利埃塔毫不避讳这一点。

在国会下院，骚动和混乱仍在继续。议员们经常说到民众中"普遍的担忧"，说有一股暗藏的力量要"对我们国家的神圣宗教进行创新和改革"。民众谴责他们看到的一切，认为这是"天主教要推翻整个神的教会的昭然若揭的阴谋"。同时，瘟疫造成的巨大破坏似乎完全印证了神对这件事的不满。

17世纪20年代后期，已经五十出头、个子不高、爱生气、心思缜密的威廉·劳德（William Laud）成为全国知名人物。他学识渊博，爱穷究细节，动不动就恼怒。他和查理一世一样，自以为是，总认为自己是正确的。查理一世喜欢他这种人。两个人志趣相投，都喜欢秩序，审美一致，不喜欢的人和东西也一样。在即位初期召集国会开会时，查理一世经常让劳德在会议上发表长篇讲话。他还多次提升劳德的职位。劳德被任命为伦敦的主教，并成为枢密院成员。后来，他成为约翰·惠特吉夫特的继任者。

劳德这个人喜欢高谈阔论，叙说对教会的尊敬和对君王的尊敬之间的密切关系：教会的权威和仪式、王室的权威和仪式，都是神圣秩序不可分割的组成部分；君王是"太阳"，他的权力等同于"上帝的权力"；如果有人想战胜教会的话，"我们不由得害怕他下一步的攻击目标是什么"。在那个分歧越来越严重的时期，劳德成为极为顽固的分裂分子的代表。有人狂热地支持他，也有人极度憎恶他。

劳德观点的核心是仪式和服从，这也是反对者反对他的焦点所在。在他看来，宗教不是个人的事情，教会的制度、建筑、圣礼都至关重要。主教不可或缺；神职人员必须穿适当的服装，比如白色罩衣；教堂的建筑必须漂亮；教堂必须安装彩色玻璃；祭坛要美观，要用栏杆与周围隔离开，以表示它的神圣地位。对于持异议者，他毫不掩饰他的愤怒。有个曾经被他盘问过的信徒记得，当时他被气得脸色发白，身体"像是疟疾发作一样"发抖。后来，劳德说，在他的职业生涯中，他一直在倡导"通过外在形式崇拜上帝"，他不理解为什么很多人因此讨厌他。他一生树敌无数，研究他的历史学家对此很困惑，他本人更困惑。

"毫无理由地恨我的人，"他说，"比我的头发都多。"需要说明的是，他并没有谢顶。他说，人们觉得跟我交往几乎就是对上帝的不敬。

在这一时期，正当整个国家范围内的宗教信仰之火越来越旺之际,在安妮刚进入青春期,具体地说,在十四五岁的时候,她经历了一场信仰危机。

她写道:"我发现,我因为年轻而不懂事。"当时,查理一世即位时间不长。她回忆说自己越来越"世俗"(carnal)[1]。不管这个词的现代意义如何,它在这里的含义与性无关,而是指肉体与精神的冲突。她后来描述说,她"疏远了神"。一些疑惑使她感到困扰,她不再像之前那样如饥似渴地学习《圣经》。她虔诚的父母(他们不是第一对,也不是最后一对对十几岁的儿女身上发生的变化感到奇怪的父母)发现她和他们越来越疏远,他们感到很不安,甚至很担心。

这一情况发生在他们从波士顿镇搬回森普林哈姆,继续给林肯伯爵效力之后不久。那时,安妮患了一场重病,持续发烧,四肢无力,腰痛,头痛,脸上和身上起了很多脓包,当时她十六岁。她说:"神对我施以重手,让我染上了天花。"这种疾病在17世纪大面积传播,尤其传染儿童和年轻人——这是一种无视阶层界限的"残忍而公平的疾病"。当然,这仅仅是一种新出现的(又一种)导致当地人死亡的因素。当地人以敲响"丧钟"来记录人们的死亡,成年男人死亡敲九声,成年女人死亡敲六声,孩子夭亡敲三声(体现了当时社会对三者不同的重视程度)。再后来,按照死者年龄来敲钟,多少年的寿命就敲响多少下声钟。疫病肆虐了很长一段时间,染上天花的人有三分之一死去。

也许和很多在金钱方面能负担得起这种行为的人一样,安妮身穿一身红衣服,将全身红肿、疼痛、到处是皮疹的身体包在里面,或者将自己裹在红毯子里——就像她崇拜的伊丽莎白一样。也许,她有幸没有留下让很多人以后不敢在众人面前露脸的那种严重的永久性痘

---

[1] carnal,该词的现代意义为"肉体的、肉欲的、性欲的"。——译者注

疤，但是后来她在一首诗里写道，"讨厌的痘疤""毁了我的脸，留下了永久的疤痕"。她的姐夫曾用委婉的语言说"那张漂亮脸蛋上没有涂油彩"，说明天花对她的容貌破坏得并不严重（除非他的语言极不圆滑）。不论如何，安妮确实痊愈了。这段经历对于她性格的塑造起了很大作用，它恢复并强化了她的信仰。这件事之后，她一直在感谢上帝对她的宽恕和矫治，她内心很清楚这一点。从此，她更加专注地重新回到敬神的、有条理的生活；她对清教教义重新恢复的热情，使她像那些"内心炽热"的清教徒一样，对英国社会不敬神的做法十分敏感。

他们家在森普林哈姆时，她经常和一个当时也生活在林肯伯爵府邸的大男孩来往，他名叫西蒙·布拉德斯特里特（Simon Bradstreet）。后来，他接替了安妮的父亲担任林肯伯爵的管家。和安妮一样，西蒙·布拉德斯特里特也来自一个无可挑剔的清教徒家庭；他的父亲直到1621年去世，一直在当地担任牧师，是一位具有强烈宗教改革倾向的人。西蒙在十六岁至十八岁时，在剑桥大学伊曼纽尔学院（Emmanuel College）受过两年的教育。他的父亲与伊曼纽尔学院关系密切，该学院当时以传播清教思想而闻名（在该学院，和在森普林哈姆一样，布拉德斯特里特的饮食和做礼拜的方式完全遵守清教教义，而学院的餐厅和礼拜堂也是先前天主教修道院的一部分）。

在两家达成了满意的安排后，17世纪20年代末，安妮和西蒙结婚了。当时，安妮才十六岁。事实证明，这是一段情投意合的姻缘。安妮后来写道："如果有天作之合，那我们俩就是。"

不久之后，林肯伯爵召集很多牵头的清教徒在森普林哈姆开会，讨论一起从英国移居国外的可能性。

对于很多像安妮一家这样的福音派新教徒来说，这个国家到处是罪恶。无论身在何处，他们每天都能看到邪恶的现象，这让他们非常不舒服。这意味着什么？上帝对英国的安排是什么？上帝怎么安排他的选民？一个重要的新教徒说，英国成了"荒凉之地"。真正的信仰每天都在受人攻击，其他的惩罚似乎已经不远：神注定要"给这片土地降下深重的灾难，并且很快就会实现"。清教徒们潜心研究的一篇文章上说，"罪恶的时代即将降临"。

对于安妮的父亲，以及所有参加森普林哈姆会议的人来说，显而易见的是，英国已经"对这个国家的居民心生厌烦"。他们一致认为（并不是所有激进者都这样认为），他们已经没有义务效忠于这个国家。一位参加那次会议的德高望重的清教徒说，"自从主耶稣基督时代"，教堂就应该"遍布世界，没有国界的限制"。即使灾难迫近，信神的人也应该安坐不动的说法，是没有道理的。"避开已经预测到的风险"不是"更明智吗"？清教徒们翻开他们经常阅读的《圣经》，找到"箴言"卷，那里有这样一句："通达人见祸藏躲，愚蒙人前往受害。"

不管在哪里，安妮一家都感到与身边的世界格格不入，感觉与身边的人没有共同语言。他们"被鄙视""被指指点点""被整个世界仇恨"，移居海外似乎是唯一正确的出路。不过开始的时候，他们并不知道应该去哪里。参加那次会议的一个人回家后对妻子说："不知道该去哪里度过短暂的余生。"妻子当然在这件事上没有什么发言权，因为她和安妮不一样，她坚持妻子必须服从丈夫这一传统观点。

像罗伯特·库什曼等人那样穿越北海前往荷兰已经不再可行，因为这时的欧洲大陆到处战火肆虐。另一个选择是前往爱尔兰，但如果身在爱尔兰，距离战火纷飞的欧洲相对来说还是很近。17世纪20年代末，安妮一家开始深入考虑乘船向西前往更远的地方，即穿越大西洋，与志同道合的信徒一起前往"荒野地带"的可能性。

在那里，他们就可以彻底远离地狱般的、不信神的欧洲各国政府的干预。对于上帝想"从大灾难中挽救"的很多人来说，那个地方是一个真正的"避难所"。他们希望在那里，上帝会"为我们和其他信徒提供一个遮风避雨的藏身之处"。在那里，上帝"心怀远大计划"。他们预先在剑桥开了一个短会［那座大学城在森普林哈姆以南60英里（约97千米）处］。后来，在森普林哈姆（其中有安妮的父亲列席），人们签订了一个关于在新英格兰建立定居点的正式协议。

我们不知道在安妮家，在决定移居海外这件事上，当时是谁起到了最重要的作用——很可能是安妮的父亲。一般都觉得在那个时代，家里是丈夫或父亲说了算，妻子和女儿只能听从。不过，和现在一样，那时的现实情况——人之常情——并非如此。事实上，像安妮那样身在激进的清教徒圈子里的女性大多接受了良好的教育，这为她们坚持自己的主张提供了条件（当然，不管是男性还是女性，上帝的安排最重要。所以，这完全取决于谁有权威来诠释上帝的意志）。一位在教友中地位很高并且熟悉安妮一家的清教徒写道，一家人决定举家搬迁，安妮的主张起到的作用最大。根据她的性格，我们可以想象，她很可能具备了这种天生的威信。

我们不知道人们在森普林哈姆开会时，安妮以及她的父亲、丈夫、"马萨诸塞公司"（Massachusetts' Company）的其他主管（比如这项事业的另一位牵头人约翰·温思罗普）是否参加了会议，但是她肯定详细地聆听了会议上讨论的那些事。在会议上，人们就在一个贫瘠的土地上建立新的城市、村庄以及文明的必要性展开了激烈的辩论，他们还提到了他们即将面临的危险和物资上的匮乏。不过，当人们问到上帝何曾用相反的方式对待过他的追随者时，没有一个人能回答这个问题。上帝的追随者不是都"遇到过强大而残酷的敌人吗"？

123

另外，那些立场摇摆的人应该知道，生活在英国海边城镇的人同样面临着被外国军队攻击的危险。虽然移居过程缺少舒适的物质条件，有诸多不便，且令人心神不安，不过这不算什么。相反，它会让人们反省先前的不节制。这是信神的人——所有信神的人——都可以承担的东西（他们都知道，也经常读到《圣经》上的先例。因此，有人回忆说，上帝"指引以色列人进入蛮荒之地，让他们忘掉埃及的肉锅"）。接着，他们用平静、虔诚和渴望的口气谈论了让美洲原住民皈依基督教的可能性。上帝肯定希望将正确的新教传播到美洲，而且，这可能是他的方案的一部分。另外，他们还提到"一场大瘟疫"已经"毁掉"很多北美原住民，让那个地区的很多地方杳无人烟，一切都无人打理。这似乎是一个明显的预示，那片土地被上天故意清理出来，让信神的人到那里居住。

欧洲人在弗吉尼亚和其他地方经历的挫折，对于他们来说重要吗？经过深思熟虑之后，这些清教徒认为不重要（他们将所有事情都详细考虑到了）。因为促使先前的那些人移居北美的因素往往是牟取私利的"世俗"原因，他们根本不是上帝的选民，他们是"一大群粗陋、管理不当的人，那片土地上的卑贱之人"，他们建立的政府不忠诚于上帝的教诲（至少约翰·史密斯不大会反对这一点）。还有什么可担心的？这一次，情况和弗吉尼亚不一样，事情肯定会很顺利。

准备离开英国的想法在清教徒中间被谈论了很久，知道的人非常多。1630年夏天，有人在日记中写道，他看到了一本在英国各地流传甚广、旨在招募潜在移居者的《倡导书》（*Books of Encouragement*）。钻研英语版本《圣经》的激进者反复阅读了上帝的信徒离开家乡前往"应许之地"的章节。在那里，他们将远离宗教迫害，可以幸福地生活在自己的信仰中。

"你要离开本地、本族、父家，往我所要指示你的地去。"

于是，1630年初，安妮仅仅十八岁时（虽然她已经结婚），她将几件冬衣，还有她的《圣经》——由清教徒赞助在日内瓦出版的英语版《圣经》——放入马车，和丈夫、父母从林肯郡南部出发，动身前往首都，之后前往南安普敦港。他们获悉，在那里，也就是十年前罗伯特·库什曼和"五月花"号动身的那个陈旧的港口城市，有一大群人，包括成年男女和孩子，足足有好几百人聚集在那里等待他们。

在距离码头不远的一个秘密地方，人们静悄悄地聚集在那里，一个个满怀期待。大人们不许孩子叫嚷，不许大声说话。他们在等待着，竖起耳朵倾听深受他们信赖的牧师约翰·科顿在讲些什么。当时，虽然他们已经下定决心，但是这些清教徒还在焦急地思考、担心，从身边的现实世界中寻觅这真的是上帝安排他们去做的事情的启示。于是，科顿引述大家耳熟能详的《撒母耳记》（*Book of Samuel*）中的一段话作为他主张移居海外的重要理由："我必为我民以色列选定一个地方，栽培他们，使他们住自己的地方，不再迁移。凶恶之子也不像从前扰害他们。"

科顿还引用了《出埃及记》中的一段，这也是大家非常熟悉的一段。此时，人们嘴唇嚅动，默诵科顿之前郑重告诉他们的话语，也就是证明上帝肯定会指引他的选民到安全地带的话语："像雄鹰一样，飞跃海洋与高山，冲破一切阻碍"，直抵科顿后来称之为"小小避难所"的地方。科顿对人们说，上帝要将他们牢牢地栽在那里；上帝选中了他们，因为他们是"高尚的人，被选中的一代人"——"公义树"（这句话肯定引来一阵轻轻的赞叹声）。他再次讲述的这些问题至关重要，因为很少有教友——不管他们多么敬神——像相信和思考这位牧师的这句话一样相信和思考他的每一句话。怎样才能确定他们此行要做的事情符合上帝的心愿？他们怎样知道他们要去的那个地方是上帝给他们安排的地方？上帝不再像古时候那样通过异梦或明确的指示直接与他们交流，因此如何判断上帝的意志取决于如何解读他的神迹。

上帝是否为他们安排了生存空间？肯定是这样的（欧洲人带去的疾病让新英格兰原住民人口锐减，这一事实确实起到了这个作用）。那里是否存在他们在本国想要避开的问题？英国国内随处可见几乎要让人们陷入绝望的，或是让人们背负"债务和穷困"的"严重罪过"。在1630年的英国，答案毫无疑问是肯定的。人口过剩导致的问题本身就是一个理由，离开这个问题重重的国家成为一个无可非议的正确选择。科顿说，大自然给组织有序的蜜蜂群提供了一个类似的启示——蜜蜂群的复杂分工为研究人类的学者提供了经常性的参考对象。科顿说，如果一个蜂房到了过于拥挤的时候，这个蜂群的一部分就会"另寻新的栖身之处"。因此，"英联邦这个'蜂房'已经拥挤不堪，生意人之间已经无法互惠互利，而是不择手段地吃掉对方，在这种情况下，远走海外是一个正确的选择"。

最重要的是，那些有意移居海外的人应该听从他们内心的意愿。"就像月亮将光束投射到海面上，每天可以吸引大海涨潮落潮一样——当时，牛顿还没有提出他的新颖理论，即存在一种被称为'重力'的看不见的力量——上帝也在吸引着我们，他将秘密的意愿投射向我们的内心，成为我们判断整个事业正确与否的测深锤。"人们真实地感受到了这种吸引。在科顿话语的推动下，那些虔诚的信徒登上船只，永远地离开了故国。如果心里还有什么遗憾的话，想到他们即将实现的神圣使命，这些遗憾就弱化了很多。

数年之后，科顿本人才前往美洲。在这几年里，他一直待在英国，结果因为行事冒进，他受到了当局的惩罚，被暂时剥夺了布道的权利。

前一年，也就是1629年，一支由五艘船构成的先行小型船队就已经抵达了新英格兰。推动那次远航的因素是，查理一世愤怒地关闭了国会，逮捕了批评王室政策的议员。王室的意志已经完全明了。在解散国会的同一个月，国王签发了马萨诸塞公司的特许状。解散国会之后的11年是查理一世的"个人统治"时期，英国没有召开过国会会议。另外，极不寻常的是，马萨诸塞公司的特许状，以及公司总部和管理层也被取消了。这是一家总部真正位于美洲的公司。威廉·劳德对人们大批离开英国很不满意，那些有意移居海外的人搞出的动静太大。"我们听到太多传言，"他说，"说是很多人举家迁往新英格兰。"

整个冬天，约翰·温思罗普、安妮的父亲、安妮，以及所有牵头的新教徒积极奔走，联系具有某些实用手艺并渴望移居美洲的新教徒家庭。考虑到当时英国的道德氛围，很多人愿意加入他们。1630年春天，有七艘船驶往美洲，先走了四艘（安妮一家就在这批船上），后来的三艘船在三四个星期后动身。据估计，安妮离开英国的那一年，有将近700名英国人移居美洲。同时，他们还带走了240头母牛和60匹马——和人不一样，在新世界，牛是新鲜的物种。这七艘船被称为"温思罗普的船队"（Winthrop Fleet），因为约翰·温思罗普是这批人中的牵头人。他们离开英国海岸时，一些尺寸小一些的船和他们一起离开了港口，他们的目的地也是美洲，也是新英格兰。

他们动身时——或者上船后——安妮也听了约翰·温思罗普的一番讲道（清教徒酷爱听人讲道）。温思罗普要大家像关心自己一样关心身边的人，看看别人是否缺少急需的东西。那些急需的东西在他们所生活的那个"特殊时期"非常紧缺。温思罗普说，他们在美洲一起实现的成就将备受关注，他们即将建立的那个定居点就像"山巅之城"一样万众瞩目,只有依靠上帝的赐福,他们才能在"这片广阔海洋"那边的"美好的土地"上成就有价值的、持久的东西。

就是这种想法、想象,促使很多人加入其中。一路上,安妮一家相对来说比较顺利——大船在一望无际的海面上颠簸,孩子们用一些简单的游戏来打发无聊的时光。

抵达新英格兰后,他们发现生活很艰苦。他们辛苦地在贫瘠的荒凉之地建立了定居点,疾病和痛苦随处可见,很多人因此丧命。在那里生活了一年之后,安妮的父亲写道,每所房子,每个家庭,至少有一个人死亡,而且往往多于这个数字。

起初,他们一家人落脚在塞勒姆(Salem)。不过,这个地方完全超出他们之前的想象。安妮的父亲写道:"我们发现这个定居点很糟糕,完全超出我们的预料。"不少先于他们前往这里生活的人已经死亡,很多人虽然活着但"病弱不堪"——印第安人的袭击让他们寝食难安,季节的冷热变化比英国更为极端。对于那些在英国时经济条件相对较好的人来说,这里的饮食也很差,他们没有多少可吃的东西。"他们所有的谷物和面包加在一起,"他说,"只能勉强让他们坚持两个星期。"他们需要承受的"第一个冲击"就是空旷而贫瘠的土地。

他提醒尚未踏上美洲土地的人们,不要指望这里有酒馆、肉店、杂货店或药店给你提供"你需要的东西"。房子没有现成的,他们必须自己去建造。很多人在抵达这里的第一年就死了,他写道,原因是"缺少暖和的住处"。起初,安妮和她的家人(她的丈夫和父母)熬过了新英格兰寒冷的冬天。虽然他们挤在一个房间里,连一张桌子也没有,不过还好有一个壁炉。安妮的父亲说,一定要让那些相信自己是上帝选民的人加入这个定居点,但是对于其他人,对于那些普通的英国民众,他的态度很谨慎:"我认为他们不适合这里的生活。"

后来安妮也承认，虽然条件如此艰苦，但对于真正虔诚的信徒来说，艰苦的生活不是一件坏事情。她说，它是"逆境"，不是"羽绒床"，它促使我们思考。她定期复发的病痛——例如她十几岁时染过的天花——提醒着她，让她通过自己的经历深刻地意识到，上天的"矫治"具有多么无法估量的价值。经历过痛苦，才知道快乐的美好。事情都是相对的。"如果不经历寒冬，"她说，"就不会感到春天的宜人。"

安妮和家人不断搬迁，从一个定居点搬到另一个定居点。他们从塞勒姆搬到了查尔斯敦（Charlestown），又搬到波士顿（这座"山巅之城"的名字来自安妮和很多林肯郡人都很熟悉的那个港口），后来搬到当时名为"新城"（New Town），后来改名为"剑桥"（Cambridge）的地方。"剑桥"这个名字，取自很多清教徒（尤其是英国东部的清教徒）所熟悉的那个英国城市。定期复发的疾病让安妮走路一瘸一拐的。因此，这就很好理解了：她幸存下来写作的最早的一首诗（1632年初）是在纽敦（Newtown）完成的，当时她二十岁。那首诗的标题为《作于疾病发作时》。在那首诗里，她担忧的事情也往往是那些清教徒所担忧的：生命的短暂、无法逃脱的死亡——"所有人必须死，我也如此"——以及永久拯救的承诺。她说，生命就像气泡："刚吹起来，就破灭消失了。"

她想怀孕，但并不顺利。这成了她的一件心事。她回忆说，生活中的这一不足让她做了"很多祈祷，（流了很多）眼泪"（不过，后来出生的8个孩子似乎对当初的这些祈求做了过分的回应）。她的父亲和约翰·温思罗普都是新英格兰的重要人物，但两人之间产生了很大分歧。总的来说，在这片新的土地上，她写道，情况和先前不一样。人们的行为方式也和先前不一样——她发现了"新的生活方式"。在反对声中，她的内心"强大"起来。

然而，过了不久，安妮开始坚信，这确实是上帝的安排：从欧洲渡过大西洋来到这里是"神指示的道路"。因此，她"顺从"了。她成了美洲的知名人物。她同意了约翰·温思罗普的母亲的坚定看法，后者认为"这是神指示我们安居的地方"，并且积极传播她（和其他人）所说的"来自新英格兰的好消息"。虽然早期困难重重，然而，这个定居点还是顽强地生存了下来，甚至有所发展。17世纪30年代，越来越多的人离开故国，来到这里。他们携妻带子，甚至带着祖父母和仆人，举家涌向这里，而不再像先前人们移居美洲其他地方时那样，大多是单身前往。在清教徒中，那些只身待在美洲的人面临着道德上的压力：将家人带过来，让他们的迁移超越他们这一代人。在17世纪30年代的十年里，英国的福音派新教徒大量移居美洲——他们去那里不是为了今生的财富，而是为了挽救自己的灵魂。

威廉·劳德在晋升为坎特伯雷大主教之后，立刻巡视了20个教区，强制要求教堂礼拜仪式统一，强烈要求之前不举行烦琐礼拜仪式的教区纠正先前的做法，他要求推行的那些"奇怪的创新"让激进的新教徒非常愤怒和不安。

他和查理一世一样不喜欢国会。在他看来，那是一个非常混乱、很不听话的机构，他觉得那里面有太多"爱拉帮结派的家伙"。他认为，如果要进行宗教改革（他认为宗教改革很有必要），就必须避开国会。在那十年结束后，国会终于可以重新开会时，愤怒的议员（比如那个名如其人的清教徒哈博特尔·格里姆斯顿[1]，他是约翰·温思罗普的朋友

---

[1] 哈博特尔·格里姆斯顿的原文是Harbottle Grimston，"Grimston"中的"Grim"在英文中有"严肃""严厉"的意思，同时"Grimston"与"grindstone"（砂轮，磨石）谐音，容易让人联想到成语"keeping your nose to the grindstone"，意为"专心工作"。——译者注

兼盟友）指责劳德，说他是"我们所有悲惨和不幸的根源"，"让这个国家遭受污染的所有恶臭污秽的渊薮"。在清教徒看来，劳德是"所有罪过的根源"。他们厌恶他，就像他也厌恶他们一样。从17世纪30年代初开始，"人类迁徙史上"史无前例的"独特"的移民潮开始了。这不是巧合。

随着那个定居点的扩大，从新英格兰寄回的信件，以及看到信后内心起伏的亲友们——他们后来也踏上了移居美洲的道路——都纷纷称赞那个定居点的好处。有人在信里说："我从来不知道世界上有这么好的地方，幸好我来了这里。我们劝那些有所怀疑的人来这里看一看，亲自体会一下。"另外，在英国集市上临时搭起的高台上或是在教区的宣讲日，不信任英国国教的清教牧师也倡导人们离开英国，前往一个能够提供丰厚的上天赐福的地方。"英国的鼎盛时期已过，现在邪恶的日子正在降临我们。"他们向频频点头、一脸惊慌的听众大声哀叹："上帝停止传播他的福音——这是一个比喻，将上帝比作市场上的商人——因为没有人愿意买他的东西……"

很多牧师也离开了英国，旨在显著提升大洋对面那些人的受教育水平。一些人，比如约翰·科顿，带去了会众中的一批非常虔诚的信徒。还有一些人前往美洲的最重要的原因是经济上的困境和不确定性，不过他们很愿意用宗教的旗号来掩饰他们物质方面的动机。但无论如何，劳德的改革确实让人产生了一种非常忧虑的感觉，让人们渴望一种"纯净的、未受玷污的宗教"，渴望能够在更清新的空气中信仰自己的宗教。很多清教徒承认，直到听说那些虔诚的教徒大批离开英国，他们才听说了新英格兰。据说，在12年里，大约有4000个家庭去了大西洋对岸。据一位激进的牧师估计，1641年，大约有50 000名英国人居住在美洲，其中大约有40 000人生活在新英格兰。考虑到人口的快速增长和总体向好的健康水平，这些数据并不让人意外。

在17世纪30年代外流人口集中的年份，每年有数千人，而不是数百人移居美洲。他们来自全国各地的乡村，甚至像东盎格利亚这样的内陆地区，来自伦敦的人口比例最高。和弗吉尼亚、纽芬兰等地的情况不一样，新英格兰的一家之长年龄大多比较大，他们更倾向于在当地建立永久的定居点，很少想迅速暴富之后返回英国。另外，孩子和老人的存在也意味着新英格兰定居点人口的年龄范围比其他定居点大很多。同时，英国国教徒——那些继续去教堂学习"先前的天堂之路"的人——哀叹他们"草率而混乱的离开"导致了英国的"混乱无序"，"一代恶毒之徒"几乎"掏空了教会和先前的祖国"。

虽然美洲各殖民地的情况各不相同，但是人们相互扶持。将清教徒载往新英格兰的船只返回英国途中，往往要在纽芬兰岛停靠，将岛上封装好的鱼干装入空的船舱。这些鱼干被运到欧洲南部卖掉后，空的船舱里会装上当地的葡萄酒、食用油和温热带水果。这是宗教和经济贸易可以和谐共存的范例。另外一些船只，将移居者运到西印度群岛或弗吉尼亚之后，装上当地的烟草、食盐，后来还有奴隶，运到有需求的北美殖民地。后来，因为已经有大批人迁往新英格兰，加上1640年英国国会的重新召开——这让清教徒产生了乐观情绪——以及后来的内战危机，这股移民热潮逐渐消退。那年年初获准离开英国的7艘船是这股移民潮的终结。在那些虔诚的清教徒看来，国内局势愈加动荡是一件好事。

这些清教徒希望旧英国的大变革能让他们不必出国就能享受到"有关新世界的期望"。

在安妮看来，英格兰是她的出生地，而美洲是她后来定居的地方，是上帝引导她远涉重洋抵达的地方。相较而言，对于出生在美洲的孩子们来说,英国是一个"陌生的国家",是一个他们从来没有真正见过的遥远的国家。有关英国的故事,他们只是在壁炉边摇曳的火光前听父母说起过。要去英国,中间要穿越广阔的海洋。对她的儿子来说,美洲才是"他出生的地方"。

安妮一家再次搬迁,先是从纽敦搬往一个名叫伊普斯威奇(Ipswich)的定居点,后来又搬到一个名叫安多弗(Andover)的地方。这些英格兰名字都是昔日的英格兰人方便自己记住而起的。多年来,她专心在上帝面前养育自己的八个孩子——她自己这样理解。不过,因为她喜欢深究根源的性格,她想了很多。一些令她感到惊骇的宗教问题经常困扰着她。她说,这种情况有"好几千次"。那些问题对于现代人来说熟悉得很,但在17世纪却是闻所未闻的。

怎样才能确定清教徒的信仰,也就是基督教中的新教是正确的信仰?她从未亲眼见到过任何传说中的神迹奇事。怎样才能像世间万物似乎可以确认上帝的存在那样,让人们确信上帝的存在?她说:"很多次,撒旦就《圣经》的真实性搅扰我,无神论也多次让我困惑上帝是否真的存在。""我经常感到很迷茫,"她在生命即将走到尽头时说,"在我远渡重洋追求宗教理想的过程中,并未体会到那种一直伴随我的喜悦,但我觉得那种喜悦应该是大多数上帝的奴仆都会体会到的。"

假设上帝真的存在,那么他是一个什么样的存在?"我如何确切地知道,"她问,"我崇拜的是三位一体的神,还是我依赖的那位救世主?"在17世纪上半叶的欧洲,爆发了一场有关基督教教义的冲突,各方都说自己的宗教观点是正确的。对于一个信仰新教的英国女性来说,这种思维是非常激进的。然而,她还怀疑,为什么"天主教肯定是错误的"。毕竟,天主教和新教信仰的是"同一个上帝,同一个基督，同一部《圣经》"。然而，在一天结束之际，他们"用一种方式来诠释《圣经》，而我们用另一种方式"（其他矛盾，正如伊丽莎白女王的一句名言所说，都是有关琐碎细节的争论，虽然安妮的认识还没有走到这一步）。虽然安妮一直对罗马教会"谎称的神迹和对圣徒的残酷迫害"以及"没有意义的愚蠢行为"深恶痛绝，但那又怎么样？"一些新的问题又开始困扰我，"她说，"因为这个世界到处是亵渎神明的行为和各种各样的教派。"有时候，她发现自己"理不出个头绪"。

对于安妮来说，诗歌才是她自然地表达心中困惑和最终想法的途径。不过，她知道，按照当时社会的流行观点——非常荒唐，她确实觉得很荒唐——女性就应该相夫教子，不应该把时间花在写诗上。因此，她打算将这些诗的阅读范围局限在一个小圈子里：只给自己、朋友和家人看。然而，一个看过这些诗的朋友将这些诗拿给了英国的出版商，他向那位出版商打包票，说这些诗歌的作者是一位贤淑的女性，并没有因为写诗而影响做家务（她是一个品德高尚、受人尊重的人）。不久，那些诗歌就出了名。

诗集开篇处的推介语说，诗集的作者是一位"生活在外地的本国贤淑女性"，是"第十位缪斯，最近在美洲迅速走红"。直到现在，这些诗歌依然能够打动人心。她初期的作品遣词用语往往拘谨、重复，以效仿当时的主流风格；接下来的作品显得生硬、造作；后来，她越来越能够自信地表达自己纯粹的哲学思考，坦诚地诉说她的情感和痛苦。这些作品——大多数在安多弗完成，当时她已步入晚年——现在读起来仍具有极大的生命力。当然，安妮不仅仅是美洲第一位有诗作在欧洲发表的殖民地诗人，她还是一位真心的女诗人，这让她在那些普遍的有作品发表的作者中显得特立独行。

美洲的一些邻居不相信她会写诗，虽然很多人——当然是很多男人——都写过诗（她的父亲托马斯·达德利去世时，衣兜里就塞有他写的两首颂诗的手稿）。安妮本人意识到了这种看不起女性的思想，她对此不屑一顾。"他们讨厌我，"她在一首诗里说，"个个吹毛求疵，说我的手更应该拿缝衣针。"她感觉到了背后那些嘀嘀咕咕的声音。她知道，那些诽谤针对的是"女性的才华"。她挖苦地说，如果有人看上了她的某一首诗，"他们就会说那是剽窃来的，或者是偶然写出来的"。

不过，当然，她笑到了最后——虽然可能算不上是伟大的诗人，但她确实是一位优秀的诗人，远胜于那些自诩为优秀的诗人。相较于他们，阻碍她写作的因素更少，她的自信心更强。她的作品具有持久的生命力，不仅仅在于它们的内在质量，还在于写作的历史背景。这些作品让读者深入了解了一个17世纪移居美洲的清教徒的令人着迷的真实的思想世界。

17世纪40年代，身在新英格兰的安妮，一直隔着大西洋关注着她出生的那个国家所发生的苦难——先是混乱加剧，后来发展成一场战争。这让她的内心产生了很大的震动。在一首记述1642年那场战争[1]、标题为"旧英格兰与新英格兰之间的对话"的诗歌里，她书写了"令人悲伤的恐慌"和"呻吟的土地上"的"被撕裂的国家"。

她的内心非常矛盾。一方面，她和那些清教徒一样，厌恶（在查理一世和劳德大主教极为拙劣的管理下的）英国前行的方向。这毕竟是最初促使他们一家离开祖国的原因。他们背离了神圣的律法。她哀

---

[1] 1642—1651年，英国爆发了内战，国会派与保王派间发生了一系列武装冲突和政治斗争。结果是，国王查理一世被处死，国会派胜出，克伦威尔建立了英格兰共和国。——编者注

叹说:"上帝的福音被践踏。"他们恢复了一些毫无意义的装饰品:斗篷式罩袍、白色法衣、牧杖等垃圾。她担心,随着天主教污垢的再次渗入,教皇可能有理由希望"这里和罗马没有什么不同"。难怪,牧师在讲道时对已经成为一个"邪恶国度"的那个地方"发出了毁灭的信息"。

清教徒,比如当时和她在一起的清教徒群体,曾经希望那场血腥的冲突给这一切画上句号。现在,她承认,为他们曾经"祈祷了很久的"事情而"哭泣"肯定是虚伪的。不用同情他们,让监狱里塞满人,让泰伯恩(Tyburn)的断头台一直"用到不能用"。经历过痛苦,"经历过黑暗的天主教",太阳才能重新照耀,"如此晴亮的白天将驱散迷雾,让人们目眩……"。她在新英格兰说,战争和接踵而来的混乱结束之后,"快乐和平静的日子"就会来到。

另一方面,她也禁不住因为她的出生地英国经历苦难后"令人难过和担忧的形势"而痛苦不已。她诚挚地热爱着那个国家,发生在那里的动乱、屠杀、破坏、劫掠、被强奸的女性、"被杀死的小伙子们"让她万分揪心。当然,事实上是,否极泰来(这首诗标注的日期是1642年,那部诗集发表于1650年)。虽然完全沉浸在清教徒的思维中,专注于来世而不是现世,但安妮发现自己无法不去细想当下世界里发生的事情,无法不去想她的亲人:丈夫、孩子("一个窝里孵出的8只小鸟")、父母和其他家族亲人。当然,她有时也同情那些值得同情的其他人,比如那些因为内战而失去亲人的人。

她一生中很长的时间都在为儿女和孙辈的去世悲痛不已。她在听命于自己无法理解的上天安排的同时,也控诉对她不公的苦难。一位她宠爱的孙女夭亡时,她写道:"她是一朵正在凋谢的花,今天还在跟前,也许一个钟头后就不在了。"她认为,不经历这样的痛苦,不经历让人无法相信的亲人的夭亡和社会的腐败,人们对宗教的需求就没有了。"对于那些享尽安逸、一生无忧的人,谁会向往天堂?"

若干年后,她在美洲的房子毁于一场大火,虽然她痛心不已,却也难过地接受了房子的损毁,接受了家什、器物以及与之相关的回忆的损毁。"那些美好的东西已成了灰烬,再也看不到了。"安妮痛不欲生:神收回了他的东西,就像他收回了她亲爱的孙女,她再也不能"来看我了"。

她对自己说,这一切,不管是房子还是人,都是转瞬即逝的存在。"这世界已不再让我真正喜爱什么了,"她认为,"我的希望和想要寻找的东西在天堂里。"她当然希望这是真的,也许在某段时间里,她这么认为。不过,她是不是真的一直都这么想,谁都很难说清楚。

第四章 | 国　王

一个高大魁梧的黑头发汉子，驾着从大船上放下来的一艘小船，载着19名乘客——有的身患疾病，身体不适，所有人都腹中饥饿，干渴难忍——穿过终于平静下来的海面，向树木繁茂的岸边划去。

亨利·诺伍德宽大而扁平的脸上留着明显的伤疤，皮肤上的一处处红色伤口与先前由于爆炸留下的皮下黑斑混杂在一起。他划船前行了好几英里——眼前的那片陆地没有看上去那么近——他心想一定要找到淡水。后来他才发现，他们面前的那片陆地是一座岛屿，岛上有经常被大风吹得移动、由流沙和潮汐形成的沙丘和沼泽。这个岛屿形成了北美大陆东部边缘的一个单薄的、类似岬角的屏障。

怒号的暴风雨——"无情的大海"——让他们的大船严重受损。桅杆和船首甲板被风折断后，从船上落下，坠入海中。没有了支撑桅杆和船帆的索具，大船一下子变得无依无靠，被"肆虐的大海"抛来抛去。船舱大量进水，必须不停地用泵往外抽水（诺伍德觉得他因为抽水而为后来划船上岸打下了良好的体力基础）。狂暴的海水夹杂着泡沫，不时地向船员们砸下来，各种声音震耳欲聋。他写道，"熬过了很多痛苦的日夜",船员们因繁重的体力劳动和缺少睡眠"几乎筋疲力尽",乘客们则"魂不附体"。

虽然最猛烈的暴风雨平息了,但船上的粮食极度缺乏,而且原先保存的烹煮饭食的器具也丢失了。他们感觉饥荒的味道"越来越强烈",只有船舱里的老鼠越来越肥硕。有人抓了老鼠卖出了很高的价格——对方买老鼠是为了吃肉。"就这样,我们熬过了很多痛苦的日夜,"他回忆说,"最让我烦躁不安的是干渴,我梦里梦到的都是酒窖,酒从龙头直接流进我的喉咙。""所有的一切,"诺伍德回忆说,"都乱成一团糟",人们把"所有对安全的希望""放到第一位"。

最后,他们终于看到一片树木茂盛的陆地。船上的一伙幸存者划着小船向那个他们认为可能安全的地方靠过去。大船的船长"残忍地"抛弃了他们,将诺伍德和小船上的其他人留在美洲。虽然他们咒骂那位船长,但无论如何,也要感谢"上帝的奇迹般的仁慈"(保王派在这方面的效率一点也不亚于清教徒)——他们简直不敢相信他们仍旧是"原来的他们,安然无恙"。亨利·诺伍德是一个很明智的人。比如,他不相信在船员们中间流传的传言,即大多数海豚能预先知道暴风雨的来临。其实,每当他们说这话时,暴风雨已经来临。

因为很少见到太阳,所以,站在暴风雨中上下颠簸的甲板上,人们几乎无法辨认方向,也根本无法知道自己的位置。不过,诺伍德猜测(后来的事实证明他是对的),他们肯定在切萨皮克湾北部不远。在整个寒冷的冬季,这伙人非常幸运地得到了友好的美洲原住民——基克坦克(Kickotank)的阿尔贡金人(Algonquian)的帮助。当时,他们正面临着"九死一生的形势"。起先,他们以为那些原住民是他们的幻象,靠近之后才发现这些人是真实的。这些原住民划着将树干掏

139

空做成的独木舟,出现在这些英国人面前,并带着他们穿过一个狭窄的水道,将他们从岛上送往大陆。

亨利·诺伍德被众人选为带头人,一方面,很自然地,是因为他的出身,另一方面也因为他处事果断、颇有主见。作为船长,他很享受"饰有闪闪发光的金银珠花边的羽纱外衣"带来的帝王般的神气。他竭力与那些照顾他们的美洲原住民交流——他很擅长这种交际——但往往没有什么效果。那些认识他的人说,一般来说,他"谦恭的举止和言谈方式胜过大多数人"。然而,因为语言不通,仅有谦恭也起不到多大作用。结束了与当地人的一番交流之后,他承认,"我们一点也没听懂对方在说什么"。不过,很明显,他们充满善意,为人敦厚。

艰难的海上行程结束后,生病或者身体虚弱的人都得到了很好的照料。一位女性侥幸活了下来,后来还结婚,"生了孩子"。关于她的其他消息或者她后代的消息,没有人知道,不过英国人就是这样使美洲人丁兴旺起来的,虽然史书上看不到相关记载。至于那些之前抵达美洲的英国人,诺伍德写道,那些"印第安人"的言行"彻底令(这些)基督徒蒙羞",因为那些英国人对因船只遇难而流落到海岸上的遇难者,很少有同样的怜悯之心。

作为众人的领头人,诺伍德后来前去拜访当地一位"贫穷的渔夫"。对方的善良和低物欲让他非常惊讶,他说:"那位印第安人的善良再怎么褒奖也不过分。"整个部落,从首领到普通人,对"饱受饥饿和暴风雨折磨的我们"表现出了极大的"仁爱和慷慨"。他比大多数同伴更有理由相信美洲印第安人是纯洁的、未受污染的、"高贵的"野蛮人。他同意早先抵达那里的欧洲人对他们的评价,说他们道德没有崩坏,"没有任何贪念","无忧无虑",仿佛生活在伊甸园,完全不像那些一心想着"为后代聚敛大量财富的"欧洲人。不过,他知道（他的文字明确体现出了这一点），他们也不是所有人都是这种性情。

诺伍德并不像前几代人那样，把大西洋对面的美洲想象成一个美妙的地方，一个像伊甸园、阿卡狄亚（Arcadia）那样的闲适乡。这时候，与美洲原住民之间的冲突让英国人消除了他们最初单纯、天真的看法。他们发现，事实上，各不相同的政治、地理条件为美洲各地的原住民（和欧洲人一样）赋予了截然不同的文化和传统。不过，相较于饱受折磨、劫掠、弑君冲突的英国，美洲还是有优势的。就像10～20年前出于宗教原因抵达美洲的那些人一样，诺伍德感觉自己离开了一个被上天抛弃的地方。

另外，居住在那片海岸，靠近诺伍德等人上岸的地方的那些美洲原住民，对来自英国的陌生人确实展现出了罕见的热情和体贴。大致说来，居住在"东部海岸"的原住民对待英国人，相较于当年的詹姆斯敦附近的原住民，攻击性很少。前者大多不好战，可能因为地处偏远让他们很难受到外来攻击（事实上，就是这个首领被称为"爱笑王"的部落，当初拒绝了其他原住民部落的请求，没有加入他们在1622年发动的那场血腥攻击，因此也让一些英国人得以幸存）。

最后，"晴好的天气和吃饱的肠胃让我们想离开"，当地原住民帮助诺伍德等人找到了弗吉尼亚定居点。他们这才发现，那个定居点其实距离他们只有50英里（约80千米）。在分别时，诺伍德将他那件羽纱外衣送给了"那位和善的老国王"——对方似乎很希望诺伍德将那件外衣当作友爱的信物送给他。他向诺伍德保证，只要活着，他就一直穿着那件衣服。诺伍德开玩笑说（虽然诺伍德是一名勇敢的战士，但他同时也是一个拥护王室、热情、风趣的人），那位原住民首领是"我能想到的第一个愿意穿我的旧衣服的国王"。就这样，经历了

"暴风雨、疲惫、危险以及大海和陆地给予的其他艰险后，耗时将近四个月"，他们一伙人终于抵达了"英国在美洲的土地"。他写道，应该感谢仁慈的上帝"召唤天使在他的信徒周围搭起帐篷"。

这些英国人登上大陆后，沿着茂密无边的树林中的小路前行，穿过杉树、柏树、松树——在英国人关于弗吉尼亚的早期印象里，那里被描述成森林广袤的田园诗般的地方。不久之后，在一个被美洲原住民称为"阿卡马特"（Achomat，后来这些英国人给它起了一个更亲切的名字"北安普顿"，这个地方位于切萨皮克湾东岸的长条地带）的地方，他们进入了他们所说的"我们国王的领地"（共和制度下的英国不承认那是王室的领地）。据一个鼓动人们移居美洲的人说，那里当时大约生活着1000个英国人。一个美洲原住民向导给诺伍德等人提供了极大的帮助，那位原住民居然利用树木西北侧能晒到太阳的苔藓来辨别方向。诺伍德说，那人是"在森林里赶路的绝佳向导"。后来，他说那位美洲原住民"直到死前，一直给我当仆人"。在郁郁葱葱的森林里，气温很低，但即使他怀念那件已经送人的外衣，也不好意思说出来。

1650年2月中旬，他们抵达了那个英国定居点分散的前哨站后，诺伍德在"那些境外土地上"到处走亲访友。他与威廉·伯克利（William Berkeley）是远亲。伯克利当时仍然是那里的总督，虽然他效忠的那位国王（查理一世）已经被处死。伯克利要求人们热情招待诺伍德，其程度甚至超过了以热情著称的地方接待访客的规格。他后来写道，他获得了"热情的欢迎和款待"，欢迎和款待他的人不仅仅是给他提供住处的人，还有"很多住得不太远的邻居"。人们"欢迎他，抚摸他，就像欢迎一位国内的近亲，而不是一个身处逆境的陌生人"。

一次，他去拜访一位作为英王弗吉尼亚管理委员会（Council in Virginia）成员的船长。在一群志同道合的流亡者中，诺伍德度过了一个愉快的晚上。"那些忠于王室的人把那个定居点当作避难处",他们中的很多人"最近刚从英国来"。之前,船长郑重地说,要在约克河边的家里,把这些拥护王室的流亡者"当作家里的客人"来款待。他们"大快朵颐,开怀畅饮",在烛光里,无数次举杯祝愿他们认为应该是"查理二世"国王的那个人,身体健康,功成名就。

另一个欢迎诺伍德的地方是总督的家,在那里,他待了一段时间。伯克利对诺伍德面授机宜,告诉他怎样在弗吉尼亚谋到一个职位,这样将来在那个定居点就可以有一个稳定的未来。后来,在伯克利的鼓励下,诺伍德再次穿过大西洋,抵达荷兰——有人认为这是一个相对容易的旅程——为的是从查理二世手中获得弗吉尼亚财政主管的职位。查理二世欣然授予了这一职位,并赞扬他是"值得嘉奖的仆人"。没错,他确实是一个忠诚的仆人。

关于诺伍德的早年生活,人们知之不详。他是家里的第二个孩子,也是第二个男孩。他大约出生于1614年。在他还不记事的时候,他的父亲就去世了,他由母亲伊丽莎白拉扯大。他们住在格洛斯特(Gloucester)附近科茨沃尔德山脉(Cotswold Hills)山脚下的一个大庄园里。当时是17世纪30年代后期,他还没有资格继承家产。和父亲年轻时一样,他也前往伦敦从事律师职业。今天我们可以看到他于1637年进入作为伦敦四大律师学院之一的内殿律师学院(Inner Temple)的记录。

从乡村到全英国最大的城市,很多人很自然地经历了巨大的文化冲击。除了伦敦的占地面积和人口之外,他们还要面对连珠炮般袭来的新观点。这在17世纪30年代后期尤其如此,因为当时的伦敦正处于深度分裂状态。虽然经济形势良好,同时没有参加欧洲大陆上的战争也有助于控制政府成本、负债,但仍难掩紧张的气氛。随着政府的政策越来越令人憎恶,越来越两极化,在那十年里,像安妮·布拉德斯特里特一家那样的宗教激进者大批出走,他们感到无法在一个被诅咒的地方继续生活下去。

劳德大主教强制要求教会改革宗教仪式的做法,激起了伦敦很多清教徒的愤怒,他们担心查理一世将英国推向罗马。他不是娶了信仰天主教的妻子了吗?他明显地越来越宠爱的妻子亨利埃塔·玛利亚身边不是公然立着一大群信仰天主教的随从吗?这个国家的天主教徒是不是越来越多,几乎能够公开实践他们的信仰了?同时,王室政府是不是越来越广泛地依赖于专制特权?17世纪20年代后期,在国会给他造成很大麻烦之后,查理一世已经有好几年没有召开国会了。结果,因为得不到及时纠正,很多问题越来越严重。

1637年年中(也就是诺伍德到伦敦从事律师职业的第一年),一个名叫威廉·普林(William Prynne)的观点激进的知名清教徒,被国王命人割掉了耳朵,在脸上打上了烙印,戴着脚枷示众。这不是孤例。国会的缺失、多年的通货膨胀,让王室政府迫切地需要用其他方式来筹集资金。于是,不得人心的"强制性"借款就诞生了。这种借款不是自愿的,并且很有可能有借无还,所以,根本不能说是"借款"。国王还下令恢复了早已成为古董的封建税赋和罚款,用稀奇古怪的方式从臣民身上搜刮钱财。就在同一年晚些时候,一位名叫约翰·汉普登(John Hampden)的议员(当时国会已被关闭)在伦敦接受审判,原因是拒不支付被恢复的古老"船税"。当时,该税的征收范围因从沿海各郡延伸到了内地而引起争议。这件事被视为一个测试性案例,受到了双方广泛而敏锐的关注——法庭里挤满了人。

在诺伍德所在的内殿律师学院,人们很少谈论其他话题。在支持国王的申辩理由方面,诺伍德似乎发现自己属于少数派,虽然是一个很有影响力的少数派。他说:"(国王)是我们中间地位最高的人……他只需下命令即可。"虽然汉普登输了这场官司,但是,在法庭上的微弱劣势、对王室利益群体的明确反对,让民众对针对汉普登的指控的抵制情绪更为强烈。汉普登一夜之间变成了全国知名的英雄。不同于威廉·普林的是,汉普登观点温和,为人诚恳,这让他对当局的坚定反对更具号召力。

也是在1637年初——这不是说这件事立即在伦敦产生了明显的影响——查理一世和劳德强行在苏格兰推行了一个新的英国国教版的《祈祷书》,引发了人们暴乱式的反抗。查理一世和以前一样,从来不会得体地面对反对意见,而是严厉斥责。在他看来,反对意见——针对他的任何反对意见——都无异于造反。虽然他的父亲来自苏格兰,但是,无论是他,还是他的儿子,都没有在苏格兰待很长时间。虽然当时英格兰与苏格兰是共主国家,但仍然是两个独立的国家。苏格兰拒绝了强加给他们的宗教要求后,查理一世决定用武力来强行实现他的意志。就这样,战争爆发了。

为了解决战争引起的非常迫切的资金问题,无奈之下,查理一世只好重新召集国会开会。他原本希望这种危机形势会给他带来大笔资助,然而,因为之前树敌太多,甚至本应是天然支持者的人也成了他的敌人,他发现自己不得不面对的情况是,议员们在提及资金支持之前,发表了长篇大论的请愿和不满。他大发雷霆,三个星期后,愤怒地再次关闭了国会——史称"短期国会"。除了一腔怒火之外,他什么也没有得到。不久,他不得不再次召集国会开会。这时候,一支训练有素、在强大的战斗力方面超过人们预期的苏格兰军队席卷了英格兰北部,占领了作为伦敦煤炭重要供应地的纽卡斯尔(Newcastle)。这一回,在威斯敏斯特召集的国会被称为"长期国会",因为这个国会持续存在了多年，甚至一直到查理一世去世。

国会成员立即投身于一系列令人惊讶的改革行动。他们审判了民众仇恨的国王的宠臣温特沃斯公爵（Duke of Wentworth）。首先控告他职务犯罪，然后剥夺了他的财产和公民权。之所以采取这种措施，是因为这样做涉及的法律举证负担会轻一些（站在断头台前，温特沃斯问了一个很有说服力的问题：民众幸福的开端，能够"用鲜血来写"吗？）。他们将大主教劳德关进了伦敦塔，数年后，他从那里出来，为的是接受审判，之后他也被处死了。被称为"星室法庭"（Star Chamber）的特权法庭，以及高等宗教事务法庭（High Commission）都被废除。国会也捍卫了自己的权力：国王不能再像17世纪30年代那样中止国会，不能进行无国会统治。

在这种大危机的气氛下，像当时生活在伦敦的诺伍德这样的人，越来越不可能专注于专业的法律研究，不管他内心多么想当"学者"。首都陷入了混乱、喧嚣和惊恐，恐慌的浪潮席卷了大街小巷，暴民到处流窜、叫嚷，暴力的示威游行穿过街道，穿过城市，穿过附近的威斯敏斯特，商业店铺纷纷关门落锁。人们忧郁地谈论着即将到来的苏格兰、爱尔兰等其他"天主教国家"的入侵，不过仍然有一小部分人不相信内战会爆发。虔诚的清教徒相信神会用某种方式对英国进行一场审判，其他很多人心头也有一种这样的恐惧和末日即将到来的感觉。但很少有人预料到，在那么短的时间内，战争就爆发了，而且不是与外国侵略者之间的战争，而是他们的内战。诺伍德这样的保王派迅速开始怀念17世纪30年代那段富足、平静的美好生活。

1641年9月与苏格兰讲和之后，迎来了一段非常短暂的和平。一个月后，消息传来，爱尔兰的天主教教徒发生暴动，这给敬畏上帝的新教徒带来了（往往言过其实）严重的后果。一时间，可怕的流言四起，恐惧、不确定性和惊慌到处蔓延。这时候，木刻家和画家针对一些人对恐怖文学的喜好，创作了大量虚构的、让人恐慌的、令人作呕的作品来赚钱。在国会里，反对国王无国会统治的意见也通过正式文件的形式得以落实。这个文件被后世称为《大抗议书》（*Grand Remonstrance*）。第二年年初，查理一世尝试逮捕他认为是首犯的五位国会成员，行动失败后，他就带着家人逃离了首都。不久后，据推测，亨利·诺伍德也走了。不过，一些家在伦敦的保王派人士，包括伦敦的一些富商留了下来。他们用帽子上戴红布条的方式来宣示自己的保王立场。这些人的数量一度非常多，他们甚至赶走了一些企图亵渎伦敦城里的大教堂的清教暴民。

国会通过了《民兵法案》（*Militia Ordinance*），依此法案，国会将动用英国军队镇压爱尔兰叛乱的权力收入囊中，查理一世对此做出了回应。这个混乱、人人自危的国家分裂成两大阵营，恐慌和惊疑的气氛越来越浓。8月，查理一世在诺丁汉城堡（Nottingham Castle）最高的那座塔楼上展开并举起了他的旗帜，旗子上写着"将恺撒的归恺撒"（Give Unto Caesar His Due）。那天晚上，太阳落下之后，狂风呼啸，暴雨倾盆，那面旗子被吹得不见了踪影。

如果是国家之间的战争，民族主义会让交战双方有非常清晰的"敌我"区别，以排除大家不知道该支持哪一方的疑问。但此时，英国的家庭中，家庭成员往往处于两个敌对的阵营：有的是故意为之，为的是不管最后哪个阵营取胜，都有人代表自己；有的则完全是由于不同的个人见解。这种分裂让人感到强烈的、持久的、难以名状的痛苦。

几个月过去了，人们没有看到暴风骤雨般的革命，冲突状态逐渐正常化。人们预期的猛烈而短暂的冲突平缓地持续下来，所有人都希望分裂性的战争早日结束，继续"在家享用他们的布丁"，而不想

"手持滑膛枪和长矛去国外打仗"——人们渴望和平，不在乎"哪一方取胜"。几年后，人们的一句祈祷词说上帝"已经给了我们太多的战争，超过了我们的预期"。立场的两极分化越加严重，很少人能够保持中立。有人抱怨说"人们无法接受中立立场"，"双方都认为，一个人不是反对他们就是支持他们"。

虽然亨利·诺伍德早在17世纪30年代后期就去了伦敦，但是他的家仍在英国西南部。这是他长大的地方，是他幸存下来的家人生活的地方。在这一战乱时期，他又回到了这里。这里和首都不一样，他不再是少数派。他和伯克利是亲戚。伯克利家族是这里的名门望族，拥有伯克利城堡，这个家族在保王派事业中发挥了重要作用。约翰·伯克利是查理一世在西部地区的高级指挥官之一，他的弟弟威廉已经乘船去了海外，并且在1642年成为弗吉尼亚的总督。

查理一世做出了放弃伦敦的重大决定后，英国西北部（国王拥有强大势力）与东南部之间就出现了一条大致的界线。东南部的经济较发达，人口更多，这里控制在国会手里。夺回伦敦无望，查理一世就将牛津作为他的新首都。不过，他仍然寄希望于西北部强大的王室军队荡平东南部，直逼伦敦城下的泰晤士河，切断给伦敦城供应物资和粮食的大动脉，逼迫国会投降。

诺伍德此时成了"骑兵"。作为一个步兵，在作战间隙，他骑着马在查理一世的"牛津大营"里四处走动，打击西部那些支持国会的重要地方。1643年夏天，他参加了保王派军队进攻和占领布里斯托尔的行动。那座城市是英国仅次于伦敦的第二大集合城市[1]（这一城市因为很多人从这里乘船穿越大西洋移居美洲而闻名）。布里斯托尔战

---

[1] 集合城市，由几个小城镇扩展联合而构成大的城市区域。——译者注

役进行得非常激烈。有人回忆说:"勇士们大批倒下,日子一久,就像一个腐臭的羊群。"然而,诺伍德的那队人马顶着敌人的进攻,突破了对方的防线。有人回忆,在与敌人的抵抗部队混战的过程中,亨利·诺伍德上尉被"敌人上尉的火药枪开枪击中脸部,随即他被亨利反杀"。国会军领导人投降。事后看来,保王派在这场战役中取得了重大胜利。

然而,把时间拉长,可以看出,这场战役标志着保王派开始走下坡路。那一年并没有发生真正能够决定整个战争胜负的战役。虽然在布里斯托尔战役中取胜,但保王派也损失惨重。查理一世和他的委员会短期内不敢再次发动大规模进攻。保王派军队中的高级指挥官长期争权夺利,大大削弱了他们的指挥效率。初秋,保王派军队和国会军队在纽波里(Newbury)到处是雨水的一片低洼地作战——那个十年里的天气一直很糟糕——保王派志在必得。诺伍德再次参战。不过,这次战役没有产生什么决定性的结果。虽然保王派军队的骑兵战斗力很强,但重武器奇缺(他们经常如此),不得不早早结束战斗。在战争初期的多次战役中,国王一直占据上风,但就是这种频繁的、没有决定性"结果"的战役导致局势慢慢开始对对手有利。最终,时运没有站在查理一世这边。

重新调整后的国会军队开始占据上风。一方面,他们有强大的苏格兰军队与他们并肩作战,另一方面,他们控制着伦敦和英国经济更发达、人口更多的地区。这些因素结合在一起,为国会军提供了显著的优势。1645年,在距离莱斯特(Leicester)不远的纳斯比(Naseby)村庄附近,双方的一场大规模战役最终决定了这场战争的胜负。清教政府采取的激进行动让诺伍德等保王派难过不已。有人说"原本是天堂"的"英国"成了"我们的巴比伦"。王室军营里,越来越多的士兵开始想逃跑。西部保王派军队里，指挥官之间因为"嫉妒和争吵"而四分五裂，导致付出巨大代价才攻占下来的布里斯托尔（这个地方流行着"可怕的"瘟疫）被白白地放弃了。诺伍德和其他骑兵一起（他们的战马被北方的保王派军队征走了），首先去了威尔士边境，然后去了"忠诚的城市"伍斯特（Worcester）。这个城市始终效忠于查理一世，甚至在1646年春天牛津投降之后也是如此。牛津投降后，查理一世乔装出逃，他匆忙将自己的头发剪掉，遇到有人盘问时，他说自己名叫"哈里"（Harry）。

保王派的事业处处碰壁。最后，1646年7月末的一个清晨，伍斯特保王派的主要人物来到大教堂，在主教的主持下，进行了最后一次英国国教的礼拜仪式。之后不久，主教制度就被废除了——在此后长达14年的时间里，伍斯特大教堂都没有主教布道。这座城市投降了，守城部队出城——诺伍德也在其中——转移到附近的一座山上。

在那里，有人给了他们一份誓词。他们大声朗读这份誓词后，得到了自由。根据这份誓词，他们承诺永远不会武装反对国会。不过，诺伍德并没有遵守这份誓词。接下来，政府给他们提供了有效期为两个月的通行证，允许任何不愿意在英国平静退役的人，持该证件前往"大海对岸"。

诺伍德在接下来两年里的行踪没有直接的记载。不过，他后来出现在荷兰。他通过伯克利一家与查理王子建立的联系（那封任命书就是在合适的时候，从这位未来的查理二世手上获得的）意味着，和当时很多忠诚的保王派人士一样，他可能也随着查理王子一起逃亡了。

这种事情是很有可能发生的。"第一次英国内战"结束后，渴望保王派军队获得巨大胜利的希望成了泡影，绝望的保王派人士的移居海外潮达到了顶峰。数百人拖家带口，携带着"妻儿、女仆、随行牧师、秘书"离开了英国。有人留了下来,想等着看看谈判结果如何,结果等来的是更大的失望。国王军队的失利和查理一世被处决,促使更多的人离开。在不同的保密程度下,他们从英格兰和威尔士沿岸的港口城镇和村庄上船,离开了英国。

早在1645年春天,未来的查理二世这位到5月才满十五岁的年轻王子,就被父亲指派为西部保王军队的名义总司令,目的是"让他通过历练脱去稚气"。这位年轻人个头很高,两条腿又细又长,长得很帅气。他的脸"很招人喜欢",不过后来出现了双下巴,人也变得很严厉。他喜欢社交,出手阔绰,但是他没有他父亲的宗教信仰——事实上,他什么像样的信仰也没有。然而,他和斯图亚特家族的其他人同样拥有着共同的观点——君权神授。当时英国的保王事业遭受重大挫折,但他身边的一些乐观的支持者说,在西部"可以干出一番成就来"。然而,王子收到的一封密信说,真实的情况是,敌人的力量非常强大,保王派军队四分五裂,如果打仗的话,不会有好结果。那个夏天,保王派军队在纳斯比惨败的消息最早是从附近叛军喧闹的庆祝声中得知的。之后,查理一世就采纳了人们提出的建议,让儿子离开英国,以保证他的安全。

随着形势的恶化,查理一世变得无比焦虑。不但布里斯托尔重新落入国会军的手中,其他西部大小城市也相继失陷。查理一世写道,西部保王派控制区逐渐落入国会手中时,将儿子送出英国,送到"法国、荷兰或其他国家",成为一件"绝对必要"的事情。随着国会军的步步紧逼,查理王子节节败退。虽然查理王子不愿意走,但是他的父亲态度坚决。"如果我没有误判当前西部的形势,"他在圣诞节时给儿子写信说,"你就一个钟头也不能耽误。""你去大海对面,"他坚持说,"对我来说绝对必要。"

在那个寒冷的冬天,当诺伍德在伍斯特秘密安顿下来时,查理王子带着部队前往博德明(Bodmin)。这座城市位于荒野的边缘,在康沃尔中部地势较高的地方。那里条件非常艰苦,地上"终年积雪覆盖,道路光滑,天气奇寒"。要给前往丹麦(国王指明的目的地)这样一趟很远的航行准备充足的物资,是一件非常困难的事情。保王派担心遇到反对意见,这种反对可能来自他们内部,也可能来自整个国家,因为人们很可能反对查理王子和他那位信仰天主教的母亲待在法国。有人觉得,"他落入叛军之手也比去法国好"。然而,随着军事上的一再失利,出现了王室事业马上就要终结、国会要派兵抓住查理王子的谣言,年轻的查理王子不得不继续转移。国会军在后面紧紧追赶,"早已预料到的危急时刻"就在"眼前"。

3月初,查理王子别无选择,只好上船。锡利群岛(Isles of Scilly,康沃尔郡)似乎是个毫无争议的目的地。如果有必要,将来从那里可以继续前往其他地方。然而,在那个岛链最大的岛屿圣玛利亚岛(St Mary's)上,物资奇缺,无法给这样一个人数众多、一直过着优渥生活的群体提供合适的住处。他们不愿意睡在晾着鱼或经常有海水涌进来的屋子里,虽然面前的形势极其恶劣。在险些被国会军的船队抓住后,查理王子下决心转移到一个"更为安全的地方"。4月中旬,他们抵达靠近法国的泽西岛(Jersey),该岛屿被称为"忠诚的小岛"——忠诚,指的是对英王的忠诚。当时没有任何欢迎仪式,大家心知肚明,保王事业进展得非常不顺利。

查理王子一行终于找到了舒适的房子,那处房子靠近法国。在这里,查理王子兴致勃勃地扮演着王室居民,他参加舞会,学习驾驶帆船。他们在当地的欠账大增,并最终没能偿清欠款,因为他们一行仍然是一群邋遢的"孤独而凄惨的人"。有人劝说他再次动身,去与他的母亲会合，住到巴黎城里或附近，住到卢浮宫或者圣日耳曼-恩-拉耶（St Germain-en-Laye）的宫殿里。在接下来的两年里，巴黎成为英国王室逃亡者最重要的碰头处。

查理王子一行受到了法国政府的隆重款待。对于王室来说，这才是真正的生活。他们宴饮、围猎，高调地看戏。然而，他的欠款不断增加。他的母亲很生气，患上了牙疼。母子之间的争执让形势更加不确定。在英国民众看来，偷偷地与一个信仰天主教的敌人——即使是他的母亲——密切来往，也不是一件光彩的事情，不过他在国内民众中依旧很受欢迎，除了一些极端的清教徒。1648年秋天，仅两年后，查理王子一行又启程前往荷兰。诺伍德之前没有跟随王子，而在这里，他加入了王子一行。

1648年秋天，在鹿特丹的一个酒馆里，诺伍德与两个志同道合的朋友见了面。他们谈论了眼前的悲观形势，以及可行的办法。军事失败，国王蒙羞，已经不可避免。诺伍德憎恶国会政权，无法面对英国社会的现状，继续逃亡似乎是唯一的出路。"我们见面，"另一个保王派人士（多年后，王室复辟，他成为坎特伯雷大主教）说，"只是为了商量应该投奔哪个国外种植园。"他说，直到后来，他们可以蛮有把握地向那位英国合法的斯图亚特继承者起誓："地下有洞穴，地上有房子和密室，可以为受迫害的教会人士提供藏身之处。"

诺伍德和其他两个保王派人士，表达了对保王事业和国王被囚禁的沮丧。"我们的情绪已经很消沉了"，他后来写道，原因是"保王主义"（Royalism）命途多舛，以及他所说的国王在怀特岛遭遇的"野蛮限制"——查理一世想要逃离英国，结果错误地以为自己能从怀特岛上的那个国会负责人那里获得他所需要的倾力支持。保王派寄予厚望的苏格兰军队，在普雷斯顿（Preston）战役中落败，后来逃难者如

153

潮水般涌入尼德兰，这些对保王派来说又是一个重大打击。诺伍德建议走得更远一些。他说，他和伯克利有亲戚关系，可以让他进入弗吉尼亚（除了这层关系，他的爷爷还曾经是弗吉尼亚公司的创立者之一，因此他从小到大非常熟悉那个定居点）。三个人决定来年春天在伦敦碰头，商量穿越大西洋的事情。后来，诺伍德写道，既然英国的王室事业看上去——至少在近期——没有希望，那么他们决定"去弗吉尼亚闯荡"。

"没错，"另一个与诺伍德达成一致的保王派人士说，"万能的上帝对英国很不满意。"否则，怎样才能解释这些战争和痛苦？他们三个人是众多决定"在那个不幸的时代离开英国"的人中的一部分。那些离开英国的人，有的是短期离开，有的离开很多年，有的则离开后就再也没有回去。在他们看来，继续生活在这个他们出生的国家"还不如被流放"。也许，有的人是害怕（实际上已经不存在这种可能性）恐怖统治，怕"对王室进行大屠杀"。至于其他人，原因很简单，就是"不愿意呼吸故国的空气，怕脏了我的肺"。

从1648年2月开始的"第二次英国内战"（持续了不到一年），以保王派迅速的、决定性的失败告终。保王派的失败加速了海外逃亡潮。国会军认为国王可能会低头谈判的乐观想法逐渐消散。于是，他们决心要惩罚这个"残忍成性的人"，让查理一世为他造成的所有死亡和痛苦负责。那个冬天，国会军清洗了国会，将那些接受国王被关押在怀特岛时做出让步的议员清理出国会。人们还建立了一个特别法庭来审理和处死查理一世国王。

查理王子疯狂的外交活动没能挽回局势。2月初，诺伍德和他的朋友们听说（查理王子也听说了），国王已经被处死。那一年，查理王子十八岁。此时，在很多人（包括他自己）看来，他是英国的合法国王。

为什么选择去弗吉尼亚？当然是因为那里到处都是逃亡过去的保王派人士。不过，也是因为在那里担任总督的威廉·伯克利仍然坚定地一再公开表示忠诚于斯图亚特王朝，虽然他也曾怀疑查理一世，认为他孱弱、不可靠。不过，查理一世的其他死硬支持者也持这种看法；不论是伯克利，还是国王的其他支持者，都不怀疑王权在整个社会中的核心作用，不怀疑上天授予斯图亚特王朝统治英国的权力。在他们看来，克伦威尔——那个用血腥手段推翻王位的独裁者（现在是杀害国王的凶手）——无疑是"最坏的人"。

后来，伯克利指出，克伦威尔的"暴政"如何迫使"值得尊敬的家庭"远走他乡，来到美洲的定居点。他有意识地利用了这一机会，早在战争爆发之前的1642年初，他就担任了这个定居点的总督。后来，国会剥夺了他的商品专卖权和其他特权。对于看重经济利益的他来说，应该对谁效忠是一件显而易见的事情。和他哥哥一样，他说国会的动机"非常恶毒"——是"品质并非最佳"的个别人的阴谋，意在攻击"这个国家这么多年来已经适应了君主政府的所有优秀人物"。

一个很有声望的保王派人物注意到，英国的动荡局势一结束，伯克利就"邀请很多绅士和其他人前往他那里，他说那是个安全的地方，他可以挫败任何不良企图，他们可以在那里过上富足的生活"（事实证明，这是一个他无法兑现的诺言）。有人接受了他的邀请。"很多条件不错的人、战争中的优秀军官，已经去了他那里，"他说，"带着所有他们能够留下来的家产。"在查理二世看来，弗吉尼亚成了他的"旧领地"，是一个"保王派的国家"。

这一事实更加影响了诺伍德：在查理二世加冕之前很久，诺伍德就在心里拥戴他为国王，查理王子亲自给伯克利总督写了一封热情洋溢、语气坚定的推荐信，要求总督对他"格外关照"。这意味着他

155

肯定能在弗吉尼亚获得一个职位，同样确定的是，他可以在某种程度上不必为贫困担忧。在这里，在美洲，这位精明、古怪、喜欢不断尝试的人——超然于英国的争执和血腥战争（也许他的性格就是如此）——将弗吉尼亚描述为一个"了不起的繁荣的地方"。

现在，这个定居点早期遇到的那些困难已经成了过去。伯克利说，自从大约1630年以来，弗吉尼亚已经成为经济繁荣、物产丰富的地方——虽然他和詹姆士一世一样，不喜欢"邪恶的、破坏性的烟草"。他不断尝试能够带来经济价值的替代物，如稻米、蚕丝、蔗糖。然而，这些东西都无法匹敌这个定居点为当时已经蔓延"到世界大多数地区"的"人类恶习"（抽烟）提供产品的热情。

在美洲，像诺伍德这样的青年人——考虑到英国社会是一个很有秩序的社会，他们属于"出手阔绰，待人豪爽"、很大程度上适合在军队里发展的人——发现他们可以通过节俭和勤劳给自己打造一份恒久的产业。他们可以在海外打造一个光明的未来，而不是像伯克利毫不客气地指出的那样，在英国的那场"被人遗忘的、没有回报的非正义战争中"死亡。他说，"数十万英国同胞举家搬迁到西半球"，弗吉尼亚等地的种植园的数量每二十年翻一番，这些人赚取了"我们的父辈无法想象的财富"。

"再有一代人的时间，"伯克利在17世纪60年代（当时的弗吉尼亚大约有20万英国人）写道，"我们在这一西方世界的力量、能力和声誉该有多么强大？"

当诺伍德听到后来他称之为"发生在白厅的那场血腥而残酷的弑君（查理一世）事件"时，他还在欧洲的尼德兰。弑君是犯罪，是不可饶恕的重罪，对于狂热的保王派来说，尤其如此。他憎恶英国人对待国王的方式，仇视后来所谓的"共和国"。对他这样的律师来说，

"处死"听上去好像合法了很多。

很多保王派人士自认失败，回祖国后深居简出。"现在，国王在英国的同盟几乎被摧毁，"有人这样写道，"我不知道自己对国王陛下还有什么价值或能为他做些什么，因此我能采取的最好的办法是让自己和家人不要挨饿。"然而，其他人却不愿善罢甘休。保王派写手迅速印刷了一些文字，谴责"血腥的法庭上"那些"毒蛇、弑君的蛇怪、哭泣的伪君子、害人的毛毛虫"，说他们应该为"所有悲剧中的悲剧"负责。

同时，王室的逃亡者散布在欧洲各地以及欧洲之外，众多痛苦、失意、躲躲藏藏的逃亡者也远走他乡，散居于各处。逃亡群体本来在17世纪40年代相当长一段时间里有所减少——很多移居海外的人回到英国，他们感到有义务参加那场可能会决定英国未来的战争——后来随着保王派在第一次内战中气数已尽，移居海外的人数又有所增加，国王被处死后，移居人数再次猛增。在17世纪50年代的十年里，移居海外的人数仍然有很多。很多保王派人士很绝望，认为形势不会在短期内逆转。在1649年1月寒冷的天气里，查理一世被处死，在这一"空前的屠杀事件"（引自诺伍德的文字）发生之后，诺伍德写道："相当数量的贵族、牧师、绅士……逃离祖国，就像逃离瘟疫暴发的地方一样。"形势在短时间内不会逆转，一些激进的保王派逃亡者不愿意低头——如果回去的话，就要承认他们先前做了错事，"加剧"之前犯过的错误——认为自己不如长期待在海外。

对于具有独立经济能力的保王派人士，生活要容易得多。由于这一原因，正如一位女性所说，在查理一世被处死后不久，"很多上层人士"在1649年秋天搭船离开英国，前往欧洲大陆或大西洋西部的英国定居点。据她所说，当时有四艘船准备出发。她遇到的人，几乎都知道有谁打算移居海外。在诺伍德等人看来，对呼吸到（相较于英国）臭味更少、污染更轻的空气的渴望，让他们的移居念头更加坚定。他写道，国王被处死让他们感到"恐怖和绝望"。一个保王派人士在写给父亲的信中说："不义的事情已经做了，全世界都会感到惊愕，一代人的时间也无法赎清此罪。"

移居过程的秘密程度不同，有的人大张旗鼓，有的人乔装出行。保王派人士从英格兰和威尔士沿岸的港口上船，踏上了移居海外的道路。据记载，"很多人在这之前已经走了，每天都有人抵达法国、佛兰德斯和荷兰"。很少有人走得更远，因为大多数人估计——他们肯定希望——用不了多久就可以回去。在欧洲大陆沿岸，人们可以"省钱"，和朋友们联系也方便。早在1648年晚春时节，约翰·伯克利（即威廉的哥哥）就被任命为查理王子的弟弟詹姆士王子的主管。他周围形成的小圈子，将他们的大本营定在了港口城市鹿特丹——这里成了英国流亡者的中心，就像几十年前它是英国流亡清教徒聚集的中心一样。据说，第二年，这里就聚起了"很多受了迫害的保王派人士"。

总的来说，流亡生活条件艰苦，经常出现争论，且成本很高。这些英国流亡者生活在保王派人士组成的社区里，社区分布在斯图亚特家族成员住处的周围。一位历史学家这样描述他们的生活："持续多年的让人难以忍受的贫困、虚幻的计划、令人沮丧的失败、宫廷阴谋的乏味细节、空洞的希望给人们带来的是一再的失望。"另一位历史学家对这种生活的描述是"痛苦、物质和精神上的贫困、沮丧，以及令人麻痹的郁闷"。

保王事业越来越缺少单一的焦点，成了由多个碎片松散地连接在一起的东西。一首挽歌说，国王的朋友们"分散在各个方向"。在巴黎，在查理一世的王后亨利埃塔·玛利亚周围，聚集着一些保王派人士；在查理一世的长子查理王子那里，也聚集了一些；还有一些聚集在查理一世的次子詹姆士身边——詹姆士居然大胆地从英国国会手中逃了出来。很多人去了爱尔兰，希望可以在那里重整旗鼓，然后以爱尔兰为跳板重新征服英格兰。还有一些保王派人士怀揣着同样的想法去了苏格兰。保王派人士参加的军队各有各的想法，有时候会被共同的敌人国会军击溃。如果他们的敌人吃了败仗，他们就会再次集结在一起。

在上述保王派群体之间传递信息的保王派人士，不得不适应这一形势。他们不能再公开行事，无法得到作为外交官的认可和保护。虽然外国政权私下里同情保王派，不相信加冕登位的一国之君会被废黜甚至杀头，但它们也不愿意因为给英联邦政府的对手提供支持而冒犯一个政府实权。换句话说，保王派的代理人很可能被逮捕和拘禁，不得不秘密行事。

查理一世被处死一事，引起了各方面的震惊和沉默。很少有人相信这件事，即使那些同情国会事业的人也很难相信这件事。他们认为，国会可以强迫国王接受一个方案，强迫他接受对王权的限制，但怎么把国王给处死了？简直无法想象。他不是由上帝直接指定的吗？很多人，不管他们在内战中支持哪一边，都认为诺伍德说得对，这是"空前的屠杀事件"。这一事件给人们带来了莫名的恐惧和愤怒，在之后的好几个月里，这成为英联邦社会各界的重要特点。大多数人极为惊恐，急忙撇清事件和自己的关系，因为诺伍德等狂热的保王派人士要进行疯狂的报复——决心犹如"刀剑出鞘"，要对"这一滔天恶行进行最严厉的报复"，"给我们注入新的诚实的怒火"（引自另一位保王派人士的言论）。

于是，一些仍然毫不动摇地坚持王室事业的人，没有考虑加入希

159

望将查理一世的儿子推上王位的军队,而是设法用另一种方式(有时候是暴力方式)来推进王室事业。他们决心如查理二世所说,"严厉地为亲爱的父亲所流的无辜的血复仇",他们将"追踪、抓捕、杀掉和摧毁所有(参与杀害查理一世的)变节者和造反者",他们就像是蒙特罗斯侯爵(Marquis of Montrose),决心为死去的国王复仇——"用血和伤来书写墓志铭"。

推动亨利·诺伍德积极行动的就是这种激情。没错,他已决心前往美洲开启他的长期流亡生活。不过,这并不是说,在这之前,他不会采取果断行动。在尼德兰流亡期间,他结识了一批志同道合之士。他们听说一位曾经直接参与发生在白厅的那场罪恶的"处决行为"或"谋杀行为"的人即将抵达尼德兰。

博学的理论家艾萨克·多里思劳斯(Isaac Dorislaus)是和威廉·劳德一样思想极端、不受人喜欢的人,但他的观点和劳德的观点截然相反——虽然他的络腮胡子和长头发与清教徒典型的"布丁碗"发型不符。

多里思劳斯是荷兰人,这也是选择他执行当前这一使命的原因。他在英国生活了很多年,一直狂热支持英国共和制。在英国内战期间,他还用自己的法律专长支持国会事业。他从小生活在经常阅读《圣经》的清教徒家庭中,从他们兄弟三个的名字——亚伯拉罕(Abraham)、艾萨克、雅各布(Jacob)就可以透露出这一点。在内战之前的那个"邪恶时期",他在剑桥大学代课,他的课堂里充斥着"危险的言论"(引自他的一个反对者)。后来因为反对君主制,他被剑桥终止代课。

在审判查理一世时,多里思劳斯扮演了公诉律师的角色。1649年春天,共和政府派他与联省共和国进行和平谈判,后者有意允许两国之间进行商业往来。他抵达海牙后,立即受到了英国公使的召见,后者严肃地给他提供了一个信息:这个城市里潜伏着很多保王派分子,对于他这样的人很不安全。在海牙的其他支持他的人,也督促倔强的多里思劳斯至少待在秘密的住处,不要去客栈。然而,他根本不听人们这些好意的劝告。

5月1日,有人刺杀他,但没有成功;即使这样,他也没有改变计划。第二天晚上10点钟,当他在维特兹旺客栈(Witte Zwaan Inn)的单人房间里和朋友们一起吃东西、说话时,12个带着武器的汉子突然造访,其中六个人把住门,另外六个人喊叫着冲入房间,他们对屋里的人发出的惊叫声无动于衷。冲进房间后,他们旋即对目标下了手。

他们用手枪指着其他人,不让他们出声。多里思劳斯立刻试图寻找客栈老板事先告诉过他的逃生通道,但因为他的自以为是,他当时并不知道那个通道到底在哪里。他们用刀把多里思劳斯捅死了。凶手们离开时,发出了胜利的欢呼。"死了,"他们用英语大声说,"审判国王的法官。"后来,多里思劳斯的尸体被运回伦敦。在伦敦威斯敏斯特大教堂里,人们为他举行了隆重的国葬。公众看不出来有悲伤的情绪,因为他们经历了太多的痛苦。

那年夏天,肯特郡的一个保王派人士从荷兰返回英国后被捕,他被关在了伦敦塔里;郡司法长官命令另一个保王派人士为之支付500英镑,作为他参与刺杀事件的罚款,法庭记录了他的名字:"诺伍德上尉"。至此,我们完全清楚他是谁了。他与这些奇特的苏格兰歹徒、曾经和他一起效力于查理一世牛津守城部队的一些退役士兵,共同策划和实施了刺杀多里思劳斯这件事。

英国国会的起诉状谴责了杀害多里思劳斯的凶手,说他们是"造成这个国家之前所有问题的乱党"。类似的攻击和刺杀活动还在持续。国会的公使说他们担心出国期间会遇到同样的事情。有人害怕地说，这种抓捕和杀人的做法在境外越来越普遍，担心这种事情也落在自己头上。

毫无疑问，这些事件更加坚定了诺伍德和那些过去和他在一起的保王派士兵的信念，坚定了他们渡过大西洋移居弗吉尼亚的决心。1649年秋末，他按照事先的约定，来到伦敦泰晤士河边与大家会合。

诺伍德脸上的伤疤可能有些特别，不过在那个时候，这些伤疤不会让他引起别人的注意，因为经过多年残酷的内战，这个城市里的很多人身上都有裸露的伤口或残缺的肢体。一些退役老兵挂着拐杖用一条腿走路，街道上经常可以听到拐杖敲击地面的"嗒、嗒、嗒"的声音。人们认为，如果有人冤死于暴力且想要复仇的话，他们的鬼魂就会前往暗处潜伏，为害人间。

现在，他们三个人行动都很谨慎、小心，不过不是害怕什么超自然的东西，而是担心当局的追捕。他们经常回头看看身后是不是有人跟踪。诺伍德因参与谋杀多里思劳斯并受了惩罚之后，行动尤其小心。他感到自己就像是另一个保王派人士用以自嘲时说的，"自己国家的陌生人"。不过，他们没有发现异常情况。虽然他们行动很小心，但在守时方面，他们表现出了自己的军人特色。诺伍德后来写道："所有人准时到达约定的地点。"

不远处的码头上，大船在海水中轻轻地摇晃，他们在宏伟但残破的王室交易所（Royal Exchange）附近见面后，去见了约翰·洛克（John Locker）船长。之前，他们在附近柱子上贴着的很显眼的广告上，看到了这位船长的名字和详细资料。洛克是大船"弗吉尼亚商人"号的船长。他向每人收取六英镑，答应将他们和他们的仆人送到弗吉尼亚（如同那艘船的名字所示）。当他们经过王室交易所旁边的一块"伤疤"(先前的查理一世的雕像被清除后,在地面上留下的痕迹)时,脸上不禁露出痛苦的神情。前几年,那座雕像被拽倒,摔得粉碎,原来的位置上竖起了一块石板,上面刻着一句拉丁文,意思是"最后一位暴君的退出处"。

当然,洛克船长心里很清楚,最近,逃离英国是一件需求很大的事情。看到诺伍德和他的朋友们那么急于答应他的条件,洛克说,与其在众目睽睽下从伦敦上船,不如前往东面,去距离泰晤士河不远处的那片开阔的丘陵地(指的不是英国南部的那片丘陵地,而是距离肯特郡海岸不远处的一个地方)。他说,等船到了那里,他会给他们发登船的信号。于是,他们顺着海岸去了迪尔(Deal)——此前不久,保王派部队曾经试图夺取迪尔的城堡,但没有成功。在那里,距离海岸不远的海里有一个沙洲,它经常在风力的作用下移动,对过往船只来说是一个危险的东西,但是它也可以给港口提供遮挡作用。他们到了那里,等待着。各种各样的船只停留在那里,等待风向的变化。最后,他们看到了洛克的那艘船,以及和那艘船一起出海的其他船只,沿着泰晤士河慢慢驶来。即使在那个季节,不利的大风也将下了锚的船吹得紧贴在肯特沿岸那片有沙洲遮挡的地方。诺伍德等人在陆地上花光了身上所有的钱。直到9月下旬,风向开始转为西风,船上鸣响了大炮,声音回荡在水面上,招呼着乘客们上船,几只小船迅速将海岸上的乘客送到大船上。一共有330人登上了"弗吉尼亚商人"号。最后,他们升起船帆,从英吉利海峡进入大西洋。天气转暖的时候,他们停靠在加那利群岛,补充给养。

作为上等社会的成员,诺伍德等人喜欢待在船舱里。他们与船长一起吃饭,中途遇到的一艘葡萄牙船上的重要乘客也加入了他们。两艘船上的船长和他们的重要顾客举杯祝福"两位国王的健康","隆隆的炮声"为他们的祝酒助兴。对于英国人来说,祝酒时所说的国王不是查理一世(这时候他已经被处死,"健康状态"肯定不好),而是还没有加冕的继承人查理二世。这些英国人觉得在场的一位女士的儿子长得很像流亡中的国王,也是深色皮肤、粗眉大眼。诺伍德自己则利用热带气候提供的条件大吃桃子:"为了满足贪婪的胃口,大自然赐予了我太多关于那个物种的东西。"

然而,糟糕的天气,以及这些天气对船只造成的破坏,让相当一部分航程成为一种折磨。船上的人们熬过了"很多痛苦的日夜",诺伍德写道,最后船只搁浅,他和其他幸存者只能下船。不过,那里距离他们在美洲海岸上的目的地已经不远。

对于诺伍德来说,前往弗吉尼亚是一个权宜之计,和他在一起的很多人也是这种感觉。他们是由于内战形势被迫迁移的。合法的斯图亚特国王统治下的英国,才是他愿意待的地方。然而,在查理一世被处死后的11年里,那样的地方并不存在。[1]

17世纪30年代后期,随着国内的矛盾与冲突日益升级,弗吉尼亚总督威廉·伯克利谈到了他所说的"英国的残酷变化"。不过,在内战期间,弗吉尼亚的注意力被另一件事转移了——1644年,波瓦坦的那个美洲原住民部落发动了又一场大规模攻击。发动那场攻击的部分原因是,他们认为(他们的这一猜测很准确),英国定居者因为挂念故国的形势而无心防备。不过这一次,虽然那些原住民志在必得,但是和1622年时的情况不一样,那个定居点没有生存之忧,因为英国人的实力已经今非昔比。虽然如此,仍有很多人(大约是定居点人口的十分之一)在第一轮进攻中被杀死。这场攻击引发的战争持续了多

---

[1] 查理一世于1649年被处死,查理二世于1660年回到伦敦,次年正式加冕为国王。——编者注

年，一直到1646年。他们意味深长地将建设在最前沿的三座堡垒命名为查理堡垒、詹姆斯堡垒、王室堡垒——这显示了该定居点最高领导人的倾向。

但总的来说，让英国人发生分裂的那些宗教问题，在弗吉尼亚并没有产生多么严重的影响。与英国之间的距离，以及各宗教机构薄弱的力量，导致宗教崇拜多样化，人们对不同的宗教崇拜更加宽容。不管怎样，最重要的（如果不是全部的）忠诚是对王室的忠诚。虽然如此，可能无法避免的是，英国人之间的内战确实让他们发现了让自己"站队"的办法。在很多人看来，"国会"是妖魔鬼怪——代表了所有无形的邪恶力量。在弗吉尼亚，有人谴责国会的代理人，说他们煽动了定居者与波瓦坦的原住民部落之间的冲突。总督伯克利要求人们宣誓效忠查理一世，同时通过驱逐清教徒来强化自己（和整个定居点）的保王声誉。

在那个十年结束之际，查理一世被处死。在弗吉尼亚，流亡的保王派人士，如诺伍德，立即将查理一世的儿子视为合法的国王。其他支持保王事业的英国殖民地也这样做了。支持保王事业的英国定居点一共有四个，但其中只有一个（即弗吉尼亚定居点）位于北美。在这里，虽然威廉·伯克利爵士不喜欢查理一世，但是他喜欢君主制度，喜欢斯图亚特家族统治下的英国。他一点也不看好那个喜欢杀人的清教政权。他还与流亡国外的查理二世一行取得了联系。他鼓励亨利·诺伍德前往弗吉尼亚，将弗吉尼亚当作反对清教政权的大本营。

后来，只有弗吉尼亚，以及加勒比海地区最大的英国定居点巴巴多斯，愿意在反对英国共和政权方面提供巨大的、长期的支持。在弗吉尼亚，伯克利以及他治理的定居点，对国王的忠诚是明确的。在遵守宗教政策方面，伯克利奉行的是国王的政策，而不是国会的政策。

即使查理一世已经在英国的战争中失败（当时还没有被处死），即使他们采取的宗教政策明显有悖于国会的政策，也是如此。另外，在弗吉尼亚公民大会（Virginian Assembly）上，他们颁布了惩罚弑君者、拒绝宣布已死国王的儿子为合法国王者的法律。

对于大量的弗吉尼亚民众来说，这一方面是原则问题，另一方面也和他们的个人利益有关。他们与荷兰人做生意，通过向荷兰人出售烟草等物品赚得盆满钵满。内战期间，英国商船锐减之后，这些生意红火了起来。荷兰人可以"自由自在"地"和他们那个定居点做生意"，这让弗吉尼亚民众非常开心。难怪有很多人害怕那个共和政权提出的主张：不允许他们与荷兰人继续进行自由贸易。

弗吉尼亚那些有影响力的人，也很看重英王统治时期授予他们的土地，不希望看到这些土地的所有权受到威胁。最近几年，弗吉尼亚的经济增长很快，已经发展成为一个很繁荣的地方。弗吉尼亚效忠查理二世的宣言，是保持该定居点最近（很大程度上至少是当时）在他父亲统治下（疏于管理下）的繁荣和安全的所有措施中的一部分。弗吉尼亚的精英人物——大多数人缺乏一些地区（如新英格兰）的人们所共有的新教信仰——倾向于保持现状，害怕任何剧烈变革。

曾经有一段时间，英国的国会军也因为忙于应付眼前的事情，而无力解决来自大西洋对岸的挑战。在他们看来，真正紧急的事情是镇压苏格兰、爱尔兰境内，以及锡利群岛、海峡群岛（Channel Islands）等小型离岸地区忠于斯图亚特王朝的势力。因为无力发动大规模军事行动，国会就采取灵活措施，用立法来解决像弗吉尼亚这样的"行为失当"的定居点。例如，1650年颁布的一部法律就禁止与那些地方的"策划、煽动、支持、助长严重叛乱（当然，这里的叛乱指的是针对国会的叛乱，而不是针对国王的叛乱）"的人做生意。该法律授权私掠船攻击任何与上述群体做生意的人。可以理解的是，总督伯克利要求弗吉尼亚民众不要理会这部法律，说它是"纸子弹"。

伯克利承诺不会遵守国会的法律，他让民众深刻认识到了他对国王的忠诚。他说："想一想你们现在有多么幸福，在这里一直过着多么快乐的日子，财富和荣耀之门从来没有对任何人关闭。"他问民众，巨大的变化能带来什么"我们还没有的东西"？美洲原住民已经屈服了，需要害怕的只剩下伦敦。他郑重地说，国王被处死之后，来自威斯敏斯特的国会统治可能意味着"回到荷兰人到来之前的那种贫困状态"。英国想的事情只是利益，而伦敦想要"夺走我们良心的自由、言论的自由、自由赠送和出售产品的权利"。

"不，"他诚恳地说，"我们不会听话地背弃国王，以及我们在他治下享受到的赐福。""如果他们反对我们，"他说，"一定要跟随我。"——"要么我带你们走向胜利，要么牺牲掉我的生命。为了对国王的忠诚和你们的安全而牺牲，我感到无上荣耀。"那些在民众中最有影响力的人，也做出了同样的表态，表示绝不"屈服于掌握威斯敏斯特议事厅权力的任何人"，决心"继续效忠于我们的国王陛下"，他们将继续为"快乐的王政复辟"祈祷。

不过，在这期间，英国境内和周围地区忠于查理二世的力量被消灭，英国国会的军事优势完全形成，尤其是1650年秋天在伍斯特战役中打败保王派军队之后。1651年，国会颁布的《航海法》（*Navigation Act*）宣布英国海外定居点与尼德兰的所有贸易均为非法。随后，英国组织了一支庞大的舰队——大约有15艘船——目的是让这一历史最长的美洲定居点遵守规矩，必要的话，要动用军队，让弗吉尼亚"服从于英联邦"。

在前往弗吉尼亚的途中，船队遭遇了大风暴，很多人葬身海底。

第一批出发的15艘战船中,只有四艘得以幸存。1652年1月,这四艘船按时抵达切萨皮克湾,在詹姆斯河下游靠岸下锚。要求投降的信息送到总督伯克利那里后,伯克利拒绝回应。几个星期过去了,形势越来越紧张。伯克利召集了大约1000名弗吉尼亚民兵,让他们驻守在詹姆斯敦周围,以及通往这个小首都的道路上。3月初,双方的冲突一触即发。然而,在最后时刻,伯克利宣布投降,命令士兵放下武器。他担心战争会带来"巨大的不幸和确定无疑的毁灭"。

虽然伯克利被剥夺总督职务是难以避免的事情——那年春天他被撤职——不过,由于他最初拒绝立刻投降,对方做出了让步,答应对那些(和他一样)拥有保王倾向或对清教宗教主张心怀敌意的人提供保护。另外,英国官方文件说,弗吉尼亚投降是"主动行为",不是屈服于军事压力,并且,弗吉尼亚定居点的代表大会(General Assembly)有权利对民众征收任何税款、关税或"任何费用",伦敦无权干预。

英国给定居点的人们留了数年时间,让他们考虑是走是留。伯克利本人还被获准在这段时间里,在自己家里独自为国王祈祷或赞扬国王;他还可以继续拥有自己的土地和财产;如果他想要回到英国,也是允许的。他还可以派代表去向查理·斯图亚特(Charles Stuart,即保王派人士口中所说的"查理二世")汇报发生在美洲定居点的事情。

伯克利忠诚于他在美洲的新地盘,没有离开美洲,而是选择隐退回家,过平民生活。当地公民代表大会中为数很少的带有明显清教信仰的知名人士中的一位,接任了他的总督职位。在一封写给查理二世的信中,伯克利请求对方宽恕,请求对方赦免,因为他"将陛下的殖民地送到了敌人的手中"。他不满地说,移居到那里的民众强烈要求"和解",而弗吉尼亚管理委员会也恳求他"接受让步条款"。他说，真实情况是，"我手中的军队可以毁掉这个地方，然而我无法让它继续忠诚于国王"。

国会实施了对弗吉尼亚和不列颠群岛的管理权，革除了伯克利的职务后，亨利·诺伍德肯定感觉到，这个最后的美洲避难所也被铲除了。他焦虑的另外一件事情是，如何想方设法继续推进恢复斯图亚特王朝的事业，在英国恢复君主制——虽然积极倡导这件事的人力量薄弱，并且他也不在乎自己绝不反对共和制政府的誓言。

返回欧洲后，他不知疲倦地活动，完全不在乎物质上的贫困。1653年，在他的老家伍斯特郡和英国中部的其他各郡，他积极参与了一项向保王派人士散发武器的计划。1654年，他与一个名叫"紧密结"（Sealed Knot）的保王派秘密组织合作，制订和实施了一项后来遭遇惨败的暴动计划。他和数百个对国王忠诚度不可靠的暴动成员一起被捕了。后来他被释放了，他谎称自己是给打算前往弗吉尼亚的人安排船只的，其实他当时是给发动暴乱的保王派人士运送武器的。第二年，他再次被捕。这一次，他被关到了伦敦塔里。后来，在那个十年结束之际，他被转送到泽西岛的一座监狱。共和政权认为他的问题很严重，即使释放之后也不允许他回英国。据说，奥利弗·克伦威尔亲自审问过他。

克伦威尔死后一年半，国王复辟了——"护国公"克伦威尔的儿子兼继位者明显缺乏他父亲的能力——诺伍德这才得以公开回到英国。当时，对诺伍德这样的保王派人士，英国的态度好像突然大变。1660年春天，他将一些信件送给等在布鲁塞尔的查理二世国王，他发现，突然间，他可以公开地大摇大摆地前往，不需要躲躲藏藏了。3月，"长期国会"被解散，新的选举开始。诺伍德被任命为"王室护卫官"（Esquire of the Body）——国王面前的一个荣誉性职位。1661年

169

4月，他以这个身份参加了查理二世在威斯敏斯特举行的加冕典礼［据塞缪尔·佩皮斯（Samuel Pepys）所说，那天的荣耀"无法描述"，当然诺伍德更这么认为］。

斯图亚特王朝复辟后，诺伍德被授予了迪尔的桑当城堡（Sandown Castle）上尉职务。该城堡位于肯特郡海岸东部，俯视北海。那些年，他经常从那里离开英国前往美洲。那个地方肯定勾起了很多他最初移居美洲的回忆，当然不一定都是快乐的回忆。

查理二世登上英国王位之后，很多保王派人士带着全家人回到了英国。他们仇恨的共和制实验结束了。斯图亚特王朝回归英国王位，也意味着一些最忠诚的支持者的回归。现在，大多数议员要么不得不离开这个国家，要么巴不得离开。对于很多享受过宗教自由和激进信仰的人来说，恢复先前的限制简直令人无法忍受，随着那十年时光的流逝，那些限制越来越严格。

不过，这并不是说查理一世失败后离开英国的所有保王派人士都回到了英国。这中间已经过去了很多年，一些仍旧健在的人已经在海外固定下来，有了新的生活。他们在当地扎下了根，在那里结了婚，继承了土地。很多人，不管他们在哪里，肯定是在这个被称为"新的西方世界"的美洲待下去了。

查理二世复辟后，身在弗吉尼亚的威廉·伯克利从他的植物棚和栽培试验中走出来，再次成为"英王陛下的总督"。同时，其他保王派人士也开始毫不在乎地施展自己在当地的影响力。伯克利毫不掩饰地提升了一些和他一样具有保王倾向的人，以期建立一个倾向于保王思想的贵族精英阶层。在那个世纪剩下的时间里，他们和他们的家庭继续塑造那个定居点的生活。

很自然地，生活在美洲的大多数英国人，无缘享受伯克利的社会声望或任何相关的好处。亨利·诺伍德这样的人也不行。他们来自"中间阶层",生活就像奥利弗·克伦威尔自述的那样:"既不是高高在上,也不是一文不名。"他们出身于商人背景,相较于依靠家族地位,更多的是通过参与管理当地事务来立足于殖民地社会。

随着数千人陆续抵达这里,这个小小的英国定居点的格局——很大程度上被限制在海岸边的一长条陆地——开始发生改变。在詹姆斯河和约克河沿岸,以及切萨皮克湾东岸,人们砍伐树木,开辟田地,种植烟草。人们围捕猎物,野生动物日渐减少。人们养的猪和牛不断繁殖。根据受抚养者的数量授予大片土地的做法,有利于建立一个以大片地产主导的、贵族化的种植园主社会。美洲原住民社会,因为无力与他们共存,也无法遏制潮水般涌来的移民,最终被排挤到远离家乡的地方。这时候,针对英国人的大规模军事攻击已经销声匿迹,只有偶尔的小冲突仍在继续。

查理二世的复辟——弗吉尼亚对此大举庆贺——为17世纪40年代的混乱画上了句号。与荷兰的旷日持久的战争终于结束,荷兰人不再构成美洲上的英国人的严重威胁,尤其是当新尼德兰的荷兰定居点被清除之后。周围的其他英国定居点(马里兰、卡罗来纳的定居点)的崛起,意味着弗吉尼亚已经不再是一个有敌意的大洲上的孤独前哨。如果美洲的英国保王派知道查理二世从来没有像他们想象的那样,关心大西洋对岸的这些定居点,他们肯定会很失望。不过,保王思想看重的是上帝安排的政治意义上的国家,而不在乎任何个体君王的喜好。

查理一世被处死的日子,即1月30日,被弗吉尼亚定为每年一度的纪念日,用"禁食和祈祷来隆重纪念"。那一天,对于那些希望"可憎的力量"给他们"赎罪"的人来说,是一个机会——他们可以用眼泪洗掉他们的罪过，那些在护国公时期[1]颁布的让定居点"被迫背弃英王陛下权威"的法律被废除。

总的来说，复辟政权强调要建立一个庞大的帝国，这为已经颇为壮观的英国海外移民潮提供了智慧方面的支持，这些移民让弗吉尼亚的法律、语言、文化完全源于英国，其他外国移民只好适应。另外，与新英格兰的文化不同，弗吉尼亚的文化强调等级制度、不平等。从底层的奴隶，到低层民众——契约仆人，再到"较高的层次"，最后到高高在上处于顶端的国王，等级分明，毫无平等可言。

---

[1] "护国公"指克伦威尔，亦称"护国公"；"护国公时期"指克伦威尔独裁统治时期，即1653—1658年。——编者注

第五章 | 河狸皮

17世纪30年代中期,在"詹姆斯"号(这一命名是为了纪念已故国王)的甲板上,一位父亲弯着腰,搂着一个九岁的小男孩,他哆嗦了一下。

一阵阵寒风吹过波浪起伏的大西洋,这对父子用一张粗糙的羊毛毯子将两人紧紧地裹在一起。那张毯子具有一定的防水功能,但也很快湿透了,起不到多大作用。那个小男孩名叫丹尼尔(Daniel),他的父亲理查德·登顿(Richard Denton)三十多岁,个子不高,一只眼睛上夹着一块海盗用的那种眼罩。然而,眼罩遮挡不住他焦急而和蔼的举止。

一连几个星期,灰色的海浪不停地涌向地平线,在遇上那四艘船时撞碎。为了安全起见,四艘船决定作为一个船队一起出海。总的来说,这次航行还算顺利。后来,当他们接近遍布岩石的新英格兰海岸(那个地方经常有暴风雨)时,天空暗了下来,海浪大了起来,风紧了起来。水手们害怕出现最糟糕的情况,急忙听从船长的吩咐,把帆降下来。

然而，面对大风，船队很快被吹散了。在"詹姆斯"号上，船帆因为降得慢了一点，被大风撕裂成好几条，"好像那东西本来就是破布条连缀而成的"。船锚也固定不住船。其他三艘船已经不见了踪影，因为连接船只的绳索像水中的棉花一样断开了，形势让人绝望。船、船帆、船上的人都感觉被极端的天气"撕成了碎片"。后来，那位绝望的船长写道，船上的所有人都"放弃了生还的希望"，因为他们的船正迅速接近遍布"死亡岩石"的海岸。

登顿是一个非常虔诚的宗教信徒。在过去几十年里，他在约克郡哈利法克斯（Halifax）附近一个叫"科里"（Coley）的定居点当牧师。虽然个头儿不高，但他精力充沛，口才出众，为人热情。一位关系好的熟人说他是"小个子的大演说家"。虽然讲道坛上的他个头儿不高大，但是"他能打动会众，就像瞬时成了9英尺（约2.7米）高"。他声音洪亮，极富穿透力，即使在呼啸的风中也能听清他的声音。据说，在他"个头儿稍差的身体"里，蕴含着"杰出的头脑"和"高尚的灵魂"。

此时，他的家人就在他身边——妻子（可能她仍然活着，但研究资料没有提及她）、九岁的丹尼尔、丹尼尔的姐姐，以及丹尼尔的两个兄弟，一个十一岁，另一个仅四岁——他一边祈祷一边抬头望天，他肯定感觉老天应许了他的祈祷。"刹那间，"据当时在场的人说，"上帝让风力大减。"结局是，在一度看似绝望的形势中，竟没有一个人丧生。"詹姆斯"号安全驶入波士顿港，与"詹姆斯"号同行的另一艘船向北驶向了纽芬兰。

那是17世纪30年代的事，是英国移民海外的热潮空前高涨的时期。在那个年代，共有30多艘船将移居者送往弗吉尼亚或新英格兰，这还不包括前往加勒比海等地的船只。紧随安妮·布拉德斯特里特等清教徒船只的水迹（这里没有夸张），人们来到码头，挤上甲板或挤进船舱。这一在大主教劳德十年掌权期间形成的具有鲜明特征的移民潮持续进行着——虽然这场运动的创立者曾经一再提醒（虽然提醒得有点晚），离开那个国家时，"一次不要走太多人"。

英国似乎在诅咒本国宗教的践行方式是邪恶的。天主教徒和天主教似乎在英国复苏了。在那些只听信小道消息的人看来，王室朝堂所在地伦敦"是一个贪欲与放纵的渊薮"。现在，我们认为当年前往美洲的成年人大多是二十几岁、三十几岁和四十几岁的年轻人或壮年人。从这个年龄范围可以看出，很多人是带着配偶和孩子一起去的，他们将自己交托给了上帝。年幼的孩子不清楚大人们要去哪里。孩子们，比如丹尼尔·登顿和他的兄弟姐妹们，在长大的过程中，首先了解和认同的是他们后来生活的环境，对"旧"英国只有模糊的（如果有记忆的话）记忆。对他们来说，家不在英国，而是在"新的美洲世界"。

起初，和这一"大迁移"中的很多人一样，登顿一家去了马萨诸塞。上述关系密切的熟人说，"强大的动力"促使登顿"匆忙进入新英格兰"。登顿发现，不管那里的清教徒多么想要远离批评的声音，远离威廉·劳德操控的礼拜仪式和豪华装饰，但是那里并不比劳德控制的英国更能容忍不同的宗教观点。

登顿是英国长老会的早期信徒，他不喜欢政府的组织架构，看不惯主教和教会的等级制度。"民主"一词一度在英国是一个龌龊的字眼（这种情况持续了很长时间）——在新英格兰也是一个龌龊的字眼。新英格兰的一位很有影响力的清教徒给民主贴的标签是"所有管理方式中最卑鄙、最糟糕的一种"。登顿支持这种看法。毫不奇怪，他所在的教区居民也支持这种看法。

登顿的会众在一起商量，决定再次搬迁。他们先去了纽黑文（New Haven），这是一个独立的定居点，是不久前刚组成新英格兰联盟（Confederation of New England）的四个定居点之一。

但他们仍然感到不快乐，感觉自己无须生活在事无巨细都要其管理的英国的统治之下。他们听说过有关新尼德兰的极有诱惑力的故事：在他们的南面，有个将弗吉尼亚从（北美东部北纬40°～45°）新英格兰分离出来的"天然的、优美和高贵的省"。他们派人去那里察看时，定居点政府提出一个方案让他们考虑。他们可以不受打扰地在向东延伸到大西洋的那个"长"岛上生活，那个岛屿形状就像是一只上下颠倒的指向鳕鱼角的螃蟹钳子。

考察过之后，他们发现那个地方很不错。长岛周围有"很不错的海湾和港口，以及便利、肥沃的土地"。在荷兰人眼中，长岛是新尼德兰省上的"王冠"。溪流里鱼儿众多，肥沃的土地没有主人，果树林里结满了各种各样的水果。听完考察人员的汇报之后，登顿等人做了一个民主的决定——因为他们那里崇尚民主决策——决定再次集体搬迁，远离与新英国邻居的摩擦和争吵。

他们向当地原住民提出，愿意买一片地：一片长方形的地，海上以大海为界，陆地上以"做了标记的树"（其中一棵树位于"大平原的东端"）为界。之后，他们将购买土地一事与新尼德兰的荷兰当局做了确认。后者找不出什么"重要的反对理由"（经济利益方面的理由就是花钱而已），他们允许人数合理的英国人暂时来这里。于是，登顿等人步行或用车拉，将东西搬到船上，运到长岛。

据说，和登顿一起搬到长岛的大约有20个家庭。他们沿着印第安人走出的小路，穿过一片充满鸟鸣声的森林，森林中还有惊慌地四处逃窜的野生动物发出的声音。小孩子们——比如丹尼尔姐弟——背着包袱磕磕绊绊地沿着林中小径往前走。在浓重的夜色下，负责警戒的人手持步枪，在不时噼啪作响的火堆边彻夜不眠。白天，在树下，人们坐在一起唱歌，吟诵祈祷文，理查德·登顿带着大家完成这种即席的仪式。

在岛屿西部的中心地带的一个地方，一个"比其他地方更出色"的地方，一条淡水溪流流淌过广袤、开阔、没有一棵树的草地，一成不变地延伸到很远的地平线。在那里，人们停下来，急忙竖起一些能够提供保护作用的木头屏栏，他们建起了住房，以及比住房更大一些的木头建筑，充当教堂和会议堂。和新英格兰一样，人们用"河对岸的山毛榉树"，或者"扫烟囱的彼得"（Peter the Chimney Sweep）的土地作地标，标出了个人房产的边界。这一大片草地是养牛的好地方，"那些草很适合喂牛"，长势茂盛。没有树木和石头意味着，不久后，赛马就成了这里的一项长盛不衰的运动。丹尼尔·登顿不久后记述道，每一年，"岛上最好的马匹都集中到这里，角逐脚力的高下"，优胜者（骑手）的奖品是一只银杯子。

作为对忠诚于誓言的回报（效忠誓言在实践上没有什么意义，因为没有强制措施，也许登顿等人想以此获得针对北美原住民威胁的某些保护），这些英国定居者被授予了自治权，获得了成立法庭、实施信仰自由的权利——远离信仰方面的"任何骚扰"。这些权利对于登顿这样的长老制倡导者有着巨大的吸引力——在英国的统治下，这些权利是无法获得的。

他们给这片定居点起名为"亨普斯特德"，也许是因为英格兰的赫默尔·亨普斯特德（Hemel Hempstead）[1]。在这里，作为对私下提

---

[1] 英国赫特福德郡的大城市。——编者注

供的一笔费用的回报，新尼德兰总督允许他们建立一个城镇。

对美洲这片土地的"权利"，在欧洲列强之间引起了激烈的争论。针对这片土地的权利似乎并不是很有说服力。实际上，在那些当时尚未受国家利益左右的人看来，对这片土地的所谓"权利"根本没有说服力。

最初，英国的土地声索权是基于1606年颁布的两个土地特许状。这两个特许状覆盖了北美东部海岸北纬34°～45°之间的所有地区，也就是海岸以西100英里（约161千米）的陆地，或海岸以东的岛屿。这两个特许状有重叠的地方，一个向北延伸到北纬41°地区，另一个从北纬38°开始，为的是确保从切萨皮克湾到圣劳伦斯之间的海岸线不会被声索。新尼德兰位于距离北纬41°很近、两个特许状之间的连接处。当然，英国人说，根本没有什么连接处，那片土地完全位于覆盖北部地区的那个特许状的范围之内。

1606年的特许状只做出了一个勉强的让步："现今，信仰基督教的贵族或民众不得实际拥有"那片土地，实际上当时的情况也确实如此。换句话说，先前拥有那片土地的"信仰基督教"的人们获得了法律权利。不过，有的律师也这么说，那是先前的事情了（1606年之后荷兰人建立的定居点不符合要求，英国人说那些荷兰人是"闯入者"）。实际上，这种法律文件在国际背景下的约束力很小，虽然它们在英国人之中具有一定影响力。当时，"国际法"仅处于胚胎阶段。

针对那片广阔的、欧洲人尚未大规模居住的土地的特许状，要求非常宽松。从英国人、法国人、西班牙人、荷兰人（以及其他欧洲国家）的分歧来看，现实中最重要的是所谓的"发现权"（当时指的是"信仰基督教"的、欧洲国家的发现权）和事实上的所有权，即地面部队。若听说西班牙声索英国殖民地以南数百英里的北美土地，詹姆士国王可能会撤回他之前表达的惊讶,而明确地拒绝。当然,即使在那个时候,力量就是权利,如果力量不够强大,立足未稳的定居点上的移居者就会被暴力赶走,比如佛罗里达的法国人的定居点。

然而,就北美这一地区的"发现权"而言,这一事实加剧了当时的混乱状态。这个地方是一位为荷兰效力的英国航海家发现的。这样,英、荷两国都拥有了合法的声索权。(没有人提及这一事实:之前,也就是一个世纪之前,一位效力于法国的意大利探险家也"发现"了那个地方。)1609年,亨利·哈得孙(Henry Hudson)曾驾船进入一个山谷,那里有一条"所能找到的最美好的河流"。他想寻找一条前往远东(Far East)的通道,结果失败了。后来,这位英国人用自己的名字给那条河命名,虽然他说那条河是"(水下)有山的河",因为在上游,他的船只经常莫名其妙地搁浅。

巧的是,哈得孙的船员就是一群相互猜疑的荷兰人和英国人。他的副手说,那些荷兰海员是"一群丑陋的家伙",而另一个英国海员说他们那"肥胖的肚子"说明他们认为"吃比驾船更重要"(这种看法无疑是双向的)。哈得孙在河上遇到的很多本地人很想和他们做生意,本地人以"很低的价格"把"上好的皮货"卖给他们,而换取的东西无非是"珠子、刀子和斧子"。虽然作为异教徒,他们"没有"拥有土地的权利,不过美洲是一个地域辽阔的地方,英国人确实有其他更为重要的事情可做。荷兰人在地理发现方面紧随英国人身后,虽然英国人和荷兰人都不着急。

几年后,荷兰商人短暂地回到了哈得孙河,与站在河岸上向他们挥手的美洲原住民做生意(主要是换取对方手里大量的廉价皮货),但直到15年后,也就是1624年,才有第一批荷兰人移居美洲。他们在哈得孙河上游"没有人烟,草木丛生"的地带建立了一个永久的皮货

179

交易点。他们将那个地方称为"奥兰治贸易站"（Fort Orange），即现在的奥尔巴尼（Albany）。原住民从荷兰人手里换取了简单的制成品，比如布匹、斧子、水壶、酒精饮料，原住民让欧洲人获得了大量的动物毛皮。

两年后，一艘名为"阿姆斯特丹武器"号的荷兰船只，装载着7000多张河狸皮回到荷兰。荷兰西印度公司信心大振，派了更多的移居者，装载着大量给养，前往大洋对岸。同时，在哈得孙河注入大西洋的地方附近，有一个被当地原住民称为"曼哈顿"的大岛。在该岛的最南端，荷兰人建立了一个贸易站（后来迅速成为荷兰人的定居点），保护他们在河流上游的皮毛生意。1625年，这个定居点被定为这个省的省会。

美洲原住民对酒类产品如同金属制品一样，也一无所知。他们中的大多数虽然对酒持排斥态度，但一些人慢慢地喜欢上了喝酒，并欲罢不能——他们对身边一些人有饮酒的癖好和喝酒后行为的改变惊诧不已。一位欧洲观察人士说，虽然他们的语言种类很多，词汇丰富，但没有对应"醉酒"的词。一位英国移民后来记叙说，美洲原住民用皮货这样的商品来换取欧洲的各种产品，他们换取的"最常见的产品是他们喝不够的朗姆酒、白兰地和其他烈性酒"。另一个观察人士看到一个美洲部落里，人们"都兴高采烈地狂饮，一个个口若悬河，用力地擂桌子，大喊大叫，打成一团"。英语中表示非法烈酒的单词"hooch"，就来源于美洲原住民的词语"hoochinoo"。

这一荷兰定居点，尤其是"曼哈顿岛"上的那座城市，即新阿姆斯特丹，管理得非常不好。这里成了一个破败不堪、以堕落和纵酒闻名的边界地带。这个地方四分五裂，争执不断，"宗派林立"，陷入了"分裂和争论"。绞刑架和足枷摆放在岸边的显眼处，提醒人们注意自己的言行，然而毫无效果。虽然当地移民的背景各不相同，但据一位荷兰牧师说，他们毫无例外都"粗野不堪，无法无天"。城镇的边缘有栅栏做防护，栅栏横穿了整个岛屿，栅栏旁边的那条马路被称为"华尔街"（Wall Street，字面意义即"栅栏街"）。

荷兰的西印度公司控制着新尼德兰的皮货生意，他们享尽厚利，不许个人私自做生意。他们说那些设法擅自进入这一领域的个人是"不懂规矩的家伙"，提到河狸时说那是"公司的河狸"。然而，因为管理混乱，腐败盛行，公司的利润并不高。虽然该公司在地域和经济发展方面的形势一片大好，但还是有人悲观地预测，公司会"毁掉那里的大片土地"。

相较于生活在欧洲的荷兰人，新阿姆斯特丹普通移民的生活条件并没有明显的改善，所以荷兰家庭动身开启漫长而危险的大西洋旅程的动机并不强烈，前往大洋对岸的人很少。由于尼德兰人口很多，西印度公司加大了推介力度，极力鼓动荷兰人像绝望的、受宗教迫害的英国人潮水般涌向美洲东北部那样，踊跃前往美洲。一位荷兰移民说，那些土地上的居民仍然很少，原因"并不完全因为荷兰缺人"，"荷兰有的是人"。

17世纪40年代早期，这个荷兰定居点的人口仅为大约500人，其中很多人还不是荷兰人。在这里可以听到将近20种语言，以多元文化闻名。这时候，大约有1万名英国人移居北部的新英格兰，超过1万人前往南部的弗吉尼亚。考虑到美洲的荷兰人的给养仍然依赖于从阿姆斯特丹穿越大西洋而来的船只，人们的担忧不是没有道理。

因为渴望定居点众多的人口带来的安全感，公司董事对来自任何国家的移居者几乎来者不拒，只要宣誓效忠即可。后来，曼哈顿岛更靠北的地方出现了一座新的城市，名为"新哈勒姆"（Nieuw Haarlem，也就是今天纽约的哈莱姆区）。该城市最初的32名定居者中，有11个法国人、4个瓦隆（比利时南部地区）人、4个丹麦人、3个瑞典人、3个德意志人和7个荷兰人。

同时，亨普斯特德是长岛上除阿姆斯特丹主城区之外，人口逐渐增长的英国定居点之一，也是同质化很明显的定居点。这种同质化不仅表现在宗教信仰上，也表现在政治背景上。17世纪40年代早期，这里的人口数量激增。据荷兰行政部门说，英国人要求允许他们"和我们居住在一起"，短视的他们居然答应了。对于个人来说当然无关紧要，但是所有个体加在一起，就是一个相当大的移动人口群体。移动的速度越快，就越难以阻止。不久，荷兰行政管理部门就不无担忧地说："每天都有大批英国人定居在我们这里。"荷兰人眼睁睁地看到英国人"多么渴望居住"在这里，看到英国人在数量上超过了他们。有人郁闷地说，虽然一些英国人比较内向（很显然，亨普斯特德的这些英国移民就属于这种类型），但在其他方面，他们"严重地打扰和骚扰了"他们的荷兰邻居。回到荷兰的公司董事担忧地说："即使在我们的村里，大多数居民也都是英国人。"很多文件经常提及"长岛上的英国村子"。

相较于荷兰人，生活在当地的美洲原住民也一样无力与蜂拥而至的英国人相抗衡。如果这还不够糟糕的话，那么更糟糕的是，这个时期，他们还饱受丹尼尔·登顿所说的"上帝之手"的摧残。上天的"镰刀'莫名其妙'地削减了他们的数量"，"他们彼此之间的战争，或某种肆虐的致命疾病让印第安人大批死亡"，将六个城镇减少到两个小城镇。登顿看到，不久后，虽然一些人活了下来，但"那个岛上的人已经所剩无几"。

最初，英国移民在长岛上的大多数定居点都位于东部，而荷兰人的定居点集中在西部。两者的文化基本上截然不同，在这方面，亨普斯特德并不典型。不过，大体趋势是，英国人不断向西扩张。至1650年，除了长岛西部两个被认为"无关紧要"的荷兰村子"Breukelen"（布鲁克林）和"Amersfoort"（阿默斯福特，名字来源于尼德兰的城市）之外，荷兰人说英国人已"完全霸占"了这个地方。

新形成的村庄的名字——"Southold"〔"绍斯沃尔德"（Soathwold）的变体〕、南安普敦、格雷夫森德、亨普斯特德——无不让人一下子想到这些移民的来源国。

很快，毛皮生意成了美洲地区所有欧洲人从事的生意。这一生意成了当地所有移民（比如登顿一家）最重要的谋生方式。从一开始——从17世纪初欧洲移民来到哈得孙河开始——探险者和潜在移居者都清楚地看到了这里的潜力。虽然在其他地方，欧洲商人和移居者都专注于捕鱼和寻找黄金，但在这里，河狸皮相当于黄金，人们很少花时间一起去寻找真的黄金，因为10张河狸皮就可以换来供一家人吃一年的小麦，大多数移民很快放弃了他们先前的职业。人们将河狸皮当货币用，用"3张河狸皮""4张河狸皮""5张河狸皮"来标价。"挣1张河狸皮"（和很多俗语一样，这一表达方式也一直流传了下来）成为一句通用语。

新阿姆斯特丹立稳脚跟后，就成了一个红火的季节性毛皮贸易中心。美洲原住民带着河狸皮和其他动物毛皮，从处于岛屿中央位置贯通整个岛屿的山上走下来，去到最南端的定居点；生活在长岛的原住民部落学会使用欧洲人的工具和加工技术之后，可以更快地将蛾螺、蛤蜊的外壳串在一起，做出大量的"贝壳钱"。移居到这里的人们以为这些贝壳钱就是当地货币（荷兰人称长岛为"sewan-hacky"，意为"有大量贝壳的地方"）。出售欧洲货物拿到了贝壳钱后，荷兰人就用它们来换取皮货。据说，"贝壳钱是河狸皮生意的源头和母亲"。在那个晚秋，很多来自阿姆斯特丹的欧洲船只远赴美洲，只为收购一堆堆捆得很紧的皮货。

专门从事这一行业的哈得孙河上游和附近岛屿（比如长岛）上的城镇，经济逐渐发展起来。哈得孙河上游主要从事皮毛生意的一个荷兰定居点被命名为贝弗韦克（Beverwyck），为的是纪念奠定该定居点基础并让其迅速发展起来的那种动物（"Beverwyck"是荷兰语，意为"海狸很多的地区"）。新阿姆斯特丹最早的一条大路被命名为"河狸街"，其尽头是"河狸路"；一艘定期往返于尼德兰和新阿姆斯特丹之间做生意的船只被命名为"河狸"号。

百老汇（Broad Way的音译，字面意义为"宽街"）被拓宽，以便于美洲原住民将皮货运到迫不及待的欧洲商人那里。一个名叫阿德里安·范·德·邓克（Adriaen van der Donck）的荷兰定居者，深深地着迷于这个岛屿，着迷于这里的山脉和茂盛的森林，着迷于民情迥异的美洲原住民（他研究过他们的文化和语言），着迷于这里丰富多彩的野生动植物。他写了一部热情洋溢的《新尼德兰记述》（*Description of New Netherland*）。在书中，他希望更多的荷兰人移居美洲。这部作品行文理性，资料准确，是一部上乘之作。书中没有很多其他欧洲人记述的荒诞的道听途说，诸如大麦退化成了燕麦，青蛙站起来有一英尺高之类。

德·邓克说，美洲这个地方是"一个风景优美，气候宜人，让人健康、快乐的地方。和尼德兰以及我所知道的世界任何地方相比，这里所有人都安居乐业，衣食不愁，每个人都能靠自己的能力出人头地"。他兴奋地说，空气"清新纯净"，让他感觉到"身轻体健"。除了介绍水獭、鹿、熊、狼、鹰、火鸡、响尾蛇，甚至狮子（他指的是我们叫作"美洲豹"的大型猫科动物）外，他还专门用一章的篇幅来介绍河狸这种"大自然神奇的动物"，没有其他动物能够受到如此高的待遇；他还讲述了这种哺乳动物在这个地方的历史中所扮演的非同寻常的角色。他说，河狸是"当初欧洲人移居到这个好地方的主要原因和生计来源"。

德·邓克非常了解这个话题。他说，在这个定居点生活的九年里，他"经常用河狸肉做饭吃"。河狸肉是美洲原住民眼中的美味，尤其是尾部的肉。"从年轻时候起"，他经手和买卖了"好几千张河狸皮"——几乎新尼德兰的早期移民都买卖过这么多的河狸皮。他写道，这里，以及周围地区，"每年大约有八万只河狸遭到捕杀"。河狸皮贸易也是荷兰人心无旁骛的营生。丹尼尔·登顿后来说，河狸皮生意是"荷兰人从事的主要事情"。不过，这种贸易是无法永远持续下去的，因为其他地方的河狸不会迁移过来补充这里被捕杀的数量。因此，这种捕杀是无法持续的，不管新世界的野生动物在那些最初的移居者眼中是多么取之不竭。

在发现这种生意的潜在利润方面，英国人一点也不落后于荷兰人。早期的英国移民就开始从事让当地政府大伤脑筋的走私贸易，当时这个地方还在荷兰人的统治之下。"在晚上或其他不合时宜的季节，他们秘密地穿过长岛，驾着小船或独木舟沿着东河（East River）顺流而下"，将河狸皮带到新英格兰。据估计，只有半数的河狸皮支付了关税。这不是巧合——丹尼尔·登顿和弟弟在17世纪50年代后期生活的那个新定居点的名字Jamaica（牙买加）并非是那个同名的加勒比海岛屿，而是来自"Yameco"，当地美洲原住民词汇中"河狸"一词的变体（这一名字也用来称呼当地的一个小湖）。

为什么偏偏这种动物的皮毛拥有这么大的需求量？要知道，那里还有很多其他动物。德·邓克说,河狸皮呈褐色,略带红色,非常独特。他写道,这种动物"全身覆盖着细密的软毛",每平方厘米的软毛密度非常大;与众不同的是,这种软毛有倒钩,这意味着这些毛很容易缠结在一起。另外,加工过程需要人类的汗液,这意味着最值钱的、需求量最大的河狸皮并不是生皮,而是被人穿戴了好几个月后的河狸皮。经过这样的漫长过程,河狸皮上的毛就会"擀毡",其结果是,皮子不仅柔软、保暖,还能防水。据德·邓克说,在欧洲皮货商的手里,河狸皮做的帽子是"最好的帽子"。根据帽子的材料,这种帽子被称为"河狸帽"。还有一种叫"半河狸帽"的,价格略微低一些,用的是兔皮和其他动物皮的混合材料做的,加工过程中会使用水银。但在当时,水银对人的神经系统的持久影响还未被认识,更广为流传的俗语"像帽商一样疯狂"也还没有出现。

然而,对河狸这种不幸的动物来说,祸不单行。河狸生活在水边的习性,让它们和鱼一样成为可以供天主教瞻礼日里食用的食物。将河狸肉作为食物的原因很可疑,据说是它们的生活环境让它们成了"冷食"。另外,据说河狸身上的脂肪和肥大的尾巴能延长男性勃起时间(今天看来,这个说法"不过硬");一位不信教的英国移居者说,河狸尾部的肉中有一种"增强男性性功能"的物质,如果"某些女士知道了其中的作用之后,她们巴不得有整船的河狸尾巴运过来,专门买河狸尾巴"。然而,最吃香的还是河狸皮。河狸出现在新阿姆斯特丹、新尼德兰,以及后来这座城市的盾徽上,表明人们认可了河狸对这个定居点至关重要的作用。

随着欧洲流行时尚的变化,人们开始狂热地追求河狸皮做的帽子。17世纪初,欧洲就经历了一股追求这种宽边防水帽子的热潮。此时,据德·邓克说,河狸帽在"欧洲各地很有名"。过去,禁止奢侈消费的法律将某些奢侈衣物的消费权限制在明确规定的个别阶层，而这时候，这些法律逐渐被废除。同样，从很早开始，将最受追捧的皮货（以及最昂贵的皮货）的消费权严格限制在个别贵族阶层的法律也不存在了。地位较低的大多数人，或者至少有闲钱的人，不再受限于"那些适合他们阶层的古板、朴素"的服饰。现在，只要能买得起，他们就会加入购买河狸皮帽的队伍。

在过去的几个世纪里，欧洲有他们自己的供货来源。英国最后一批自产的河狸皮据说是在16世纪初；在接下来的很长一段时间里，英国的河狸皮来自俄国。一位牧师惊讶地说，在俄国，这种动物"多得就像是牲口的粪便"。16世纪的一位英国作家也说，河狸帽子"来自大洋对岸"——俄国。不过，随着时间的推移，俄国的河狸也被捕杀殆尽。因此，当人们发现大西洋对岸有数量庞大、取之不竭的货源时，商人们兴奋不已。美洲原住民闻风而动，设法满足他们这种奇怪的需求；私下里，欧洲人的这种需求让他们感到既困惑又好笑，就像他们喜欢那些华而不实的小饰品、水壶等"不值钱的东西"让欧洲人感到困惑、好笑一样，双方都觉得自己占了大便宜。

对于荷兰公司，以及其他欧洲国家的公司来说，河狸皮这种"利润可观的皮货生意"的重要性往往超过定居点，直到17世纪50年代，才有人采取紧急措施，解决这个问题。

理查德·登顿带领的那些移居者赶上了好时机。他们躲过了1643年美洲原住民对移居者的报复性攻击——对于当时生活在北美那个地方的英国人来说，那是"血腥的一年"。对于生活在英国的人来说也是如此，因为那年英国爆发了大规模内战。

在新尼德兰，幸存下来的欧洲移民哀叹自己命运不济。他们说自己"命苦""悲惨"。他们，还有他们的妻子儿女，绝望地呼喊，说自己只不过是"那些残忍野蛮人"的"猎物"。他们说自己受到了"巨大伤害"。然而,曾经在荷兰人第一次发动攻击时遭受重大损失的美洲原住民也有同样的感受。一些荷兰人说,"双方"人员伤亡惨重,房子被焚毁和耕牛被屠杀。

在不久后成为亨普斯特德的那个地方的不远处,一个原住民村庄成了一场报复性攻击的目标,遭遇血腥屠戮:在这之前,有100多移居者在睡梦中被杀;之后不久,在一个"平静而无云的夜晚",荷兰人和英国人摒弃前嫌,向着共同的地方,穿越"大雪覆盖的平原"和"崎岖的山路",将美洲大陆上一个原住民营地的数百人杀死。

这支军队回到新阿姆斯特丹时,人们向他们致以热烈的欢呼。人们举行盛大仪式,感谢上帝为他们消除了一个重大威胁,他们觉得这是上帝关照他们的迹象。后来,欧洲人和美洲原住民签订了和平协议,虽然该协议的签订不是出于友谊,而是出于互相害怕。由于关系紧张,美洲原住民部落之间先前暂时的盟友关系随之瓦解。荷兰人与英国人之间的联盟也是如此。一个荷兰人不满地说,英国人用他们就像是"用一件斗篷",完事之后就不再理睬他们,甚至"嘲笑他们"。

幸运的是,登顿一家没有在1643年年中抵达长岛,但他们在抵达之后看到了不久前发生在这里的那场大屠杀的遗迹。1647年,荷兰总督签署的一份决议中提到了"来自亨普斯特德那里的村庄的代表"。和登顿他们一起前来美洲的家庭及其成员的名字出现在人口统计文件上。这次人口统计是在那个十年的后期进行的,具体是在"第一次英国内战"和"第二次英国内战"之间。在那些年,荷兰公司的领导人很清楚要解决与分裂的、动辄动怒的英国人之间的冲突的困难程度——不知道该与他们中的谁打交道。有人说,"这时候,我们无法和英国人达成协议……因为我们不知道谁说了算"，国王被羁押并关入了监狱，那个国家的一切都"彻底乱了套"，他们明显在试图建立一个"另一种形式的政府"。

碰巧的是，17世纪40年代中期，理查德·登顿与那个地区的一位新领导同时抵达。彼得·施托伊弗桑特（Peter Stuyvesant）在接任一方大权时年仅三十五岁，他在与西班牙的一场战斗（发生在加勒比海地区）中失去了右小腿。他用金属箍将一块木头疙瘩固定在右腿上，因此得了"木腿""老银腿"的绰号。他是一位狂热的加尔文派信徒，不容忍其他信仰。比如，他不同意西印度公司提出的容忍路德教派，甚至容忍犹太人的要求。无疑，他更看好登顿等人，就因为他们是长老派教友，那是"经过改良的"（支持加尔文教派的）信仰。

施托伊弗桑特的统治，本质上属于专制统治。他脾气火爆，一发火就用腿上的那个木头疙瘩不住地敲打地面。他认为，"不管出于什么原因"，美洲移民们绝对不应该反对他们的地方长官。他扬言，如果有人胆敢上诉，他就将他们的双腿砍短一英尺，然后将"砍下来的部分送到荷兰"。他恼火地说："看他们再敢上诉。""我们的权威来自上帝和公司，"他说，"而不是一些无知的民众。"不管他和理查德·登顿的宗教观点有多少相似之处，关于民主的看法，两人截然不同。

虽然如此，和他的前任不一样，施托伊弗桑特能力很强。他说，改革的必要性"就像中午的太阳一样明显"。在他的任期里，商业经营更加自由。他取消了西印度公司的专卖权，让个体移居者可以从中获利。政府变得更为开放。一些批评家抱怨说，不应该将政府"交给一群蠢人，比如，公司派到那里的那些人"。有人抱怨说，总督专横跋扈，就像是"至高无上的暴君"。确实，在干预移居者的生活权利方面，他实行了一些严格的限制。当有关道德说教的措施"有悖于母国的自由"时，总督的政策多次被移居者推翻。施托伊弗桑特对移居者们珍视的自由不屑一顾，他说那是"一个新成立的、有人自欺欺人地称之为'自由国家'的虚幻的自由"。

英国人数量的迅速增长和地域扩张，让高效的管理和干预变得不可能。在这方面，管理者从历史经验中学到了强行进行专制统治的教训。英国移民的数量，再加上他们与周围英国人定居点的密切联系，让政府不敢轻易招惹他们。据政府官员说，他们"实力太强了"，他们郑重地说，"跟他们打仗是不明智的"。总的来说，他们要求基层工作人员"本着最大的谨慎和宽容来管理那些人"。他们——那些政府官员——"通过经验了解到如果不小心，会招来多少愤怒和仇恨"。

虽然这种经济上的自由化有明显的施托伊弗桑特的特色，但它确实带来了那个地区的荷兰（和来自其他国家的）移民数量的增长。让西印度公司董事欣慰的是，新尼德兰的人口开始增加，虽然有点晚。政府给移民提供了一些"激励措施"，政府还采取严厉措施，结束了西印度公司管理上的混乱，为普通移民提供了更多的自由，给予他们更多的自治权。不管总督的看法如何，普通移民仍然追求自由。荷兰公司旗下的移民认为，他们生活的地方已经不是"小定居点"，而是"崛起的共和国"。荷兰和来自其他国家的移居者看到了其中的吸引力，公司开始意识到，必须用尽一切方式来吸引人们前往那里。公司管理人员说，"那个地区的前途取决于人口的增加"。这些改革措施的结果是，新阿姆斯特丹的经济最终繁荣起来，从一个规模很小的、很不稳定的小城镇，发展成为繁忙的、饮酒之风盛行的港口；要知道，这个地方所处的这个地区最终让整个国家——"亲爱的祖国"——经历了"巨大的伤亡、困难和代价"。

施托伊弗桑特接任时，这个城镇的建筑大多是木头建筑。在他的任期内，大多数建筑变成了砖瓦建筑。他写道，这个地方"点缀着大量的宏伟建筑"，几乎胜过"北美的其他任何地方"。这里将发展工商业放在了首要位置。经济贸易，施托伊弗桑特说，是"一个地方的灵魂、生命和救星"。他认为，用不了几年，"如果上帝喜悦的话"，这个定居点将"成为这个得天独厚的地方中，实力强大的定居点"。在这里开客栈、做皮货生意的人特别多，然而信仰加尔文教派思想的施托伊弗桑特仍然哀叹"烈酒的消耗量太大"。事实上，醉酒这种"猪猡般的罪恶"对荷兰人的不利影响开始减弱，不过后来有人说，他们仍然是"倔强的手不离烟的人"。结果，只剩下英国人哀叹他们同胞的坏习惯——"抽烟、饮酒、摆宴、赶时髦、蹉跎岁月"。

17世纪中期，欧洲社会的识字率和女性地位都很高。一位历史学家说，法律文件上有很多女性的签名，而不是画上去的十字记号。这往往与新尼德兰的某些英国定居点的情况一致，甚至在长岛或更北的地方也是如此（在亨普斯特德，1656年的一份官方文件上有23个签名和18个十字记号；在1664年牙买加的一份官方文件上，有11个签名和9个十字记号；但在1664年新阿姆斯特丹的最后一次请愿书上有69个签名，只有9个十字记号）。移民很少来自有任何头衔的家庭，大多是"习惯于辛苦劳作和贫穷"的人们。在新尼德兰，其北部信仰新教的地区也是一样，很少有人来自上层，拥有"先生"这样的高贵头衔（如今"先生"头衔已经失去了当初的阶层含义）。有关阶层的残余道德理念，在新英格兰仍然具有很大的影响力，这里的政府采取措施竭力保持这种影响力，为的是防止阶层之间明确而"稳定"的界限在新世界消失或弱化。在新尼德兰，情况大为不同。前者在限制奢侈消费的法律在母国早已被废止之后，仍然继续制定和执行相关法律，以此表达对那些"生活、教育和职业差的"人模仿"绅士们的装扮"的

"深恶痛绝"。然而,更靠南的地方从来没有过这样的法律。

荷兰的公司董事早已厌烦了"那个地方是我们肩上的负担""公司会想办法甩掉它"等说法,形势的发展让他们"很兴奋",他们认为那是迟到的"好转迹象"。他们说,先前,欧洲"没有人谈论新尼德兰",现在,好像"天堂与人世间"一下子"被它弄得一片欢腾",每个人都想参与其中,人人都想"抢先拿到其中最好的一份"。该定居点终于做到了收支平衡。董事们说:"我们终于可以收获期盼已久的利润了。"

好几年来,理查德·登顿所在的定居点可以平静地生活和做礼拜,这主要缘于荷兰移居者在数量上的弱势,以及定居点周边用以防御荷兰人、美洲原住民入侵的栅栏。

荷兰人名义上的控制很松散。效忠誓言针对的是新尼德兰,以及远在欧洲的"国王陛下",对于北美定居点的管理没有什么实际意义。荷兰设在美洲的殖民当局意识到,不管英国人涌入美洲在人口方面对定居点有什么好处,故国国籍所能起到的作用和宗教信仰的作用是一样的。如果爆发冲突,英国人会"攻击我们,而不会和我们并肩作战"。考虑到新阿姆斯特丹的安全,施托伊弗桑特决心"不找他们修理和修建防御工事,以防自己将'特洛伊木马'拖入城内"。

因此,亨普斯特德的人不与外界往来。和其他英国移民一样,亨普斯特德的居民也被授予了自治权,获得了成立法庭、实施信仰自由的权利,可以远离信仰方面的"任何骚扰"。这些权利对于理查德·登顿这样的长老派虔诚信徒来说具有相当大的吸引力。兼任总督的荷兰西印度公司领导人担心英国移居者支持的"自治方案"会引发一个"危险的先例"。在亨普斯特德,在英国人为了敬拜上帝及举行市政会议而建造的会议厅里,登顿宣讲了他的公民理念和宗教观点。

至少，他认为对于成年男性来说，政治上的职责和宗教上的职责是相通的，他认为选举政府官员是一项法律义务。

在比较长的一段时间里，这里很平静。晚春是一个美好的季节。有人描述说，"万物竞自由，鱼儿从水塘深处游出来，树木发芽，小草吐绿"，这时"寒冬已经远去，酷热尚未到来"，"果树开花，清香弥漫在整个森林"。每到6月，数千株野草莓将原野"染成一片红色"。当地人带着"一瓶瓶酒、乳酪、糖"纵马进入大片的草莓林，去摘草莓。河畔斜坡长满各种野花，"花海似锦"，意味着没有经过任何人工修建的美洲景致胜过了"英国的任何花园"。鸟鸣啾啾，"用协调的'合奏'向行人的耳朵致敬"，池塘和溪流"蛙声婉转"。海量的木材让英国移居者十分惊诧，那些树木是当时的英国极为紧缺的——白色和红色的橡树，以及栗树、胡桃树。

每一年，夏季的酷热逐渐让位于秋季绚烂的色彩、收获的繁忙，气温下降到"适宜的、让人舒适"的温度。一位居民说："一般来说，新尼德兰的秋季和世界上其他地方最理想的季节一样美好，宜人和舒适。"接下来，大雪落下，寒风吹过空旷的原野，家家户户生起了炉子。荷兰人喜欢的溜冰和雪橇——"slee"（来源于"sleigh"一词，意为雪橇）是一个荷兰词——逐渐被移居到这里的所有人喜欢。虽然丹尼尔和弟弟生活、工作的地方距离牙买加城镇略远，但他还是每星期抽空前往亨普斯特德看望父亲。

施托伊弗桑特只是在等待时机。最终，他认为英国定居点与荷兰定居点之间的冲突是不可避免的。他认为，英国人必定要设法占领新阿姆斯特丹，将它当作进入新尼德兰的跳板。据说，早在1648年，他就"期待与英国人来一场战争"。他相应地调整了自己的思维。五年后，也就是1653年，那时理查德·登顿仍然是亨普斯特德的重要人

193

物，一群当地原住民找到了他们的定居点，私下里告诉他们所信任的登顿，施托伊弗桑特打算采取一项激进、暴力的方案，解决荷兰人所认为的由英国人不断增加而带来的迫切问题。这些当地原住民说，那位总督打算和其他原住民联合起来，针对英国的长岛定居点发动一场血腥攻击，就像先前亨普斯特德的那场攻击一样，将男女老少在睡梦中杀死，烧掉房子，在水井里下毒。

这并非偶然。在欧洲，当年荷兰与共和制下的英国也进行过战争。此前一年，也即1652年，英、荷之间爆发了武装冲突——"一场残酷的、意外的血腥战争"，不过在一段时间里，那场战争没有蔓延到新世界。在新世界，很多英国移居者信仰的宗教相较于其他欧洲同胞来说，更接近于荷兰移居者信仰的宗教。在这里，双方的关系并没有立刻紧张起来。荷兰公司的领导人让施托伊弗桑特不要相信英国人，"时刻留意他们"，不要相信他们的"险恶的诡计"。而对英国移民来说，从美洲原住民派来的报信人口中了解了情况之后，关于施托伊弗桑特，登顿只能说同样的小心戒备的话。

在随后召开的紧急会议上，人们决定直接与荷兰总督交流，这样就可以避免眼前的麻烦。长岛上的英国牧师，如登顿等人，对他们的会众说，他们的信仰与荷兰人的信仰很接近，应该不会发生任何冲突。登顿亲自前往施托伊弗桑特那里，设法打消后者的疑虑。登顿说，虽然英国和荷兰在欧洲爆发了战争，但是他所在的定居点仍然并将一直保持完全中立。不久，施托伊弗桑特表达了对登顿所做的斡旋工作的赞赏。几年后，几位荷兰牧师前往亨普斯特德，对登顿"友好的性格"赞不绝口，认为他没有大国沙文主义。很显然，考虑到当地美洲原住民愿意给他通风报信，说明他们也非常欣赏他的善良和友好。荷兰牧师说，他"深受众人爱戴"。

那时候，理查德·登顿的儿子丹尼尔还是一个二十出头的年轻人。随父亲一起漂洋过海之后，他一直生活在美洲。作为一个年轻的成年人，他在附近的英格兰定居点牙买加当市政官员，每天只上半天班。沿着长岛中央地带的山地过去，牙买加距离亨普斯特德正西大约10英里（约16千米）。他的弟弟纳撒尼尔（Nathaniel）也是镇政府的职员。登顿兄弟俩似乎是这个地方多个创建者中的两个。丹尼尔曾经和他人一起请求施托伊弗桑特授予他们最初的那片土地。1656年2月召开的市政会议的记录（当时丹尼尔大约三十岁，纳撒尼尔大约二十八岁）提到，丹尼尔因为识字多，受教育程度高，承担了"将所有有关公众利益的法案和政策"抄录到市政档案册的工作。那份会议记录还提到了一次公众投票（牙买加和亨普斯特德一样，用这种方式来决定重大事件），根据投票结果，他们最终决定，如果有人在那个城镇范围内打死狼的话，可以按照每只狼15先令的标准获得赏金——这一政策是为了牲口圈里的牲口以及居民的安全。

17世纪50年代后期，理查德·登顿饱受个人问题的困扰。他的妻子病得厉害，他面临财务困境，逐渐债台高筑，而亨普斯特德支付的有限的薪水无法解决这一问题（在长岛无法维持基本生活的英国牧师不止他一个。有一个去了弗吉尼亚，因为"无法糊口"；另一个靠"来自会众的不定期支付的微薄款项"勉强度日）。绝望中，登顿通过陆路，跋涉数百英里前往南方的弗吉尼亚，为的是寻找一个挣钱更多的职位，然而却一无所获地回到长岛。他每天祈祷，希望获得上天的指点。后来，他确实获得了一个很像是上帝派人送来的重大消息：有人告诉他，他在英国的一个朋友去世了，给他留下了400英镑的大笔财产。这可以让他彻底摆脱困境。唯一的问题是，要想拿到这笔钱，他或他的妻子必须亲自前往英国。

因为妻子健康状况不佳，无法随同前往，也不能将她一个人留在长岛无人照管，因此他不得不带着她一起走。很多人用尽办法劝他取消此行，然而那笔财产数额巨大，让当时的他无法拒绝。上天的意志非常明显（施托伊弗桑特答应尽力帮助他，而拜访过登顿的荷兰牧师说，他们无法"劝说他留下来，我们努力尝试了各种办法"）。怀着沉重的心情，他告别了家人、朋友和教区居民，登上了那艘20多年前他恋恋不舍但又坚决地离开家乡时乘坐的大船，返回先前的那个国家。资料中最后一次提及理查德·登顿的名字是1658年3月4日的亨普斯特德镇的档案册，那个档案册上记录着支付给他的微薄薪水。他再也没有回到美洲，他余生在距离老家约克郡以南有一段距离的埃塞克斯度过。在那里，他找到了一个文书工作。几年后，即17世纪60年代初，他去世了。

这期间，新尼德兰的形势变得越来越紧张。定居点人口的增长和经济的发展，让荷兰西印度公司越来越重视这个定居点，英国施加的压力——无论是来自这个岛上的英国人的压力，还是来自新英格兰的压力——越来越无法调和。这与施托伊弗桑特的预测完全一致。后来，他写道，英国人具有"压倒性的力量"，他认为英国人与荷兰人的比例是50∶1，这有些言过其实。这个定居点位于弗吉尼亚和新英格兰之间，这也让英国人垂涎不已。当时，英国与荷兰在商业上的竞争关系日益加剧。

共和制下的英国领导人意识到，如果不控制哈得孙河和周围地区，英国就无法阻止法国人向北移民的脚步，也无法从那里和新尼德兰利润丰厚的皮毛生意中获利。于是，他们根据先前的土地特许状提出了声索要求，说那个土地特许状就可以证明英国对那个地区的所有权，只不过英国扩张的早期阶段，正值两个国家是盟友，所以伦敦的英国政权并不在意荷兰人在那里。

英国人说，此时的荷兰是"可恶的人和大胆的抢夺者"，他们通过"欺诈和背叛"占据了那个地方。

共和制下的英国在失去了那位天才的统治者——护国公奥利弗·克伦威尔之后，由他的儿子即位，但他无力驾驭各方力量。1660年，斯图亚特王朝在英国复辟。十多年前，那位不幸的国王统治之下的国家被一场毁灭性的内战重创，国王本人也被处死；现在，他的长子查理·斯图亚特在威斯敏斯特登上王位，史称"查理二世"。英国拥护君主专政的人们欢呼雀跃。

一开始，荷兰西印度公司满怀希望。克伦威尔时代，英国和荷兰都是共和制国家，但后者不信任甚至仇恨克伦威尔政权。西印度公司曾经听说威胁新尼德兰定居点的"令人不安的危险谣言"。他们极不愿意看到英国政权在政治和宗教两方面都处于"混乱状态"，因为如果这样的话，美洲定居点的整体形势就一直处于不确定状态。他们思忖，"情况可能会好起来，因为（查理二世的）诚实和公正要胜于先前的那个非法政府"。

荷兰人相信，英王肯定不会支持英国移民者提出的"无理要求"，不会"像前任政府那样"鼓动他们那样做。然而，这种乐观的想法很快就不存在了，取而代之的是有关英国移居者恶毒企图的"四处散播的谣言"。英国移居者继续就商业上的主导地位与他们的劲敌，即荷兰移居者进行竞争，王室复辟没有起到任何作用。与国会控制下的英联邦的战争结束之后，荷兰再次与斯图亚特王朝统治下的英国开战。距离泰晤士河河口不远的外海处，两国军舰展开了厮杀，从伦敦的政府大楼里能隐约听到海面上传来的隆隆炮声。在这期间，这场冲突蔓延到了大西洋对面，从欧洲传到了"美洲的荒野地带"。

如果说斯图亚特王朝复辟确实带来了某种变化的话，那么这种变化并不利于荷兰定居点。施托伊弗桑特和其他荷兰人希望"平静地拥有"那片他们曾经为之"付出或经历了大量劳动、焦虑和困难"的土地，然而这时的英国政权不再像克伦威尔政权那样将全部精力集中于国内形势上。这时候，它能够更多地专注于海外的帝国事务，开始积极寻求殖民扩张之道。英国统治者将贪婪的目光落到了新尼德兰。他们越来越垂涎那片土地，因为那里不仅仅是统一北美、与法国在北部的"加拿大"作战的必争之地，其本身也越来越具有经济价值。英国人和荷兰人一样敏锐地意识到，如果这样发展下去，"不出几年"，那个定居点"就会成为一个实力强大的地方"。1663年，一个英国人写道，因为地理位置的关系，新阿姆斯特丹这个城市在贸易方面"享尽便利"；那个地方是"整个北方帝国最肥美的部分"，我们几乎可以听到说这话的人咂嘴的声音。

早在17世纪60年代初，海外种植委员会（Council for Foreign Plantations）的三个成员就受命研究这件事。这三个人中就有约翰·伯克利爵士，就是曾参加保王派军队、弟弟担任弗吉尼亚总督的那个人。查理二世要求他们提供"荷兰人入侵"北美，以及有关英国将他们逐出北美的可能性、难易程度的详细报告，虽然荷兰人一再坚持他们拥有对那个地区"无可辩驳的、真实有效的"权利。英国将不久前两国签订的决定忽略这种非法入侵的条约抛之脑后，他们在寻机挑起战争。塞缪尔·佩皮斯在日记中写道，"朝堂上的所有人都疯狂地想发动战争"。

这个时候，施托伊弗桑特和整个荷兰西印度公司，不得不与越来越多涌入该定居点的英国人斗争。17世纪60年代初，长岛上已经形成了13个英国人定居点，相较之下，荷兰人的定居点只有五个。因为长期无法确定两国移民定居点之间的边界，骚乱越来越严重。

1663年初，一场地震发生了，这场地震一直持续了好几个月。在北部的加拿大，剧烈的地震影响了整个美洲东北部。教堂剧烈摇动，摇响了里面的大钟；建筑倒塌，山体发生大面积滑坡，树木和栅栏不住地上下跳动；地面出现了巨大的裂缝，地表就像汹涌的海面一样猛烈地左右摇动、上下颠簸。"一片广袤得惊人的国度"瞬间被"彻底摧毁"，几乎所有人都用上天的不满来解释这件可怕的事情。有人说这是上天不满意荷兰人的统治。

后来，也是同一年，丹尼尔·登顿看到，一些英国移居者，有人说有300人，有人说没那么多，有的骑着马，全副武装，聚集在城里，将地方长官和民众召集在一起，说他们不服从荷兰殖民政府的管理。他们说，那里是"国王的地盘"。他们说，在场的英国人应该效忠查理二世，不得向荷兰人缴税。他们说，如果"有人胆敢说这不是国王的土地"，他们就会"用长剑捅那人的肚子"。这些带着武器的人，引发了人群中某些人的"叫嚷声和愤怒的情绪"，这些人说"如果不……拿起武器反抗荷兰人"，他们就可能"失去自己的财产"。

从荷兰人的角度来看，这些煽动英国人发动"骚乱"的行为，完全违反了长岛的英国移居者当初的"职责和誓言"。施托伊弗桑特在报告中称之为"英国人非法的，甚至明显的敌对行为"。他说，实施这些行为的人"来自各个阶层，怀有叛乱之心，一心想要浑水摸鱼"。从此，荷兰人与英国人不再一起干活儿。很多英国移民城镇拒绝遵守或听从新阿姆斯特丹颁布的法令。荷兰当局也禁止"恶毒的"或"恶意的"英国移民参与殖民活动。然而，这时候，与哈得孙河上游沿岸的一个原住民部落的冲突，严重分散了荷兰当局的精力，让他们无暇专注于长岛的问题。

施托伊弗桑特说，我们"孱弱的军事实力"不堪一击，"在制止（英国叛乱者）方面毫无办法"。由于精力（和军队）无暇他顾，他们不得不允许英国移民城镇自治。另外，施托伊弗桑特不断提醒沮丧的母公司，即使他强令长岛的荷兰士兵出击，周围英国人定居点也肯定会实施报复行为，那将会导致"荷兰殖民地遭遇无法避免的贫困、饥荒和毁灭"。他坚称，"那是一个愚蠢之举，与他们为敌就像是以头撞墙"。

很长时间以来，传得有模有样的小道消息满天飞，说是查理二世的弟弟，即约克和奥尔巴尼公爵詹姆士——比他的哥哥更加热衷于罗马天主教、帝国扩张，还有女人（在这方面，查理二世已经达到了一个很高的"境界"）——打算夺取新尼德兰。寡不敌众的荷兰人以及他们的曼哈顿教友，害怕发生最糟糕的情况。虽然施托伊弗桑特一再提升那个城市的防御能力，但他心里非常清楚军需品的缺乏程度。他知道，如果他的"首都"失守的话，"一切都完了"。

1664年初，总督在写给远在欧洲的统治者的信中说，那个定居点很可能被英国人"撕碎"；很明显，那些英国移民受到了"来自国王、约克公爵或其他大人物"的鼓动。在接下来的一个月里，美洲的荷兰殖民政府向母公司发出一份请求，一再向公司董事表示，如果母公司不提供支持，这个地方要么完全失去，要么面积大大缩小，"变得狭小逼仄"，他们将不得不撤出。他们说，虽然近年来人口增长了不少，但他们的实力与英国人相比仍然"非常薄弱"。英国人"那么长时间"没有对他们动手，简直是个奇迹。他们一再说，英国人肯定要夺取新阿姆斯特丹，以及整个新尼德兰，也就是他们所说的那个"得天独厚的地方"。政府官员说，眼下那里"处于孤立无援的境地"。

虽然面对战争的威胁和政府的强制手段，但是一些英国移民其实不知道该作何选择。丹尼尔·登顿就属于这种情况。和父亲一样，丹尼尔先前倾向于站在共和制政权中的宗教激进派一边，王朝复辟后，他和长岛的很多英国人一样，发现自己很难站在君主政权一方。毕竟，他们最初移居美洲就是为了逃离斯图亚特王朝的虐待和宗教迫害。这时候，有人草拟了一份文件，呼吁英国、荷兰两国政府协商解决分歧，"解决"有关长岛和"周边地区"的"所有难题"。施托伊弗桑特、其他荷兰移民的代表，以及英国移民中的重要人物，如丹尼尔·登顿，都在这份文件上签了字。

据说，在这场危机中，亨普斯特德定居点的人仍然忠于荷兰的殖民政府，虽然英国叛乱者不许他们这样做。很多英国移民并不特别支持新英格兰的清教徒，虽然后者中的大多数人因为某种原因表示忠诚于查理二世。民族肯定不是让人们产生分歧的唯一因素。

在位于伦敦的海外种植委员会的委员们出具的报告中，提到了从荷兰人的手中夺取新尼德兰需要多少兵力。他们说，用三艘船运送300名士兵应该足够了，考虑到长岛上有相当比例的居民是英国人，另外，来自美洲其他定居点的英国人也会支援他们——这也是荷兰人非常担心的。

荷兰当局在数月之前就预测到这3艘战舰的事情。1664年初，来自美洲原住民的消息（他们从英国人那里得到的消息）确认了这一点："英国要派三艘战舰来，目的是赶走荷兰人。"

和亨利·诺伍德一样，理查德·尼科尔斯（Richard Nicolls）毕生支持斯图亚特王朝。年仅十八岁时，这位"无所畏惧的年轻人"就在内战爆发后带领一支骑兵加入了国王部队。和诺伍德一样，他也追随斯图亚特王朝一起流放，与身在法国的查理二世的弟弟詹姆士并肩作战，也因此而与当时身为王子的詹姆士的关系大大加深。他受过一流的教育，不但精通拉丁语、希腊语，还擅长法语、荷兰语。他个头儿很高，有一双灰色的眼睛，一头鬈发。他动辄大发脾气，暴跳如雷。不过，总的来说，他为人还算和气。与一些他觉得让人不舒服的英国人打过交道后，他写道："我的性格太好了，即使和最差劲的人打交道，我也狠不下心来。"

查理二世复辟后，尼科尔斯回到英国，担任国王的宫廷侍从。查理二世将位于西印度群岛的长岛，以及新英格兰和马里兰之间的一片土地的特许权授予他的弟弟。王室宣称新英格兰和马里兰之间的那片土地"从其被发现开始一直为英国所有，但后来被荷兰人侵占"。他们说荷兰人为了"将河狸生意占为己有"而在那里建设了城镇和堡垒。王子詹姆士派尼科尔斯率领海上远征军落实上述特许权。远征军的计划是占领新阿姆斯特丹及其周围地区，但表面的幌子是考察"新英格兰地区"——这种借口，阿姆斯特丹和伦敦没有几个人相信。

1664年5月，该远征军从朴次茅斯出发（当时应该是英国与荷兰之间的和平时期）。8月末，身在曼哈顿的施托伊弗桑特看到大型英国战舰停泊在长岛附近海域。他派人询问对方的来意，因为对方没有主动联系他们。第二天，尼科尔斯给了答复："我认为应该告知阁下，大不列颠国王陛下对美洲这些地区拥有无可争辩的权利（这里肯定有疑问的），命令本人……要你们交出所有在阁下管辖下的荷兰移民控制的堡垒、城镇、设防地区。"他很希望来一个和平交接。他说，如果他们主动投降的话，英王陛下"性格极具基督徒的雅量"，而他，尼科尔斯，将保证所有人的"财产、生命和自由"；否则，他们必将遭受"战争所产生的严重后果"。

三艘英国战舰组成的小型舰队驶入北美海港，停泊在长岛西南部的格雷夫森德港。当数百士兵下船召集当地的英国移民时，丹尼尔·登顿到底在想什么，我们无从得知（和人们先前预测的一样，抵达美洲的有三艘大型战船，后来又有一艘小船加入进来）。作为牙买加的政府职员，登顿肯定在密切注意形势的发展。那是1664年8月27日，一个炎热、潮湿的仲夏日，当英军从长岛西端向曼哈顿渡口前进时，他们派人提前在沿途散发传单。传单内容用英文、荷兰文两种文字书写，承诺善待所有投降的人，但同时表示，如果反抗，将对相关地区和居民进行暴力处置。一位荷兰牧师说，如果交接"不能和平进行，他们就要发动攻击"，"英国士兵要将这个地方抢夺一空"。很多英国士兵也确实毫不掩饰这种想法。

"我雇了那些先生们，"尼科尔斯说的是他招募的那些先头出发的警员们，"去尽可能地召集人手。"他说，他们可以"随意地"在长岛西部的任何城镇"大张旗鼓地宣传这一目标"。无疑，丹尼尔·登顿再次纠结起来：一方面，这些部队是英国派来的部队，是来帮助国王和英国同胞统治荷兰人的——英国移民"普遍不喜欢生活在另一个国家的政府管理下"；另一方面，英国部队代表着他和父亲多年前逃离的那个王权国家。

尼科尔斯派人给施托伊弗桑特送去一封信，正式要求殖民地投降。他承诺，新尼德兰的所有居民可以继续"平静地"生活，享受"神的赐福"和"他们自己的诚实生计"结出的果实。但施托伊弗桑特倾向于抵抗，不管付出多大代价。他愤怒地撕碎了那封信。僵局持续了数天，荷兰人提出将这个问题交给欧洲的荷兰、英国两国政府去解决。然而，尼科尔斯拒绝了。他命令麾下军舰从曼哈顿岛岸边驶过，将炮口对着新阿姆斯特丹，这向对方透露着一个信息：如果对方稍有反抗，他们就会舷炮齐发，迅速占领那个城市。

同时，施托伊弗桑特清楚而痛苦地看到，新阿姆斯特丹不可能经受得住炮轰。虽然防御工事已经多次加固，但还不够坚固。他说那个堡垒已经"摇摇欲坠"。虽然这可能是他事后杜撰的借口，为的是给自己的行为寻找理由。但是，即使防御工事坚固，也没有足够的人手或弹药来坚守阵地。炮手抱怨说，如果上午开战，弹药最多只能维持到中午，后备给养根本不够。一个荷兰人说："我们根本得不到任何支援。"同时，作为敌对一方的英国人的数量却在增加，而且会越来越多。那个人说："每一天，都有很多人步行或骑马赶来，加入英国人的队伍，一门心思要洗劫那个地方。"

当英军提供的投降条款的只言片语被泄露出去后，施托伊弗桑特不得不将那封撕碎的信的碎片重新拼在一起，将详细内容告知下属。施托伊弗桑特打算负隅顽抗，然而他身边的人看到对方提出的宽大条件和英军必然胜利的形势，大多无心抵御。这时候，城里已经"悄悄流传着大量怨言和不满的声音"。施托伊弗桑特说："人们普遍排斥抵抗，不愿意帮助守城，这种情绪很明显。"

尼科尔斯郑重承诺，居民生活不会受政权变化的影响；在英国政府的管理下，来自各个国家的移民都会照常生活，而不会经历"劫掠、屠杀和大破坏"；大家可以继续从事各自的活计，酒馆可以继续营业，人们可以享受完全的信仰自由；不管对于荷兰人还是高度杂居的居民群体（杂居在一起的人拥有不同的种族和信仰），信仰自由都相当重要；如果发生类似英国和荷兰再次开战的事件，这些移民可以不和自己先前的国家作战。新阿姆斯特丹的一些重要人物（包括施托伊弗桑特的儿子）集体写信给施托伊弗桑特，请求他不要对抗"如此大度的敌人"。一位荷兰人对即将到来的政权更迭很乐观，他说："我们必须学英文，这是上帝乐于见到的事情。"

登顿认为，不管那个殖民地整体防御力量如何，位于曼哈顿岛尖角位置上的阿姆斯特丹堡垒是"美洲北部防卫力量最强的地方"，那里的守军也可以"敲着鼓，举着旗子"体面地离开。面对一致想要投降的众人，施托伊弗桑特别无选择，只好接受。只有那些盼望"大肆抢劫和杀人"的英国士兵对和平投降很不满意，"一提到投降"，他们就"骂娘"。

于是，9月初，施托伊弗桑特正式投降，代表新阿姆斯特丹宣誓效忠英国王室。他辞去殖民地总督职务，回国内汇报他所说的"遗憾的损失"。他竭力说明这一损失是"人力所不能避免的"。汇报之后，他回到他管理了16年的美洲殖民地，在自己的农场退休。

尼科尔斯代表约克公爵以"代理总督"的身份正式接任，虽然在事实上他就是那个殖民地的总督。他善良的天性和公正的态度让他深受所有定居点人民的爱戴——甚至施托伊弗桑特本人也很欣赏他。他承诺不以权谋私，他想得到的只是一个良好的声誉。他还郑重地说，"只要可能的话"，他尽量不施以"重罚"。他说这是缘于他"一向耐心"，而其他人"性格暴烈"。一次，他对发生争执的一方说："我很愿意相信一方说的话，直到我听完了另一方讲述的理由。"

他不喜欢用权力压制别人，更不看重国籍、阶层和等级。他说，他始终很愿意"向肚量最小的、略有压迫就会反对我的人敞开耳朵和心胸"。他说，他辛苦工作不求财物回报，只想"在上帝和世人面前"证明自己。虽然毛皮贸易不再是最重要的经济来源，但它仍然是那里最主要的行业。尼科尔斯迅速同意了一位长岛的英国人提出的"与印第安人做生意……换取毛皮"的请求。

约克公爵每年支付给他哥哥查理二世的报酬是40张河狸皮，作为那个殖民地的租金，表示他在替国王打理殖民地。为了表示对公爵的敬意，这个殖民地改用公爵的名字来命名。理查德·尼科尔斯想到的一个名字是"奥尔巴尼亚"（Albania），因为詹姆士是约克和奥尔巴尼公爵。后来，他坚定地选择了之前那个大家达成一致的名字，直到今天仍在使用，即"纽约"（New York）。

尼科尔斯接任后不久，就承诺召集生活在那个地方（查理二世统治下的"偏远地区"的所有主要定居点）的代表开一次会。

在会上，法律纠纷和其他纠纷都可以提。他承诺，针对移民们感到的任何"严重不便"，以及往往"胜过邻里的关爱和基督徒慈善"的"私下里的争执和憎恶"，他都会提供帮助。尼科尔斯想得很周到，他不愿意冬天召集这个会议，因为代表们将不得不辛苦地冒雪赴会。因此，他希望将开会时间安排在1665年初，天气暖和起来之后。开会地点在长岛的亨普斯特德，会场就是理查德·登顿带人建造并多次用作教堂兼会议厅的那个建筑。

每个定居点（或定居点的成年男性）都要选出他们的代表，尼科尔斯建议他们选择那些"最理性、能力最强、最谨慎的人"，那些没有"私心和派别"的人，因为这些人有助于"全面、完美地解决和平息所有争执"，并"在我们中间传播真正的宗教"。在牙买加，丹尼尔·登顿是被选出来的代表之一。和大多数代表相比，他距离开会地点近一些。在开会之前，尼科尔斯询问了美洲其他英国定居点的法律，起草了一些法律条文。他大大地修改了众多法律中的严苛条款，坚持高度的宗教容忍，删除了一些刑罚，比如针对施行巫术的惩罚。当时，巫术罪让越来越多的人感到不安。在他组织审理的两起有关巫术罪的审判中，他将罪名改为"我们能够认可的"其他罪名——尼科尔斯拒绝给嫌疑人定巫术罪。

和一些代表的预期相比，会议并不像是供众人商谈事情的论坛。

尼科尔斯只是告知大家，今后，总督和当地议会（Council）将在治安官和治安法官（由总督任命）的帮助下管理这个殖民地。当地议会也兼任巡回审判法庭——该殖民地的最高法院。尼科尔斯颁布了一系列法律，史称《公爵法案》（*Duke's Laws*）。尼科尔斯新建了一个郡，长岛的英国人定居点就属于这个郡。这个郡被命名为"约克郡"（源自詹姆士·斯图亚特的封地）。一开始，尼科尔斯还允许荷兰人保留他们的行政机构。不过，几个月之后，英国人的政府机构职能扩大了，约克郡的荷兰政府机构被一个新成立的市议会所取代。尼科尔斯作为保王派人物，哀叹"英国国内上次发生的叛乱及其严重后果"，承认这些强加的制度"对于某些信仰共和制的人来说可能会很不舒服"。不过，他并不后悔。

第二年，因为英、荷两国处于战争状态，尼科尔斯担心荷兰人在纽约采取报复行动，他给几位他信得过的长岛治安法官写了一封信，提醒他们注意这方面的情况。其中的一个治安法官即"登顿先生"。尼科尔斯只在纽约待到1668年，因为他的个人财务支出捉襟见肘。他的离去连荷兰人也觉得是一大遗憾，他们失去了一个"有才华的明智的总督"。他回到了詹姆士王子（约克和奥尔巴尼公爵、英国海军大臣）的身边。

之后没多久，具体地说是1672年，在英国东部沿海与荷兰军队的一场海战中，站在甲板上詹姆士王子身边的尼科尔斯，被一发炮弹击中而亡。

英国人统治下的纽约逐渐成为一个世界性大都市。这里生活着荷兰移民以及来自世界各国的其他移民。其周边地区，比如长岛，仍然以英国人为主。

1670年，在英国人占领这一殖民地六年后，丹尼尔·登顿不得不回到英国。在英国，有人鼓动他写作和出版一篇关于那个殖民地的介绍，以鼓励其他英国人渡过大西洋移民美洲。虽然他文笔夸张，但热情可鉴。他说，那里的空气中"有一种芳香的味道"，欧洲乘客隔着很远不用下船就能闻到（这个说法倒是事实，他经常提到这一点）。他说，那个地方有益于健康，很多人在那里生活20年从来没生过病——这有些言过其实。

他说，那里的气温"和英国很接近"，虽然事实上是夏天要热得多，冬天冷得多。他说，那里的气候没有"季节交替"，也就是没有调整时期，在调整时期，人们容易得病，并且死亡率很高。"如果世界上真有迦南的话，"他写道，"那里肯定就是地上流淌着奶和蜜的地方。"他说自己没有夸大其词。"如果文章有什么错的地方，"他说，"那主要错在没有给予（那个地方）足够的赞誉之词。"另外，新世界没有，或基本上没旧欧洲社会鲜明的阶层等级。他说，那里没有"傲慢和压迫"，没有"铺张和斗狠"。在那里，拥有一辆简陋的小马车和拥有一辆大马车一样让人满足，"自己家里织的布"比"最高档的细麻布和最昂贵的丝绸更好"。他可能还说，人们认为，粗糙的布料和最精美的河狸皮产品一样好，虽然很明显，新世界那些有门路的人更能买得起后者。美国在简单、质朴、不铺张方面的自豪，从很早的时候就开始了。

他写道，现在的纽约城基本上是一个"砖石建筑的城市"，屋顶上盖着"红色和黑色的瓦"。房屋向阳的一面有很多蜂房。经济活动越来越多样化。一开始，荷兰人统治时期，这里基本上只有毛皮贸易，主要是河狸皮贸易。后来，当地经济对这种单一商品的依赖性降低了，虽然皮毛生意仍然占据非常重要的位置（登顿说到"最近有大量毛皮从那里运往荷兰"，同时也看到当时人们经常"与印第安人做生意"。他提到了毛皮，尤其是河狸皮。18世纪，河狸皮帽子仍然是出口英国的皮货中非常重要的一部分）。

各行各业的手艺人，在纽约发展得很好，比如，"木匠、铁匠、泥瓦匠、裁缝、织布工、鞋匠、皮革匠、烧砖人等"。而"没有手艺的就从事农牧业，可以获得土地，生活得也非常好"。他说，没有一个人"生活得不开心"。这话有些夸张。

后来，他遇到了让自己不开心的事，不过这和他的物质生活或健康没有关系。他在英国的时候，留在美洲的妻子出轨了。渡过大西洋回到美洲后，他发现了这件事，采取了在当时社会看来很极端的做法——他和她离婚了（和美洲原住民部落不一样，英国人认为对婚姻不忠是一件很严重的事情——尤其如果出轨的是女方）。

这期间，纽约的生活基本上没有什么波动，除了短暂的一段动乱之外。17世纪70年代早期的15个月里，那个地区，还有纽约城，被荷兰人用武力控制在手中。纽约仍然是一个特点鲜明的各地人口混杂的地方。虽然这个城市的荷兰人一度超过英国人，但是从整个地区来看，例如长岛，移民大多来自英国。据登顿记载，来自美洲其他地方和来自大洋彼岸的人一样多。移民不断涌入。他说，"每天，都有大量的人"抵达。他对这种大规模人口流动很熟悉，因为最初他们那个宗教群体就是这样过来的。在他父亲的带领下，他们来美洲"察看、定居"，当时他还是一个孩子。

虽然如此，他说这个地区未来能容纳更多人口，历史的发展也与他预言的一致。他说，可以容纳"大量移民"。这片土地可以为"数千人"提供生活的空间。他满怀信心地说，他们可以"像世界上任何国家的人那样幸福地生活"。这里有面积广阔的肥沃土地。在英国，同样的好土地因为人口的不断增长，已经极度缺乏了。登顿说，纽约农民绕着自己的玉米地和其他庄稼地走路,即使"走累了"也还未走满一圈。他们的耕牛数量每年都在增长。他们根本不用担心夏天的牧场或冬季的草料,因为森林会提供足够的饲料。

他说,即使在美洲大陆走上数百英里,也听不到任何有关贫困的怨言。事实上,并不是所有移民都同意这一赞誉,那些遭受过原住民部落袭击的人就不同意(当然,还有那些因欧洲竞争者,尤其是英国人,以及无情的"上帝之手"而遭遇灭顶之灾的原住民部落,也不会同意)。不过,公平地说,登顿和父亲也做过这样的事情,他们也曾步行沿着美洲东部海岸跋涉。在他写这篇文章之际,那里的欧洲定居点仍然存在着。

在纽约殖民地日益稳固的过程中,河狸皮不再是殖民地经济中的核心商品。当时的新阿姆斯特丹逐渐成为历史(除了那个城市短暂地回到荷兰人手中的一年多时间里)。不过,用陷阱捕捉河狸仍然是让很多美洲原住民猎人"痛苦并快乐"的营生,他们知道欧洲商人对这种东西的需求仍然旺盛。河狸皮仍然是一种替代货币,虽然已经不再是唯一的货币(17世纪70年代后期,一个生活在那里的英国人在提到一笔开支时,说那笔开支是"6张河狸皮或等价货币")。那个时期的纽约,毛皮生意的重要性急剧下降。到英国人第一次占领纽约前不久,河狸皮生意数量已下降到17世纪50年代鼎盛时期的五分之一。

但对河狸皮的需求仍然旺盛,事实上,随着欧洲对河狸帽的追捧达到顶峰,河狸皮的市场需求在随后那个世纪的上半叶不断攀升;不过美洲出口河狸皮数量最大的地区,转移到了哈得孙湾附近的加拿大,纽约作为一个逐渐解体的、混乱的、争执不断的河狸皮交易中心的早期历史,基本上被人们忘记了。

第六章 | 自　由

1682年8月末，一辆装着深色木制家具、毯子和沉重的大箱子的马车穿过迪尔港口区，最后停在一艘名为"欢迎"号的船的旁边。"欢迎"号仅有100多英尺（约30米）长，有3副方形帆（虽然排水量达到了300吨，但按照那个世纪后半叶越洋航船的标准来看，这艘船的大小算是很一般）。那些箱子被搬到了货舱里，箱子里塞满了衣物。很多前往美洲的人带上了他们余生可能用到的所有东西，由此可见他们对未来生活所持的乐观态度。

在肯特海岸的这个地方，也就是亨利·诺伍德30年前等待船只的那个地方，风向逐渐变得越来越有利，最后变成了北风偏东北风。这样一来，船只可以迅速沿着英吉利海峡出海，穿过康沃尔，经过爱尔兰，进入大西洋。当时，大约有30艘船停泊在迪尔。随着风向标的转动，很多船只迅速做好了出发的准备。至少有两三艘船要前往宾夕法尼亚，其中包括"欢迎"号。"欢迎"号的船长获知风向变化后，立即召集仅有的100多乘客登船。这些乘客大多数是英国的贵格会信徒，很多人来自苏塞克斯郡，其中有一家人来自冰岛，还有两家人来自威尔士。乘客中还有孩子、几个仆人——孩子和仆人都没有资格单独列在乘客名单上。在那些船员和乘客中，至少有一个人，或者他带着的行李，携带着一种看不见的传染病病毒。

三十七岁的威廉·佩恩穿着朴素，为人善良，说话和气，具有某种超凡脱俗的气质。他内心非常纠结。一方面，他很兴奋，为了这个计划他梦想了多年，计划了很长时间，他终于能按照上帝的意愿做事了。他要带领数百名贵格会教友远离英国的迫害，去美洲建立一个自己的定居点，去寻觅一个他们能够自由追求信仰的地方。另一方面，他刚经历了一场痛苦的分别。他的家人本来一直和他在一起，然而他们却在前往英格兰海岸的路上分开了。在坎特伯雷，他们与他道别。他给他们每人写了一封信，另外一封信写给他们所有人。他写道："对于一个人来说，我是丈夫，对于其他人来说，我是父亲，我不知道是否今生还能再看到你们。"他之所以后来能够再次看到他的妻子，很大程度上缘于他小时候得过的一场重病。

17世纪的时候，那些即将越洋远航的人思前想后，害怕发生海难，痛苦地与留下的亲友告别是一件很正常的事情。当时，各种意外导致的死亡非常频繁，让人们感觉海上航行尤其危险，甚至感觉比真实数据反映出来的情况更加危险。之前，因为害怕，很少有人会站在剧烈颠簸的甲板上；很多人不会游泳。对于那些挤在"欢迎"号上的人来说，无情的不仅是天气；不管是乘客还是船员，染上天花后大约两个星期内都没有什么不好的症状，两个星期后，他们才开始发烧，感觉不适。

虽然天花病毒传播得很快，但它被简单地称为"pox"（"痘""疹"）。该词smallpox的前缀"small"（"小"）有别于"great"（"大"），greatpox指的是梅毒。然而这个"小"并不意味着可以等闲视之。感染天花后，不论是死亡率，还是破相的比率，都相当高，而且越来越高，因为这种病毒在那个世纪发生了突变，破坏性更大了。17世纪的一位医生说，这种疾病"极具传染性，能在短时间内让很多人丧命"。这种疾病没有"阶层歧视"。查理二世复辟后不久，他的弟弟和妹妹都死于这种"无情而不分阶层的疾病"。女王玛丽二世（查理二世的侄女）没多久也染上了天花，死时年仅三十出头。据另一位当时的医生记载，病人先是身上发冷，颤抖，接着就感觉热得要命，"头部和腰部疼得厉害"，呕吐，"出汗不止"。身体感觉不适数天后，作为明显症状的红色斑点会出现，在脸上、四肢、躯干上蔓延，变成含有脓液的脓包，最后结痂，留下难看的伤疤。病人全身出现了"鲜亮的红色"——"很像是玫瑰色"，难怪天花也被称为"红色瘟疫"。

船上空间狭小逼仄，几乎所有乘客都不得不紧紧地挤在木甲板上，也睡在甲板上（他们尽可能地睡觉），这种情况下控制传染病是不可能的，即使了解了它的传播方式也无济于事。威廉·佩恩建议人们，在船上保持健康的最好方式是身边多放迷迭香，以及其他有香味的草药，同时还要焚烧柏油、喷洒醋，更有用的是，"尽可能地待在甲板上，让海风吹走人群中的臭气"。在减缓疾病传播方面，他说的肯定是正确的。他还建议经常清洁船舱，包括床底下。他一再强调这是他的经验。不过，天花仍在传播，直到船上的大多数人都染了病。

至少个别人，其中包括威廉·佩恩，没有染病。虽然当时不知道是为什么，但是有人发现，那些先前得过这种病并幸存下来的人不大可能第二次染上这种病（17世纪的一位医生注意到，"如果一家人先前都没有得过这种病，一旦其中一人染上，全家人都会染上，谁也无法幸免"）。贵格会信徒以及船上大多数信仰基督信条的人，曾经在

1665年那场鼠疫中挺身而出照料病人——其他很多可以这样做的人只顾自己逃命——以及在一年后的伦敦大火后照料无家可归的人,因而受到了大家的赞扬。

当时,船上的一位乘客回忆起威廉·佩恩曾经照料病人的满腔热情,说他显示了"照料船上天花病人的出色水平"。他几乎将自己的药品都分发给了大家。然而,这只能起到安慰的作用,染病的人们除了祈祷外别无选择。对于那30多个人来说——相当于船上所有人的四分之一——祈祷是不够的。约翰·巴伯(John Barber)、玛丽·菲茨沃特(Mary Fitzwater)、托马斯·赫里奥特(Thomas Heriott),以及丹尼斯·罗奇福德(Dennis Rochford)的两个女儿格雷丝(Grace)、玛丽(Mary)等人,永远没有抵达大西洋对岸。他们的尸体被扔进了大海,"任它腐烂","主耶稣基督二次降临,让他们复活,并享有来世",正如圣公会1662年版《公祷书》所说,大海会让他们回到陆地。对于那些活着的、意识清醒的人来说,和先前的某个移居者一样,那些日子天天可以看到把一些人"扔进大海"的情景。另外,在经历这一痛苦的过程中,至少有一个人后来看到了美洲,但从来没有看到英国——他出生在那次航海途中。

这时候,至少海风还算仁慈。那次美洲航行耗时将近两个月,幸存下来的人一个个虚弱不堪。在看到并逐渐接近大片被郁郁葱葱的树木覆盖的陆地时,他们欣喜若狂。他们沿着特拉华河(Delaware River)逆流而上,抵达了一个定居点。为了纪念那个英国城市,威廉·佩恩将定居点重新命名为"切斯特"(Chester)。之前有人对威廉·佩恩说那是一个"好地方",看来确实如此。对于喜欢"乡村生活"的他来说,这是非常惬意的一件事。

他打算在这里建造一座新的城市,为此他察看了相关位置。他打算建设一个到处是树木、花园的城市，虽然这种城市规划理念在当时很少见。他给这个城市起名为"费城"。

30年前，在英格兰埃塞克斯郡，仲夏的每个早晨，人们都可以看到一个小男孩沿着罗丁河（River Roding），穿越树林、草地、矮树丛跑步。

时间还不到清晨六点。这时候，伦敦东北部乡村的气温还很低，低沉、朦胧的太阳光照落了凝结在蜘蛛网几何网眼上以及草叶、树叶上的露珠。在母亲的照料下，这个孩子的脸上没有留下难看的疤痕（能活下来已经是非常幸运的事情了，他称之为"上帝的赐福"，因为超过半数的染病孩子没能活下来）。不久，他的头发因为掉得厉害而变得稀稀拉拉。再后来，由于狱中生活的压力，头发一把一把地掉，他不得不干脆剃光了头，戴上假发。

眼下，威廉之所以跑步，是因为他喜欢跑步。在当时，跑步远未成为一种大众爱好。他感觉跑步让他非常快乐，他认为这是上帝的赐福。他喜欢运动，不喜欢久待在一处。为此，同时代的一个人说他"非常活泼"。长大后，他强迫自己坐下来写一些东西。在美洲，他写信给一个老朋友，回忆几十年前两人一起度过的时光，说到他们如何打发"那段二十年的光阴，不是站着，就是跑动"。

从在旺斯特德（Wanstead）村的家出发，他要往北跑三四英里（约五六千米）去奇格韦尔（Chigwell）的学校上学。放学后，太阳西坠，他再跑回家。英国当时是共和制国家，已经处死了国王。处死国王的时候，他还很小，不记事，后来听大人说，他才知道那是一个意义深远的事件。他跑在乡野里，经常会惊得野兔、狐狸或鹿匆忙躲入灌木丛里。由于他的突然出现，它们急忙逃窜，静静伫立，左右张望，然后消失。大自然让威廉着迷。他经常停下来，静静地欣赏蝴蝶、蜜蜂，或草地上的毛茛、报春花、黄花九轮草。后来，一个崇拜者写信给他的父亲说，"在童年时代"，他一直在"琢磨"神的造化。长大后，他说自己是"喜欢独处的孩子"，"经常一个人琢磨事情"。在每天上下学途中，他肯定有足够的时间来思考上帝创造的这个世界。

校长想约束喜欢跑动的威廉不做冲动鲁莽的事情，远离说下流话、骂人、争吵、打架、携带匕首或其他凶器的行为。但事实上，即便他是个男孩，他也不大可能做这些喧闹、没有规矩的事情，他的性格更倾向于安静地思考。"很早的时候，"一个同时代的人说，"他就喜欢独处，喜欢看书，钻研《圣经》。"在奇格韦尔学校时，他感受到了神的存在。一次，他一个人待在屋顶有房梁的黑暗的房间里，虽然阳光能通过小窗户照进屋里，但是室内光线仍然很暗。在镶着嵌板的四壁之内，他感到一种强烈的内心的平静，光线暗淡的室内瞬间明亮起来。

不久后的一天——那时的威廉将近十一岁——学校还没放学，他突然被人叫回家。母亲带着他和妹妹前往伦敦。在那里，他的父亲被关进了伦敦塔（他父亲因在海军中英勇作战而出名，在这位男孩眼中，父亲一直是个威严的存在——经常穿着开口宽大的靴子咚咚地走进屋里，帽子上插着一支颜色鲜亮的羽毛）。虽然没多久父亲获释，政府还说了一大堆道歉的话，但此时他的父亲已对克伦威尔政权心灰意冷（他内心一直倾向于君主制度），他决定"带着妻子和儿女"离开伦敦，前往政府授予的位于爱尔兰西南部的封地。

那时候，全国各地陷入严重的饥饿和痛苦中。克伦威尔残暴、充满仇恨的军队让全国民众饱受蹂躏，不得不屈服。事实上，在国会军的海军中服役时，威廉的父亲就察看过爱尔兰西部海岸，带领士兵登陆后烧掉了他目之所及的"所有村庄和房舍"。如今，十年后的眼下，威廉和父亲、母亲、出生不久的弟弟、四岁大的妹妹要一起生活在国会政权授予的距离科克郡（Cork）不远的城堡里，在这个乡村，倒是可以过上平静的、专心钻研知识的移居生活。威廉随家人在这里度过了对他的性格有重要影响的四年。

对于威廉来说，这是第一次可以天天见到父亲。虽然两人性格差别很大，但他开始重视和欣赏父亲对他的影响。"之前，我根本不知道父亲的作用，"他在后来写给父亲的信中说（当时他的父亲又一次出海作战），"直到我懂事后，才学会欣赏父亲。"他告诉父亲"长时间劳累后注意休息"，他向那个既是"父亲又是朋友的人"表示敬意。不过，他的父亲仍然希望可以劝说他远离那种奇怪的精神方面的思考，在宫廷里谋一个有油水的位子。

在爱尔兰生活的日子里，老威廉教儿子怎样做到举止像个廷臣，怎样使用佩剑。他们在斯图亚特王朝复辟后，立即回到英国，父子一起参加了伦敦庆祝查理二世执掌王位的盛大活动。当新登基的国王看到他们并向他们挥手时，两人很开心。不过，年轻的威廉对父亲认为的一个又一个的好机会不屑一顾。被牛津大学开除后，他前往法国游历，有幸在宫廷上受到法王路易十四的召见。虽然从此有机会"尽情地与一些一流人才坐而论道"，但是他觉得在索米尔（Saumur）钻研神学是一件更有意思的事情。他没有坚持学习将来可能有利于他进入政府部门工作所需的法律知识，而是潜心研究贵格会教义。对此，他的父亲失望地哭泣，一度不许他离开家，还威胁要剥夺他这位长子的继承权。威廉后来承认："当时，他怒火满腔，因为我和这个世界格格不入。"

不过，威廉的父亲在某种程度上和儿子一样，愿意接受新思想，甚至比较宽容，虽然他是一名成功的军官。当远在爱尔兰的儿子在那里帮助他料理土地时,老父亲曾写信给儿子说,他唯一的愿望是要他"与所有人都和睦相处"。17世纪50年代,他们全家住在爱尔兰时,威廉还是一个十几岁的大孩子,他的父亲看到儿子想听一位路过的贵格会牧师传教,就特意将那位牧师请到家里——当时贵格会刚兴起十年。贵格会强调人与神之间的直接交流,无须神职人员解释《圣经》。"贵格"(Quaker,意思是"颤抖的人")一词本是将近十年前的一位法官对那些信徒的嘲笑之语,"因为他们说到'主'这个词时就颤抖不已",后来竟然变成了那个派别的名字。

年轻的威廉很是着迷,津津有味地听那位牧师讲道。后来他说到那件事时说:"主眷顾了我,他给了我有关上帝的神圣印象。"不过他真正皈依那个信仰并为之奔走,是十年后的事情。他还强烈争取自己要拥有对这种事情进行独立判断的自由,他提醒父亲,他自己也曾经支持过这样的权利。他对父亲说:"不久前,您还像优秀律师一样宣传过我现在渴望的自由。"

必须改变自己的信仰,必须"根据那些世俗的框框来确定人们关于属于另一个世界的上帝和事物的信仰",这对于威廉来说,是"荒谬和危险的"。关在监狱里的那些对社会毫无危害的"因信仰而获罪的人"应该全部被释放。当然,他被父亲关在家里时,他传话给父亲——简直算不上是安慰父亲——"我要是做一点让步,就让监狱成为我的坟墓,因为我的信仰对世俗的任何人都没有义务"。贵格会信徒认为,并不是"世界上的任何力量"都能"改变(我们)对创造我们的上帝的敬畏和信仰"。

儿子问父亲,在他四处走动的过程中,难道没有看到,信仰和崇拜的多样化根本不会引发社会动乱?再说,让人们"统一思想"和让每个人都长得一样,是不可行的。克伦威尔时代宗教教派的迅速增长，以及之前那个时期紧张的社会形势和一触即发的动荡，已经说明了一切。原则上，任何人都不能被剥夺"自由这一重要的权利"，他引用了罗马历史学家塔西佗（Tacitus）的话。在许多年前，塔西佗就论述过"可以体验你想要体验的一切，可以说出你体验到的一切的难得的幸福时代"。

不过，他很清楚，在查理二世统治下的英国，这是不可能的。英吉利共和国相对的自由——有人说那是混乱——已经结束了。17世纪60年代初，斯图亚特王朝复辟不久，王室针对不信仰英国国教的人出台了相关法律，禁止非英国国教信徒的"秘密聚会"，目的是控制该法律前言中所说的"那些具有煽动性的信徒越来越频繁和危险的宗教活动"。该法律基本上关上了异教徒进入政府机构的大门。那些被城镇驱逐的牧师不得居住在距离该城市五英里（约八千米）的范围内；尤其是贵格会的信徒，作为一个信徒人数迅速增加到大约四万人的教派，贵格会遭受了严重的破坏，尽管罗马天主教被视为更为严峻的威胁。1670年，布里斯托尔的一位贵格会信徒描述了"自从查理二世复辟后，布里斯托尔的贵格会信徒遭遇的第七次迫害"。

虽然贵格会的宗教活动对社会毫无威胁这一事实后来广为人知，但一开始，贵格会信徒被视为整个社会体系的重大威胁，因为他们排斥任何形式的社会等级。他们不但拒绝发誓（他们认为发誓就是质疑自己诚实的本性，况且耶稣要求"不可起誓"），还拒绝向那些自以为高他们一等的人行脱帽礼，他们用常用的"thee""thou"，而不愿意用当时表示礼貌的复数代词"you"和人们打招呼[1]。贵格会信徒被视为"行事很危险的""怪人"——"要是他们有能力"，他们就会

---

[1] "thee""thou"，古英语中的人称代词，表示"你"；用"you"的复数称呼对方，意为"您"。——编者注

"推翻"国王的"君主权威"。

那个时代,社会阶级体系被视为亘古的自然法则——1665年那场瘟疫暴发时,林肯律师学院只让"上层人物"进入学院,他们认为这是合理的做法。然而,贵格会信徒认为,神"不分贵贱"。他们对牧师表示不屑,认为他们也是"为钱工作的"。而他们的宗教聚会希望会众中的每个成员(任何成员)可以被(上帝)感动得发言或带领大家祈祷。安妮·布拉德斯特里特那样的清教徒认为上帝可以像《圣经》中多次引述的那样,通过耶稣直接告诉人们做什么的时代已经过去了,而贵格会信徒认为,通过"内心的声音",他们自己也可以与上帝交流。另外,他们不同意加尔文派的主张,认为上帝并没有在人们出生之际挑选哪些人该得到拯救,哪些人该得到诅咒。1662年,议会颁布《贵格会法案》(*Quaker Act*)[1],禁止五个以上的贵格会信徒"以宗教活动为借口"在一起聚会,因为他们认为"大型"聚会危及公共秩序,会引起"人们的恐慌"。人们非常害怕那些人的"狂热理论"。

贵格会信徒和其他非国教信徒被戴上了足枷,越来越多的人还被关进了监狱。他们被折磨、殴打和公开嘲笑。"啊,谩骂、嘲笑,一片愤怒的声音,"贵格会的创立者乔治·福克斯(George Fox)写道,"啊,我们遭受了耳光、拳头、棍棒、囚禁,就因为我们不愿意向他们脱帽!"他说,那是"残暴、血腥的迫害"。威廉也同意这种看法。他写道,在遭遇"暴风雨般的迫害和殴打、海水般汹涌的恶意"的同时,他和他的朋友坚持他们所说的"我们那遭受了众多人诅咒的教义"。

---

[1] 亦译《教友会法案》。——译者注

不久后，会友们召开了名为"诉苦会"的例行会议，来抗议这种迫害，这也不算是巧合［他们把向国会提出的正式抗议写成了三册的《诉苦书》（*Books of Sufferings*）］。威廉·佩恩通过父亲的社会关系拥有了其他教友所不具备的机会。他向白金汉公爵（Duke of Buckingham）控诉了贵格会教友因为"在信仰和崇拜方面有不同看法"而经历的"足枷、鞭打、监狱、地牢、蔑视王权罪、罚款、扣押财产、放逐"，虽然这个控诉效果甚微。

另外，17世纪60年代中期，伦敦，以及整个英国，经历了一场可怕的浩劫。1665年，大瘟疫暴发了。数千人死亡，尸体被扔进一个个大坑里。人们在家门上贴上了恳求上帝宽恕的文字。贵格会信徒留下来救助病人，而大多数上层人物以及所有王室成员都逃到了乡村。到处是死人。塞缪尔·佩皮斯在日记里记叙说，"白天和晚上，很少能听到说话的声音，只能听到丧钟敲响的声音"。他写道："主啊！街道多么空寂和令人悲哀，街上那么多穷人遍体脓疮；从他们身边走过，我听说了太多悲惨的事情。"

在威廉·佩恩看来，那场破坏力巨大、让十万伦敦居民（大约是伦敦人口的四分之一）丧命的瘟疫，更加强化了所谓的"这个世界强烈的虚幻感"。这种死尸遍地的情景让他震惊，让他感到深深的痛苦。第二年，威廉抽时间前往爱尔兰打理父亲的土地时，伦敦再次遭遇浩劫——这一次被毁掉的是建筑，而不是居民——肇事者是那场历史上知名的大火灾。大风将火往西吹，整个城市被笼罩在烈火中。那场大火是西欧历史上"破坏性最大的火灾"。成千上万的住宅被大火烧毁，幸存者不得不露天睡在伦敦城外的开阔地。伦敦城很多地方被烧成黢黑的、冒着烟的废墟，以致回到伦敦的威廉·佩恩以为这座城市遭到了上帝的惩罚。

威廉回到英国后的生活，继续着之前的讲道、蹲牢房模式。1670年，他和另一位贵格会教友成了一个重大案件的被告。审判过程中，陪审团不愿意按照法官的要求判决他们借助讲道煽动骚乱和暴动。法庭告诫陪审团成员："在做出法庭可以接受的判决之前，你们不能离开。"他们怒不可遏，因为当时他们"饿得厉害"。威廉大声抗议，说不应该"用这种方式进行胁迫"，陪审团的判决结果应该是"出于自愿，不应被强迫"。然而，他的抗议没有任何作用。他大声疾呼："如果陪审团受到威胁，他们的判决结果不算数的话，还有什么公平的希望可言？"后来，那12个正直、富有正义感的人被处以罚款。拒绝缴纳罚款的四个人［爱德华·布谢尔（Edward Bushel）、约翰·哈蒙德（John Hammond）、查理·米尔森（Charles Milsson）、约翰·贝利（John Bailey）］立刻被塞入马车，和威廉·佩恩一起被送到了纽盖特监狱（Newgate Prison）。同时，案件上诉至国会；最终，下院做出裁决：不得因为判决结果而惩罚做出判决的陪审团。这一裁决影响深远。

在写给处境艰难的父亲的信中（当时，他已经与父亲和解），威廉痛心地说，"在耶稣基督里敬虔"度日的，注定要"受逼迫"，却得不到"与生命一样重要"的自由。他恳切地对父亲说，绝不可以受诱惑给他赎买自由。然而，父亲已经从儿子身上认识到了这一道理，他有点多余地说，"不要让世界上的任何东西委屈你的良心"。不久，威廉再次入狱，被关在"普通的散发着臭味的牢房里"。这一回，他无法传道，只能靠写一本小册子来打发时光。这本小册子后来被命名为《良心自由的重大案件》（*The Great Case of Liberty of Conscience*）。

在小册子里，他痛心不已，讲述贵格会教友"只是用不同于大众化的、传统的方式敬拜上帝"就受到了"残酷折磨"。他哀叹"暴戾的监狱里无法形容的压力,以及每天没收他们个人物品的做法",甚至"一家人都被毁掉"。他说,这种迫害不但不符合基督教义,而且也是没有意义的。事实上,它会起到相反的作用,"破坏政府权威"。

他认为,高压政治无法"说服最可怜的蠢人"。对于那些"完全属于思想认识上的错误","罚款和监狱"不是正确的惩治手段。他认为良心自由,不仅指的是思考的自由,还指以自己认为正确的方式,用行为崇拜上帝的权利。教会的高层不应该有攻击性,不应该论断别人,主教应该"对所有人和气、耐心,谦恭地开导(而不是迫害)反对者"。他还抨击"只因为用(他们)认为不能接受的方式敬拜创造人类的上帝而迫害诚实、善良的英国民众"是"真正的反基督行为"。

约翰·温思罗普这样的清教里的重要人物,以及其他很多人,提倡这样一种理念:阶层不应该被看作上帝认可的世俗统治的外部表现。他郑重地说:"任何人都不能自以为了不起,无须接受他人的劝诫……如果能够认真思考自己终有一死,不要忘记自己是一个无法主宰自己生命的凡人,他就会更为明智。"

他呼吁志同道合的人,运用"宽容的橄榄枝",继续承受施加在他们身上的惩罚,想象"我们最终获得的胜利将比我们的敌人用一切残酷手段获得的胜利更为显赫"。众多贵格会信徒已经追随玛丽·费希尔(Mary Fisher)、安·奥斯汀(Ann Austin)在17世纪50年代中期去了美洲。乔治·福克斯也去了那里。威廉·佩恩送他到船上,后又认真阅读了他托人送回来的书信。那些信中讲述了他"穿越沼泽、江河、溪流和原始森林",游历、帮助他人、传播贵格会教义等事情的经过。

威廉·佩恩后来写道,17世纪60年代初,当他在牛津大学读书时,"他就高兴地利用这个机会了解这些地方"。总的来说,那些年似乎是"上天的极大眷顾在帮助(美洲)种植园","为欧洲人前往那里打开了一扇门"。在那个辽阔的西部大洲进行扩张的可能性早就存在了。他相信,"上帝会保佑落后的美洲,并使它繁荣"。

然而,在新英格兰,贵格会信徒得到的同情甚至不如他们先前在自己国家获得的更多。那些为了逃离劳德主教迫害而远涉重洋的清教徒根本不想容忍他人,他们认为自己的敬拜方式才是正确的方式,别人的敬拜方式都是错的。他们根本不认可威廉·佩恩主张的"我们必须将自己要求的自由施以他人",他们认为给作恶者自由是可笑和荒谬的。费希尔和奥斯汀第一次到波士顿时,他们被关进监狱,扒光衣服,人们在他们身上寻找会使巫术的痕迹。他们写的书也被烧毁。当时,贵格会信徒在那里遭受的迫害越来越严重。

虽然如此,他们的信条在非常适合人们生活的美洲东海岸以惊人的速度传播。例如,在新尼德兰,当局想尽办法禁止"被称作'贵格会'的可恶教派",恪守加尔文教教义的彼得·施托伊弗桑特对贵格会深恶痛绝,贵格会信徒面临着在上层和底层都得不到支持的局面。在欧洲,负责管理殖民地的公司主管劝告人们不要迫害贵格会信徒,他们说:"疯狂地起诉他们,势必会导致殖民地人口减少,移民活动停止,而在有关那个地区生存的关键时期,我们必须支持移民活动。"他们的建议是"不要在意,不要强迫人们的信仰,让人们选择自己的信仰"。

很多人出于信仰自由,反对宗教迫害。他们希望"不论断别人,以免自己被别人论断","不指责别人,以免自己被别人指责","不要给别人定罪,以免别人给我们定罪";他们主张"让人们自己去选择和判断","我们希望别人怎样对待自己,就用同样方式对待别人"，这才是"教会和国家的真正规则"。在长岛上的牙买加，新尼德兰政府抗议该牙买加市议会向丹尼尔·登顿和他的弟弟等人"赋予信任和权威"，批评市议会"纵容所谓的'贵格会'教派"。新尼德兰政府抱怨说，对他们的"非法会议和秘密聚会"置若罔闻的结果是"公正的法律、法令被践踏，新教被背弃，我们的权威受到藐视"。17世纪60年代初，登顿不得不向荷兰总督承认，他们村里的绝大多数村民是这种"可恶"教派的支持者和追随者。

同样，在英国本土，虽然威廉·佩恩本人平静地度过了17世纪70年代，结了婚，有了孩子，但是贵格会事业广泛吸引了"平民与贵族、富人和穷人、年轻人和老人、有知识的人和没有知识的人、成年人和孩子"，他们召开"盛大的、人物云集的会议"。在坎特伯雷——罗伯特·库什曼曾经逃离的那个著名的宗教城市，贵格会多次召开会议。一次，会议"圆满"结束后，主持会议的威廉·佩恩和教友们骑马平安地离开了那里。"那座著名城市里的人们"已经明白发生了什么事。

不过，他们的成功引起了反对者的不安。在国会的推动下，国王不得不取消了赦免令，同时颁布《宣誓法案》（*Test Acts*）——主要是为了剪除天主教——禁止贵格会信徒进入政府工作。在伦敦，出现了被他们斥为"说谎、邪恶、造谣之作"的攻击他们的书籍。提图斯·奥茨（Titus Oates）提出（和杜撰）出所谓"天主教"阴谋之后，英国反天主教的狂热迅速膨胀。威廉·佩恩继续勇敢地呼吁容忍，甚至容忍罗马天主教徒，"因为我们对所有人心存善意，不愿意让任何人因为在信仰方面持有理智的异议而受苦难"。另外，贵格会信徒拒绝宣誓效忠英国国王，这让英国越来越成为一个不欢迎他们，甚至敌视他们的地方。威廉·佩恩写道，他的心情很沉重，他的灵魂"为国家感到非常难过",因为那里充斥着"仇恨和明显的不虔诚"。他恳求他的追随者们准备动身:"以色列人啊,各回各家去吧!"

眼下的问题是,欧洲各国,以及移居者在美洲东海岸展开了激烈的争夺。虽然大片海岸地带基本上没有多少欧洲移居者居住,但是他们还是想要声索更多的土地。斯图亚特王朝鼓励英国民众前往北美,以使英国获得在那里的主导地位,然而非国教教派并不在重点关照之列。早在1661年,一位有影响力的贵格会信徒就写信给乔治·福克斯,谈及贵格会教友在马里兰获得土地的可能性(他们之前讨论过这个问题),结果说是那里的土地已有主了。

在荷兰人被迫将新尼德兰交给英国人后,一系列偶然事件让贵格会信徒获得了"西新泽西"(West New Jersey)的一片土地。约翰·伯克利,也就是威廉·伯克利的哥哥,将他从约克公爵手中获得的那片土地的所有权卖给了两个贵格会信徒。威廉·佩恩参与了这件事,一是因为他的法律专长,二是他曾经代父亲打理过爱尔兰的土地,具有这方面的经验。

他迅速提出由陪审团进行真正的审判,实行绝对的信仰自由。政府的施政框架规定:"任何人或集体都没有权利和权力主宰他人在宗教事务上的信仰。"数百名贵格会信徒进入了一个到处是蛇、蚊子的荒凉地带,好在他们都是吃苦耐劳的手艺人——农夫、裁缝、织工,他们带来了工具和在英国烧制好的用以建造房屋的砖,他们用带来的加工好的产品向美洲原住民交换他们落脚所需的土地。

查理二世欠威廉·佩恩已故父亲1.6万英镑的巨款,这迫使斯图亚特政权为允许他们离开编造了一个借口:无数反对派支持者将远离英国,这一事实促使政府用美洲的某片土地来顶账。在特拉华河以西的荒凉地带有一片辽阔而肥沃的,政府也承认"了解很少"的土地。威廉后来写道，政府"乐得我们离开"。在那个他称之为"美洲地区"的地方，他和教友们乐得被打发离开英国。他找的同行者都是愿意吃苦的有志向的人。他请求把那个地方命名为"新威尔士"（New Wales），后来改为"西尔韦尼亚"（"Sylvania"，这个词加上"Penn"后成为"Pennsylvania"，即"宾夕法尼亚"），因为他担心加上他父亲的名字会"显得我很虚荣，而看不出国王对我父亲的尊重"。

最终的特许状上，签发日期是1681年3月4日。根据儒略历（当时英国官方使用的历法），那是一个星期五——和"异教徒"的月份一样，后来在宾夕法尼亚被取代（儒略历规定，一年的第一天是3月25日，而不是1月1日，即一年的第一月是3月）。威廉·佩恩只对英国国王负责，他是那片土地的所有人。他感激国王的方式是每年向国王支付两张河狸皮，派人送到温莎城堡，他已经计划好将这些举动的时间定为一年的开始——1月1日。

在设计地方治理方式的过程中，威廉·佩恩想尽办法"首先做好规划"，他肯定不愿意给自己和继任者提供做坏事的机会。他写道，"个人的意志"绝不可以"凌驾于整个地区的利益之上"。旧欧洲的魔咒——"战争"、阶级分明的社会——要全部摒弃。他兴奋地说，这个地方"比英国接近太阳600英里"。

1682年末，"欢迎"号第一次将他带到宾夕法尼亚。这次航行还算顺利，只用了不到两个月。他后来说，穿越大西洋需要的时间很不固定，从一个月到四个月都有可能，六至九个星期都算正常。在很多人看来，其危险程度只有天花可以相比。

在美洲的某些地方，比如在"严苛政府"管理下的新英格兰，对宗教思想的控制甚至超过了英国。威廉·佩恩不是第一个发现这一现象的人。他们不得不另外寻找可以自由敬拜上帝的地方。

安妮·哈钦森（Anne Hutchinson）也有类似的遭遇，她发现自己莫名其妙地成为被清教徒审判的人，理由是宗教上的狂热和兴奋在"荒凉的新英格兰"达到了高潮。做出审判的是那些最初因宗教热情而移居美洲的人。在新英格兰的生活，尤其是在刚开始的时候，非常艰苦。一个美洲移居者说："啊，那些日子，那些男女老少……百般祈求耶稣。"这种狂热的虔诚需要坚定的信念，而且经常导致激烈的分歧。

安妮从小在林肯郡长大，当时正值伊丽莎白一世在位的最后几年和詹姆士一世即位的头几年，福音派新教盛行，英国经常发生宗教骚动。她是一个自信、有魅力、聪颖的女子，受过良好的教育，从小对自己的看法很有信心。她在一个嘈杂、坚持己见的大家庭中生活，是12个子女中的长女。后来，她拥有了自己的大家庭，生下的孩子不少于15个。她生长的环境肯定不是那种让她习惯于逃避争论的环境。在父母亲的鼓励下，她积累了深厚的《圣经》知识，很喜欢和权力、地位比自己高的男性辩论，不承认女性不如男性的传统看法。在英国时，安妮在约翰·科顿所在的林肯郡教堂做礼拜，正如安妮·布拉德斯特里特一样。虽然后者比她年轻二十多岁，但是，这两位女性很可能互相认识。

安妮·哈钦森的父亲是英国国教会的一名牧师，经常因为毫不妥协的观点与宗教权威发生争执。在遭受他一连串质问时，一位主教愠怒地说他是"自以为是的清教恶棍"，说他"疯狂""无礼"，"简直是个白痴"。不难猜测，他的女儿很可能更加坚定地不单纯信仰国教。有好几次，他被关进了监狱。在监狱里，他根据回忆写下了一些庭审片段。后来，他用这些材料来教育子女，让他们知道主教的愚蠢观点。他认为，人的宗教体验中最重要的部分不是牧师扮演的正式的中间角色——牧师和主教一样，很容易被误导——而是人与上帝的直接交流。他将这种信念传给了安妮，以及安妮的一位妹妹，还有威廉·佩恩这样的贵格会信徒。在安妮将近二十岁时，父亲突然去世，让她倍感震惊，这也深深地影响了她。

17世纪30年代初，安妮和很多清教徒一样，感到"心烦意乱"，原因是劳德大主教统治下的英国教会的"虚伪"。她回忆说，她生活的那个地方的牧师们让她忧心忡忡。当她深为敬仰的牧师科顿带着和她观点相同的一些人离开英国，前往新英格兰时，她说"我受到很大打击"。她一直梦想着移居海外，希望自己"是分离派信徒"。她说，事实上，她用一整天"认真地静下心来，琢磨这件事"。她坐立不安。后来她说，"我一定要去那里"。可惜的是，后来的事实证明，不安分是她的性格，移居海外并不能改变她好争辩的性格。上船后，她与一位牧师开始了一场激烈的辩论，从此落下了一个"无事生非"的名声。

和安妮·布拉德斯特里特的父母亲以及很多清教徒一样，安妮·哈钦森的父母也很重视教育，认为女孩和男孩一样，都应该受很好的教育。从后来她的发言稿中（她的发言总是让反对者大为光火，哑口无言）可以明显看出，她受益于带有宗教色彩的严谨的教育。毫无疑问的是，她热情地支持女性受教育。在新英格兰，她给女性接生。约翰·科顿回忆说，"她给我们镇子做了很多好事"。在英国时，科顿就认识了安妮。她不但在接生方面"轻车熟路，乐于助人"，而且在这个陌生的英语社会建立了持久的社交和宗教关系，欣然"在女性中间深入讲道"。然而，当时人们有把助产术与巫术联系在一起的倾向，这无疑给她的敌人提供了抹黑她的把柄。

安妮的学识和聪颖让她开始组织女性聚会。在聚会上，她会就最近讲道的内容发表见解。一开始，这些聚会完全是为了让当地女性增长见识。她的分析有的人爱听，有的人不爱听，但不管是否爱听，她们都感觉安妮的话很有说服力。她认为，当地那些牧师说只要做善事，不用去"赞美上帝"就可以获得拯救，是错误的。不久，她就吸引了新英格兰社会各个阶层的目光。她非常善于与人沟通，有人说她"能言善辩"。参加聚会的人越来越多。没过多长时间，每周就有多达80人涌到她家里听讲。许多男性在妻子的劝说下也前往听讲。她讲的内容让所有人都感受到"极大震动"。据说，"所有信徒都喜欢听她讲话，感谢上帝，从她那里可以获得巨大收获"。

当时，女性是没有权利在教堂发言的，更不要说布道或质疑被正式任命的男性宗教权威。新英格兰政府对这种质疑极为不屑。在他们看来，很明显，戒律"荣耀你的父"说明上帝支持他们的权威。他们认为，他们绝对不会"放弃上帝赋予我们的尊贵"。女人和穷人（不管是男性还是女性）想要越权"干预公共事务"是"他们的错误"。政府要求安妮停止"与你的性别不相称的"行为，虽然他们承认她"反应迅速，思维敏捷"。总督温思罗普粗鲁地对她说，他从来没想"和你这个性别的人打交道"。他说，女性就应该"照顾家人"，不应该"插手适合男人们做的事情，男人们的头脑更清醒"。

安妮因为这一事实——她有勇气就神学问题质疑男性宗教权威，成为那些震动和分裂不容忍非国教的年轻定居点"混乱和麻烦"的中心——被她的对手轻蔑地称为"女主安妮"（Mistress Anne），说她是一个无法容忍的威胁。她和丈夫琴瑟和谐，但可以明显地看出两人中谁说了算。一个反对者指责说，"你更像是布道者，而不是听道者"，"更像是法官，而不是百姓"，"更像是丈夫，而不是妻子"。让对手们更不能容忍的是，她甚至否认男人们可以从她的讲话中获得启迪。

如果有男人请她"略作指点",她会怎样做?她回答说:"我会考虑的。"

她的强大影响力,引起了马萨诸塞的担忧。他们采取了严厉措施。很多移居者——一开始是女人,后来还有男人——信奉她的观点。随着这个殖民地的思想越来越分裂,总督温思罗普郁闷地说,安妮是"这一整个教派的首领",是"这些有害思想的酝酿者和传播者"。在他看来,她这么受追捧是一件让人难以理解的事情。他说,"突然之间,整个波士顿教会",除了极个别人,还有来自波士顿之外的人,"都成了她的新信徒",这简直让人"百思不得其解"。

法庭传唤她,宗教权威人士审问她。有人记述说,"审问进行得很晚了",不得不休庭到第二天——当时,他的父亲在英国。(审问的法官中有安妮·布拉德斯特里特的丈夫和父亲,后者哀叹,在"观点奇怪"的哈钦森抵达新英格兰之前,当地的移居者一直"心态平和"。不过,不管安妮·布拉德斯特里特对哈钦森的宗教观点看法如何,她都对哈钦森面对极为傲慢的男性权威表现出来的非凡勇气肃然起敬。)

那些天针对安妮·哈钦森的民事"审判",是一件很龌龊的事情。很明显,判决结果事先已经确定——审判过程没有陪审团参与,起诉她的人同时也扮演着法官的角色。法官说,如果她无法为自己的信仰辩护,"就不许你把这件事传出去"。他们说,如果她的观点被认定是"错误的","我们就会给你换个地方"。他们威胁说,如果她顽固不化,"法庭就会采取措施,让你不会再给我们添麻烦"。法庭的审判长说:"我们是法官,你是被告,而不是相反。我们必须对你采取强制措施。"在她眼里,世俗权威和宗教权威是截然不同的(后来过了很长时间,这一点才成为美洲的共识)。法官们火冒三丈,开始实施疯狂的迫害。他们的判决结果是，安妮"不适合（新英格兰）社会"。

然而，她对此泰然处之。她认为，不管马萨诸塞的刑罚体系对她的人身自由的控制程度如何，她内心的信仰是不可侵犯的，（正如她后来所说）她心里的事情，是世俗权威所无法触及的。"你们控制了我的肢体"，她对法官说，但只有主耶稣"可以控制我的肢体和灵魂"。她说，"我不害怕世人对我的伤害"，对世人的恐惧只是一个"陷阱"。当威廉·佩恩在伦敦的监狱里日益憔悴时，他会理解和重复这句话。

被民事法庭判决有罪之后，教会又审判了她，虽然判决结果几乎不存在任何悬念——主持两次审判活动的人，有很多是重复的。她被判决离开那个定居点，但她并没有屈服。她站起身来，自信从容地走出教堂。她说："被逐出教会要比背弃主强得多。"她的对手说，这根本没有让她丧失信心，相反，这些"痛苦经历让她感到荣耀"。被勒令离开马萨诸塞之后，她前往一个"偏远地区"寻求更多的自由。在一个出奇严寒的冬季开始有所缓和时，她带着家人和几个诚挚的朋友，踏着厚厚的积雪，顶着凛冽的寒风前行。一个来自波士顿的代表团也说，他们是"离开我们的迷失的灵魂"，"让教友们难过的是，他们的耳朵不再听从基督的劝告"。

首先，他们前往后来成为罗得岛（Rhode Island）的小定居点——这里是宗教自由的早期乐土。在那里，她建立了一个定居点，并依据英国的海边城市朴次茅斯，将这里也命名为"朴次茅斯"。在这个罕见的、容忍不同信仰的地方，她是极具影响力的早期居民。不过，这里距离新英格兰还不够远。因此，当马萨诸塞的惩戒之手即将向她伸过来之际，她被迫再次迁移。就在丹尼尔·登顿抵达长岛的几个月之前，她动身去了荷兰人控制下的长岛。不过，不同于丹尼尔的是，她抵达那里的时间点极不适宜。1643年，她在刚刚收拾好的家里遭遇了印第安人发动的一场攻击，好几个年幼的儿女在她身边一同遭难；当时，她的丈夫早已去世，只有一个女儿在那场攻击中幸存下来。一位教友哀叹说，她"毫无缘由地被残暴地杀害"。不难想象，对于那些自以为是的清教徒来说，她的惨死是上帝审判的证据。

在安妮站起身走出新英格兰的教堂时，她身后的另一位年轻女性也站起身来，和安妮一样，勇敢地直面人们好奇、愤怒的目光。两位女性一起昂首挺胸，目不斜视地最后一次走出教堂，走到室外。后面的这位女性是玛丽·戴尔（Mary Dyer）。安妮曾经给她接生过一个生下来已死的畸形婴儿。殖民地当局调查和审问了玛丽，认为胎儿的畸形和死亡是因为她心怀异端邪说，当局说她是一个"可怕的怪物"，说那个死亡的女婴是"女性、鱼、鸟、野兽的结合"。玛丽对帮助自己的安妮心怀感激，并在她的巨大感召下，不但随之离开波士顿，还与她一起前往她在那个定居点之外建立的新居住点。

安妮死后，玛丽加入了被称为"贵格会"的教派。在波士顿，贵格会被贴上了"受诅咒的异端教派"的标签。当另一个贵格会信徒回忆"我们在新英格兰遭受的痛苦和迫害"时，她说，那些信仰清教的欧洲移民对他们的态度比英国主教对他们的态度还要恶劣。她说，清教"因为残暴而在全世界臭名昭著"。英国的合作者和投资者越来越不安。短期来看，这种迫害越来越厉害——新英格兰针对贵格会的刑罚越来越严苛。

贵格会信徒第一次犯错，男性将被割掉一只耳朵，女性将被"重重鞭打"。累犯（当局认为这方面无须区分是男性还是女性）将被"用烧红的烙铁在舌头上钻一个洞"。一年后，也就是1658年，新英格兰规定，针对被流放后私自返回定居点的贵格会信徒，将执行死刑。与另一个名叫"玛丽"的女子（安妮的妹妹）回到新英格兰后，玛丽被判处死刑，不过这一次她获得了缓刑；当她再次返回时，她被绞死。

对于新英格兰当局来说，自由绝不意味着自由地敬拜自己想要敬拜的神。允许人们崇拜自己的神意味着允许亵渎神灵的行为，意味着让上帝来审判整个定居点，"这样，观点相反的派别无法和睦地待在一起而不危及整个集体"。据一位清教徒移民（制定新英格兰第一部法典的人，该法典名不副实，称作《自由体系》）说，有各种"狂热分子""远离我们的自由"。温思罗普说，殖民地将"依据我们的自由"驱逐安妮。采取这种强硬措施，是在压力下做出的决定，不过，这也符合他内心的想法。

上帝将通过他的代表来统治波士顿。这意味着对波士顿进行严苛管理。那个定居点实施的是神权政治，而不是民主政治。居民的言行应该"符合自己的身份"。

虽然安妮·哈钦森倡导信仰自由的态度并非一直旗帜鲜明，但是她关于基督教、所有信徒不论男女一律平等的主张预示了贵格会信徒的立场。巧合的是，她的妹妹——作为一个和安妮一样激进的信徒，因为厌恶英国对信仰的限制而移居美洲，后来加入了贵格会。

威廉·佩恩，还有其他贵格会信徒，坚信他经常呼吁的那些主张——包括他支持的信仰自由——可以在美洲某个定居点付诸实践。他们相信，一旦在某个定居点付诸实践，那么，这些理念的实施范围就可以从西新泽西扩展到更广阔的范围，即宾夕法尼亚那片"肥沃富饶的土地"。殖民地的那部起草于英国的"伟大法律"规定，"任何人的宗教信仰和实践不得受到妨碍和不当影响"。另外，"任何时候，都不得强迫居民光顾或捐助任何宗教仪式、地点或牧师"。

威廉·佩恩听说，新英格兰对贵格会信徒的宗教迫害越来越严重，英国"骑士国会"[1]针对他们（以及继承英国王位的信仰天主教的詹姆士二世）采取了很多措施。威廉·佩恩相信，在美洲，他可以实现自己的愿望。他写道："我的眼睛将看到一个受神祝福的政府，一个有德行的、正直的、勤劳的社会。"它将平等地对待美洲印第安居民："除了让我们理性友善地生活在一起，不要彼此吞并和消灭，上帝还会说什么？"他安慰宾夕法尼亚的美洲原住民，说自己"不是那样的人"，"我非常爱戴和尊重你们"，他还承诺，"想通过和善、公正、平静的生活获得你们的爱戴和友谊"。他确实获得了他们的友谊。在他的有生之年，他们一直维持着友好的关系。

威廉·佩恩认为，政治自由是宗教自由的直接结果。在过去，宗教上的少数派往往成为政治上的少数派，原因就是他们受压迫，因此别无选择，只好抵制多数派代表。威廉·佩恩保证，在他的地盘上，所有居民（也可以理解为其他定居点的居民）将不再任由"只想着为自己发财的"总督的摆布。他安慰他们说，管理他们的是"你们自己制定的法律"。在那里，"不经民众的同意，不得制定法律、征集资金"。所有居民都"有权参与政府"，应该"不断监督政府"。他写道，如果他们无法参与以他们的名义制定的法律，结果就是"暴政、寡头政治和混乱"。毋庸置疑，这些观点对后来的美利坚合众国影响深远。

从社会角度来看，威廉·佩恩推行的理念也是超前的。没错，宾夕法尼亚早期的法律体现了清教徒——具体地说，加尔文教派——对贵格会教义的影响，如男女间的性行为是受严格约束的。那些法律还

---

[1] "骑士国会"指的是英国斯图亚特王朝复辟时期召开的一届国会，因议员中骑士党占大多数而得名。——编者注

禁止很多现在看来毫无危害的娱乐：舞台剧、纸牌、骰子、彩票，所有这些都被称为"诱惑人的、无用的、邪恶的消遣或游戏"。饮酒受到了严苛的约束：除非是住客，或者是有"充分的理由"，否则，晚上九点前，所有客人都必须离开酒店——警察会经常检查；法律不允许卖酒给美洲原住民，因为他们喝醉后经常受骗。

在衣着方面，贵格会倡导远离"没有意义的多余的东西"，"摒弃无节制的、不雅的吸烟行为"。不过刑律大大缓和，尤其是死刑的执行受到严格限制——仅局限于预谋的谋杀案。相比之下，当时英国死刑案件的数量从17世纪80年代的50起增加到了所谓《血腥法典》（*Bloody Code*）[1]颁布后的数百起。

威廉·佩恩在英国时为他的地区设计的宪法（"施政框架"），在征得他本人的同意之后，由美洲当地代表大会做了大幅修改，法律数量由40部增加到将近70部。人们还确定了选举程序，采用的方式是从黑白两种颜色的豆子中挑选一颗投入帽子里，而不是采用纸质选票。不过，最重要的条款仍然是有关信仰自由的规定。让很多贵格会信徒非常不满的是，威廉·佩恩仍然坚持那些信仰不同宗教的居民也享有平等的权利。"和雇用贵格会信徒一样，平等雇用理性的非贵格会信徒。"当法国变本加厉地迫害胡格诺信徒时，威廉·佩恩哀叹"（法国）成了一个非常残酷的地方"，并邀请受迫害的胡格诺信徒前往宾夕法尼亚。

贵格会信徒自然地在宾夕法尼亚占据主导地位，尤其是靠北的地区，不过，威廉·佩恩从来没有考虑让那里成为一个排外的贵格会殖民地。相反，他希望实现多样化，并实现对不同信仰的宽容（这一

---

[1] 《血腥法典》指的是英国17世纪末至19世纪初颁布的一系列法令，以严酷著称。——编者注

点至关重要）。在那个时代，这是一个极不寻常的想法。"如果贵格会独享这个权利，"他斥责一位教友说，"那么除了顺从贵格会的人之外，其他人都无法参与政府工作。"在这个殖民地建立初期，他在代表大会中拥有强大的影响力，1682年代表大会通过的第一部法律承诺，对"承认唯一的万能的神是造物主的人，世界的支持者和统治者"实施广泛的宽容（第二部法律就要求"警察和官员"宣布耶稣基督是圣子和救世主——将犹太人而不是天主教徒排除在外）。在当时看来极为宽容的理念，仍然是宾夕法尼亚法律的重要组成部分。1701年，威廉·佩恩让这一条款进入《特权宪章》（*Charter of Privileges*），并规定这一条款不得更改。

威廉·佩恩是随着移民潮进入美洲这个地方的。这批移民大多来自英格兰，还有些来自欧洲大陆的很多国家，也有人来自威尔士、苏格兰、爱尔兰。不久，威廉·佩恩写道，法国人、荷兰人、德意志人、瑞典人、丹麦人、芬兰人和不列颠的移民"像一个国家的人一样"生活在一起。在数量上，只有涌入新英格兰的清教徒可以与之相比。威廉·佩恩说，他希望"世界上那些出身较低"但有能力的人——"心灵手巧""勤奋吃苦"的人——与他同去。罕见的是，在17世纪，他居然认为贫困与能力的结合并非不可能——他并不认为"世界上那些出身较低"的人之所以出身低是因为上帝注定他们如此，也不认为上帝剥夺了他们向上发展的天然潜力。

很多人积极地宣传这个殖民地及其实施的自由，尤其是来自德语地区的人，因为那里的宗教迫害很严重。那些抵达宾夕法尼亚的人劝说其他同胞前来这里，威廉·佩恩自己也动员很多人移居宾夕法尼亚。他拿"非常肥沃的土地"与"英国最好的山谷"的土地相比。他说，这里的空气"清新宜人"，天空"祥和宁静"。一位留在英国的贵格会信徒在写给一位熟识的教友的信中说,他"很高兴……得知你在那里生活得很好,你喜欢那个地方",接下来,他后悔自己当初没有买那里的土地。

仅1683年一年,就有60艘船载着移居者抵达这里。1685年,据威廉·佩恩估计,大约有90艘船抵达,因为"上帝的仁慈",没有一艘船在中途失事。仅从这些船的名字,就可以在某种程度上反映出船上人的信仰。早期抵达宾夕法尼亚的船只中,有"羔羊"号、"天佑"号、"顺从"号,还有一艘船干脆叫"教友探险"号。在数千早期移民中,有带着儿女约翰(John)、拉尔夫(Ralph)、埃德蒙(Edmund)、简(Jane)和珍妮特(Jennet)一起前往的埃伦·考吉尔(Ellen Cowgill),以及带着妻子阿格尼丝(Agnes)和六个孩子(两个男孩、四个女孩)前往的托马斯·克罗斯代尔(Thomas Crosdale),还有带着两个侄子前往的托马斯·斯塔克豪斯(Thomas Stackhouse)和玛格丽·斯塔克豪斯(Margery Stackhouse)夫妇,带着五个孩子一起前往的罗伯特·希顿(Robert Heaton)和艾丽斯·希顿(Alice Heaton)夫妇,与妻子安(Ann)、儿子斯蒂芬(Stephen)一起前往的詹姆斯·迪尔沃思(James Dilworth),等等。此外,还有像斯蒂芬·桑兹(Stephen Sands)这样的单身男子。不过,在这次大迁移中,人数最多的是带着孩子的年轻夫妻。

这些移民有的来自伦敦,有的来自英国其他地方,一艘船名叫"布里斯托尔舒适"号,另一艘叫"利物浦狮子"号。威廉·佩恩欣慰地说,至1683年底,抵达宾夕法尼亚殖民地的移民大约达到了4000人。两年后,他估计该殖民地的总人口超过了这一数字的两倍。他说,注意你们内心感受到的上帝的指示,"记住,每根头发掉在地上,都是上帝对信徒的看顾,更何况移居海外这样的大事";要努力做工,"要收获庄稼,就要付出劳动;要获得收益,就要付出成本",只有努力做工的人,才能"更好地渡过困难时期"。

刚开始没有住的地方,很多刚抵达宾夕法尼亚的穷人就住在特拉华河高高的土质堤岸侧面的洞穴里,有时候,他们自己挖洞穴,有的还会做一个"扩展",将洞穴挖得更深一些,或用树枝柴草搭一个门廊。或者,有人在那个遍布森林的地方找一棵大树,将帐篷搭在大树下当居所。不过,作为"首都"的费城扩张得很快。1683年底,费城再次扩张,建成的房子达到150多处——显著超过弗吉尼亚的任何城镇。不久,房子数量翻了一倍多,成为仅次于波士顿的北美第二大城市,人口超过2000人。当时,整个殖民地人口达到大约7000人。

很多经济条件好的移居者盖了"坚固的砖瓦房"。这些房子宽敞气派,很多房子有"讲究的地窖",地上有"三层","有的还有阳台"。贵格会信徒大多很富裕,很多人经商,非常有商业头脑,善于抓住商业机会,他们没有一个人住在洞穴里。不久,他们建了一个能够停泊500吨大船的"像样的码头"。绿树、花园在那座城市里随处可见——热爱大自然的威廉·佩恩力主这样的城市建设方案。他提到了对城市建设最有助益的各行业手艺人:木匠、细木工、瓦工、砖石工、泥水匠、水管工、铁匠、玻璃工、裁缝、鞋匠、肉商、烘焙师、酿酒师、织手套工、制革工、毛皮匠、车轮修造工、磨粉机制造工、车轮修造工、造船工、缆索工、船帆制造工、滑轮工、车工等。

一些小型定居点——大约有20个,并迅速增加到50个——也快速形成并发展起来。威廉·佩恩发自内心地喜欢北美这个地方的气候和环境,但这不是他推动英国人移居美洲的唯一因素。他说这里的空气"芬芳宜人",土地肥沃,"泉水众多,清冽甘美"。他探访的地方极多,去过当时已经形成的大多数村寨。1685年时他写道,"我第一次去了西面大约100英里（约161千米）的地方"，如果说那里有什么的话，那就是"土壤肥沃，树木和泉水众多"；可以说气候多变——"经常变"，"几乎可以说变化莫测"——不过，对天气的频繁变化再熟悉不过的英国人会感到很亲切。

这时候，查理二世统治下的英国，在政治方面乌云压顶，危机四伏，冲突一触即发。

第一次前往美洲期间，威廉·佩恩远离了他所说的"我人生中的最大安慰"——他的妻子古丽（Guli）和孩子们；虽然他真心认为是上帝带领他和贵格会教友穿越大西洋，但他仍然盼望早日回到妻子和儿女们的身边。威廉·佩恩在美洲登船返航时，托人给妻子送去了一封深情的告别信，以免发生海难——这是当时的他在出海期间始终惴惴不安的事情，虽然那么多船只载着贵格会教友平安抵达美洲——"大海成了我的坟墓，深海是我的归宿"。总算平安回到英国后，他发现，这片出生之地的形势要比记忆中的印象"严峻和糟糕了很多"——英王的统治更加"严苛"。他说，总的来说，形势展现出"不同于我离开时的另一面"。

和他父亲查理一世一样，在最后几年里，查理二世也实施了无国会统治。严重的派别冲突预示了政党制度的出现。刺杀国王行动的失败（比如1683年的"黑麦屋阴谋"）招致了越来越多的镇压，一些杰出人士（其中有威廉·佩恩的好友和同盟者）在颠倒黑白的不公正审判后被处死。在威廉·佩恩离开英国不久后，公众的敌意，尤其是对天主教的敌意，让一位来自爱尔兰的大主教被砍头、剖尸裂肢——"一位完全无害的人不幸地被政治的车轮碾压而死"。法官判决他有罪的理由是他"建立了虚假的宗教"。法庭陷入大面积腐败。印刷材料受到严格审查。公民自由进入低潮。

贵格会信徒对尊重上层社会的规矩的不满——不愿意向他们脱帽，和他们交流时用"thou"代替"you"，不愿意起誓，甚至不愿意起誓效忠国王和政府——让英国国教对他们充满疑忌，有近1500名贵格会信徒被扔进监狱（据推测，在整个查理二世统治时期，遭遇这一命运的贵格会信徒至少是这个数字的十倍多）。很多其他人，虽然有人身自由，但也因为苛捐杂税而陷入贫困，其赖以生活的牲畜、工具被政府没收。虽然只有国会有权中止刑法的实施，但是他们没有坚持这样做的动力。

查理二世本人身染疾病，治国无术，脾气暴躁，对美洲毫无兴趣。御医给他"放血、拔罐"，"将烧得通红的平底锅"放在头部附近——这种痛苦的"疗法"让他完全忘记了民众的疾苦。虽然用了平底锅"疗法"，但他还是死了，王位由公开信仰天主教的詹姆士二世继承。詹姆士二世与威廉·佩恩关系很不错。王位交替间，虽然宗教迫害暂时有所缓和，但不久后继续恶化（在英国和欧洲大陆，胡格诺教徒都经历了严刑折磨和恐怖统治，绝望的信徒甚至"祈求一死"。这就是当时英国和欧洲大陆宗教迫害的情况）。

另一场反抗导致了威廉·佩恩所说的惩罚性的"大流血"。在伦敦，他万分恐怖地看到一个女人因为信仰问题被架在火刑柱上焚烧，火焰中的她将一把柴草揽在身边，为的是让自己快一点烧死。在绝望之中，他撰写和出版了呼吁克制的文章。为了规避新闻审查，这些文章在某种程度上匿名发表。例如，在《陈情书》（*A Persuasive to Moderation*）中，他直接针对英王及其枢密院提出了自己的看法。他认为，温和的政策才是"审慎之道"。然而，这些文章如泥牛入海，未能引起应有的反响。

有关宾夕法尼亚移居者之间争执不断的谣言（"激烈的争吵"，

人们"争执不休，直言不讳地表达对你的不满"），加上听说他在美洲的果园硕果累累——桃树因为"结的桃子太多而压断了树枝"，让威廉·佩恩想要返回宾夕法尼亚，然而，他又感到英国非常需要他。他在英国宫廷里的熟人和他与詹姆士二世的个人关系让他满怀希望，觉得很有把握取消刑法、释放贵格会信徒。不过，他并不想继续待在英国，他觉得，在这里，自己简直就是"一个囚徒"。因为身在英国，无法当面陈述，于是他撰写了一个讲述信仰自由重要性的小册子，印好后派人送到那片美洲殖民地。

1686年，英国国王詹姆士二世赦免了贵格会信徒，并颁布《特赦法案》（Acts of Indulgence），释放了1300名贵格会信徒。为了这些举措，威廉·佩恩奔走呼吁了很长时间。后来，他代表教友们投书到温莎城堡表示感谢。他在英国四处走动，在他所说的"大型"宗教会议上发表热情洋溢的讲话。他指出，他多次被捕，然而不久就被释放，这是上天的赐福，这对大西洋两岸都是一个好兆头。他乐观地说，"如果上天赐福英国，它不会为难宾夕法尼亚"；如果上帝在一个地方关照他，不可能在另一个地方对他不管不顾。

由于自己的原因，詹姆士二世也急于结束宗教不容忍政策。他希望早日废除针对罗马天主教徒的《宣誓法案》。因为积极支持结束这种歧视政策，威廉·佩恩多次被指控支持天主教，受了不少委屈。有人建议他不要参与呼吁王室废除《宣誓法案》的行动，但是他拒绝了。他公开说，信仰自由的理念"对我来说是基础和原则问题"。他说，"没有它们做基础的建筑会让我非常震惊"。虽然如此，詹姆士二世的压力还是让主流新教徒倍感不安。

詹姆士二世再婚，娶了一位天主教徒，这位新王后生下了一位男性继承人，其王位继承权优于詹姆士二世前妻生下的女儿玛丽。如此，人们的恐惧更为强烈。对于新教徒来说，玛丽是一个让人放心的选择。玛丽嫁给了荷兰王子，即奥兰治的威廉（William of Orange），威廉也是查理一世的外孙。后来，政界和宗教界的一些代表人物秘密邀请威廉王子带兵前往英国，推翻詹姆士二世的统治。

詹姆士二世想要抚慰深为不安的民众，但为时已晚。荷兰准备对英国用兵的消息传了过来。1688年11月，奥兰治的威廉在德文的托贝（Torbay）登陆。

和他一起来的是一个庞大的舰队。450多艘战舰上有大约四万名士兵，阵势远远超过了当年西班牙的无敌舰队。当时，风向突然改变，让原本看似不可能实现的登陆出现逆转。威廉和一个部下开玩笑，问他怎么看宿命这个问题，这是不是上帝明显在帮助反对天主教国王的新教军队登陆？这场不列颠所称的"光荣革命"，其先锋在荷兰被称为"光荣渡海"（Glorious Crossing）。

威廉进入英国，他的口号是维持"英国和新教的自由"。威廉·佩恩则独特地认为，除了新教徒之外，自由还应该延伸到天主教徒。面对威廉的入侵，詹姆士二世没有抵抗，他带着妻子和年幼的儿子逃去了法国。这次革命不像传统观念认为的"没有流血"，不过，和那个世纪中期发生的英国内战相比，肯定算是和平的。

威廉和玛丽共同加冕为英国国王，该双王统治也预示了宗教越来越自由，至少对不赞成国教的新教徒来说是如此。虽然他们还没有获得参与政治的权利，但是不用继续忍受斯图亚特王朝复辟后遭遇的迫害。1689年，威廉颁布法案，不赞成国教的新教徒可以"不受某些法律的处罚"——比如让他们在阴影中生活了数十年的《秘密聚会法》（*Conventicle Act*）、《五英里法》（*Five Mile Act*）等。虽然一般来说，不赞成国教的新教徒仍然需要遵守"最高权威宣誓"（Oath of

Supremacy），但像贵格会信徒这样的民众——虽然仍然忠于英王，但他们的信仰要求他们不做这样的起誓——获得了特殊待遇：除了公开表明其基督教信仰，信仰"上帝及其永生之子耶稣"之外，还要"宣布"自己"忠诚于威廉和玛丽"，否认任何外来势力（当然，主要指教皇）在"这一王国内拥有宗教或精神方面的权威"。

同一年，哲学家约翰·洛克（John Locke）发表了《论宽容》（Letter Concerning Toleration），提出应将同样的自由延伸到移居美洲的移民。"不能因为宗教原因剥夺任何人世俗的幸福，"他写道，"即使是美洲人也不可以被剥夺这样的权利……如果他们认为履行当地的宗教仪式就可以取悦上帝、获得幸福，那完全是他们与上帝之间的事情。"

威廉·佩恩的情况与众不同。他无法否认先前与詹姆士二世的友谊，也没打算否认。然而，他对自由的追求和他作为贵格会信徒的信仰，与詹姆士二世的原则相悖。他当然真心欢迎王室将宗教宽容政策延伸到贵格会信徒和其他非国教信徒。他说，他首先忠诚于他的出生国。"我热爱英国，一直如此。"他与詹姆士二世关系密切，不愿意与这位斯图亚特家族的国王断绝关系，这很自然地成为他的对手攻击他的把柄，他也一度"因叛国罪嫌疑"被逮捕，但他坚持说自己在"原则和意愿"两方面都被"完全误解了"。詹姆士二世后来抵达爱尔兰，这位带着卫队的前国王对安抚威廉·佩恩的对手几乎没有起到什么作用。

虽然王室最终给予了国民宗教上的宽容，但对于威廉·佩恩来说，17世纪90年代是一段非常难熬的时光。1689年下半年，他的四岁大的女儿夭亡，这让他的痛苦雪上加霜；接下来的那个夏天，他因叛国罪指控再次被捕（后来，这次控告也被撤销），让他不得不应付"糟糕的身体";一直鼓舞和激励他的人,即贵格会创始人、领导者乔治·福克斯去世了;更倒霉的是,爱尔兰对他提出了另一个叛国指控,他不得不在英格兰深居简出好几年——坚持说自己事先根本不知道斯图亚特家族的"入侵或叛乱"(这也是实情)。他说,他很想"过平静的日子","绝对不会滥用我谦恭地恳求来的自由"。对于威廉·佩恩和他的支持者来说,自由是不可能的,这是混乱的必然结果。

"让我随时都能感觉到你们……不要离开我",他这样恳求他的贵格会教友。他们中的很多人当时居住在大洋彼岸与他远隔数千英里的地方。他通过书信得知,大西洋两岸的分歧越来越严重。他痛心地向美洲移居者讲述所谓的"分裂的政府",他们不喜欢他让他很难过,"他们看不惯彼此"让他更难过。在国际上,法国和英国之间的战争,包括发生在美洲和欧洲的战争,让威廉·佩恩难以坚持贵格会信徒不去从军打仗的政策。在家里,他挚爱的妻子古丽病得越来越厉害,最终在1694年2月去世。

可以这样说,那真是一段难熬的日子。在那段时间里,威廉·佩恩一直睡得很少。对于喜欢活动的、精力极为旺盛的他来说,他一直不需要多少睡眠。现在,他发现不去想事情是很困难的。他说,所有那些乱七八糟的事情"把我撕成碎片",并加重了他已有的苦楚。这已经让他成了一个"经常忧虑的人"。不久,最沉重的打击接踵而至——他的长子英年早逝。这个孩子从小和父亲关系非常亲密。威廉·佩恩说,他一直"是我莫大的慰藉和希望",他的夭亡"对于一个父亲来说是一个莫大的打击";威廉·佩恩曾经打算将他在美洲的工作交给这个儿子去做。

好在至少有一个积极的因素:因为他在欧洲受指控而一度中止的宾夕法尼亚总督职位现在得以恢复,条件是他同意适当放宽那里的不从军政策（部分贵格会信徒坚决反对从军打仗，而其他信徒，包括威廉·佩恩在内，甚至将武装自卫排除在外）。他最终回到美洲的时候，旷日持久的英法战争已经结束。当地民众责备威廉·佩恩离开了太长时间，他们把他在英国期间殖民地出现的所有问题都归咎于他。"你把太多事情留给我们处理"，他们指责他——虽然不像是成年人该说的话——现在必须"马上解决政府问题"。

1699年底，当他抵达宾夕法尼亚后，他发现这个殖民地人民的民主意识提升得很明显。新出现的民主措施，包括将管理委员会的一些权力转移到民众代表大会，和威廉·佩恩想要做的完全一致，虽然这些措施削弱了总督的权力。已入中年的他做事极为坚决。他经常生病，早已停止了在荒野中跑步这一爱好。

这时候，他一直坚持的信仰自由适时地变成了程度令人惊讶的政治自由。当然，这在带来好处的同时也带来了问题。一位同盟者说，太多的宾夕法尼亚人"不知道该怎样使用已获得的自由"，甚至不知道"为这些自由而心存感激"；他说，他"无法理解"威廉·佩恩对那个殖民地的"奇怪的感情"。而让威廉·佩恩始终感到很高兴的是，宾夕法尼亚的民众"再也不用受压迫了"（引自他写给民众代表大会的一封信）。

但风险依然存在。有人打算结束宾夕法尼亚和美洲其他殖民地的间接的、由所有者管理的模式，将其收归英国王室直接控制，不过这样的计划没有成功。威廉·佩恩的长子死后，他的继承人——喜欢"年轻人的冒险"，债台高筑，喜欢"狂欢和胡闹"——给他带来了深深的担忧，而不是安慰。这时候，威廉·佩恩试图将英国在美洲的各个殖民地联合起来，这样，各个殖民地的代表每年可以在同一个组织里商谈大家共同关心的事情。事实证明，他的这一想法虽然有些为时过早，但极具远见。

  虽然威廉·佩恩最终同意与王室谈判，将他的殖民地卖给对方——主要因为数量庞大的债务压力——然而死神不期而至。历史学家认为，最终要了他命的中风来得很不是时候——中风发作的时候，威廉·佩恩正在写信，因为中风，他的那句话只写了一半。他在第四页的最下面写了一个"她"，就失去了知觉。他再婚的妻子说，她"可怜的丈夫"还没来得及写完那封信，"疾病再次发作"。

  这次中风后，他恢复了很多，能用粗砺、笨拙的声音说话，他希望将那封信"送到船上"，希望在适当的时候再写一些信。然而，中风给他的健康带来了很大的影响。虽然后来他还活了几年，但从来没能恢复到先前的水平。去看望他的人难过地说，他的记忆力"几乎荡然无存"，"理解能力几乎没有了"。他们说，看到"那么好的一个人很快就成了这个样子"，是一件让人多么痛心的事情。

  为他竖起纪念碑的这个殖民地发展得越来越好。1700年，这里的人口接近两万——这个增速很不简单，因为这个殖民地建立还不到20年。威廉·佩恩执着追求的理想——宗教信仰自由——虽然超越了他的时代，却受到了后来者的极大敬仰。它给这个大洲留下了深刻的印记。我们希望，它越来越多地给整个世界留下深刻印记。

第七章｜绝　望

　　爱德华·弗尼福（Edward Furnifull）陷入了绝望。妻子安妮马上就要生孩子了。这对夫妻家徒四壁，身无长物，填饱肚子都困难。

　　即使在伦敦这样的城市，大量像他们一样离开家乡来这里寻找生计的人，也根本找不到活儿干。虽然战争的蹂躏已经过去了一段日子，但影响仍然随处可见——倒塌受损的房屋和受伤的人。如果新生儿能活下来的话——这也是一件很难说的事情——家里就会有三张嘴要吃饭。

　　17世纪50年代中期，在克伦威尔担任护国公的年代，弗尼福疯狂地在首都街头走来走去，寻找任何可以养家的活计。虽然他非常努力，但还是一无所获。当时像他这样的人太多了，"人口过剩"致使太多的人在寻找仆人做的非技术性的活儿，对这份工作的需求远远超过了供应。

　　伦敦泰晤士河边鹅卵石铺成的街道，以及布里斯托尔等其他大城市的街上，随处可见人们丢掉的传单。一些广告被仓促地贴在墙上，涂抹过糨糊的边角已经翘了起来。广告上面说的都是呼吁人们移居美洲——去英国的美洲殖民地。这些广告中乐观的言辞，对于那些"冒险者"，以及对国内生活感到绝望，"厌恶他们在祖国的霉运"，"想要在异国他乡追求命运垂青"的人，不啻"最具诱惑力的鼓动"。像弗尼福这样的人未必识字。有意移居美洲的人，尤其是他们中间不识字的人，被鼓手、风笛手、歌手集中到集市、集会场所或客栈，由能说会道、炫耀看上去昂贵的表链和传奇经历的有钱人，向他们讲述经过美化的第一手经历。他们"隐瞒了其中的不足之处"，"鼓动所有人"移居美洲。

弗尼福向马路上一个名叫"托马斯"的人打听情况。当时，托马斯和一个名叫"克里斯琴"的女人在一起。那两个人看上去和气、真诚，好像很关心别人。他们和那个行业里的其他人一样，"相当热情"。对于穷人在英国的美洲种植园的前景，他们向弗尼福做了令人难以置信的承诺。他们说，在那里，"饭来张口"，人们安居乐业，过着"惬意、快乐"的幸福生活。"愿意吃苦的诚实的人可以在很短的时间内发家致富。"相较于弗尼福在英国面临的窘境，那个大洲简直是天堂。

他可以带家人一起去，只要签一个契约就行——在上面画一个十字就可以——表示他愿意给人当几年仆人（对于成年人来说，做仆人的年限通常是五年，四年至七年也算正常）。契约期满之后，他就可以拥有自己的土地、衣服和其他生活用品：两套衣服、工具、粮食。但事实上，在签署了契约的人中，能干到契约期满并拿到这些东西的人不到10%。

托马斯和克里斯琴向他保证，在那里，他可以靠自己的劳动成为富有的"种植园主"，用一代人的时间，他就可以实现社会阶层的跃迁。在英国，这是他做梦也不敢想的事情。即使是诚实的旁观者，也会向有意去美洲做仆人的人保证，契约期满后，"他肯定能过上好日子"，不再处于金字塔的底端，不再受压迫，"不用再伺候任何人"。

他们告诉他，美洲气候宜人，土壤肥沃。吃的东西——鱼、飞禽、走兽、庄稼——多得是。对那些在英国忍饥挨饿的人来说，这一切简直让他们不敢相信；即使情况不完全是真的，也比在英国强吧。有人说，正是"因为这些蛊惑之词"，那些在英国时运不济的人"鼓起勇气，背井离乡"。

当时有数千人去了美洲。在整个17世纪，有将近20万人抵达英国的美洲殖民地，其中将近一半是契约仆人，在弗吉尼亚这种对仆人需求量很大的地方，该比例更高，很可能达到了四分之三。每年有7000多人乘船到达美洲，难怪弗尼福和妻子认识不少已经到了美洲或打算去美洲的人。

弗尼福同意在契约上签字后，托马斯和克里斯琴就带他向东，沿着狭窄、曲折、肮脏的后街，穿过贫民窟，走过一堆堆腐烂的散发着臭气的垃圾、动物内脏、粪便，走到了伦敦的古城墙外——随着首都的迅速扩展，古城墙变成了历史遗迹。他们顺着风向，沿着泰晤士河，向那个被现代人称为"冒着浓烟、蒸汽，散发着臭味的东部大堆场"走去，最后在一个不起眼的破败不堪的建筑前停下了脚步。这个建筑一般做户外厨房用，是等待上船前往某个美洲殖民地的契约劳工经常光顾的地方。

伦敦的圣凯瑟琳码头是位于伦敦塔东部不远处的一个肮脏、拥挤的地方，这里有很多这种场所，大量带着女人和孩子的外地人和贫苦的英国人住在这里。那些狭窄、肮脏的小巷和胡同的名字倒是颇能让人产生一些联想："黑暗巷""猫儿洞""木枷路""铁锹胡同"。据英国古文物研究专家约翰·斯托（John Stow）在16世纪末记载，这个地方"到处是杂乱的小出租屋"，挤住在里面的居民比英国一些城市的人口还要多——自从约翰·斯托那个时代起，这种情况越来越严重。如果谁的家人或朋友突然失踪了，只要多少给私人侦探一点钱，他就会帮忙找人。

据后来的一个目击者说，弗尼福到达的那个建筑，很可能是这个样子的："从大门处"向里张望，就可以看到里面有三四个滔滔不绝、高谈阔论的年轻人,"穿着考究,一副骗子嘴脸",另外还有六个人看上去和他们大不一样——身材瘦小,衣着邋遢,"身上的破衣服和脸上的绝望表情显示出他们的穷困"。与他们在一起的,还有几个神情紧张、一脸惶恐的十几岁的小伙子——肯定是偷跑出来的学徒,害怕被抓住后受惩罚,就像是从监狱里逃出来的囚犯一样。

有时候,这间顶棚很低的屋子里烟雾腾腾,很难看清楚里面的人。另有人记述道,那些准备当仆人的人凑在一起,"活像一个个大烟囱"。然而,从外面很难看清楚他们的脸。除了空中的烟雾和"烟斗中闪着红光的余烬",几乎什么也看不清。在一片令人焦虑的沉默中,只能听到那些劝诱者的陈词滥调和喘气、吸烟、吐出烟雾的声音。

弗尼福用颤抖的手在契约上画了十字之后,协议即算生效。文件撕成两半,一人拿一半。文件上参差不齐的边缘〔这就是英文单词"indenture"(契约)的来源;单词"indent"当动词用时,意思是弄成犬牙状的缺口〕是契约的重要组成部分。他们一再嘱咐签约的未来仆人保存好手中的那部分,必要的话,就要向人出示这份文件。很多签约者一无所有,签约就是为了立刻拿到对方提供的生活物品。弗尼福一家拿到了衣物、食品和烟草。那个房间里污浊的空气就来源于他们立刻拿到的烟草,很大程度上这也是因为他们要立刻享受这种福利——也许同时还有一两杯廉价的啤酒。一个骗子说:"所有人我们都招待,不管是男人还是女人。"

有一个人在列出提供给前往弗吉尼亚当仆人的人的物品时,建议给他们每人发一身布衣服、一身帆布衣服、一件羊毛内裤、一件马甲、三件衬衣、两双袜子、两双鞋、一顶蒙默思帽子(Monmouth cap)、三条围巾、用以铺床或用作床上垫枕的4埃拉(旧时量布的长度单位,1埃拉将近4英尺,约1.2米)厚帆布、可以共用的一条大毯子和一块小地毯。众多配备有这些物品的人可以集体雇一个裁缝给他们做缝纫活儿，来降低成本。签订协议后等待上船的人们"像囚犯一样"被关起来，直到一个月或更长时间后，船只准备停当，由船长去接他们。到时候，他们就会在催促和推搡中挤上停靠在码头的船（先前有人提出指控，说弗吉尼亚公司的船上死亡率很高，因为"船主为了赚钱而给船上塞了太多的人"，但情况没有因此而有多大改变）。

弗尼福一家乘坐的那艘船，目的地是弗吉尼亚；还有很多人去了加勒比海地区；一小部分人去更远的美洲北部。弗尼福等人搭乘的那艘船名为"种植园主"号，这名字倒是挺贴切，至少那些紧紧地挤在船上的契约仆人们觉得很贴切。船挤满人之后，立刻向下游出发。在那里，船长要等待有利的风向。对于船长来说，同样重要的是，严密地看管船上的乘客，不许他们反悔，怕他们不愿意离开故土（据温思罗普说，在开船之前，那些出钱得到仆人的人"不得不像看管囚犯一样防止他们逃跑"）。在船上等待风向改变的时间很长，再加上晕船，有的女人不得不被暂时送上岸，用肥皂将她们的衣服或被她们吐脏的男人们的衣服洗净。如果有人签约后逃走，另一方将派人追捕。

进入船舱之后，爱德华、安妮和他们的孩子就遁入了历史的迷雾中。不同于无数被历史湮没的契约仆人，让这迷雾消散，让我们能一瞥他们一家后来情况的，是克里斯琴和托马斯，也就是最初引诱他们移居美洲的那对道德败坏的男女。他们被另一位女性告发，说他们"引诱和哄骗"爱德华和安妮，误导他们关于美洲的生活条件。这一法律诉讼记载和保存在米德尔塞克斯郡的档案里。用现代的话来说，克里斯琴和托马斯被指控为"人贩子"——替商人或船长收罗"男人、女人和孩子"，后者将他们转卖掉，并"违背他们的意愿"，将他们"运到大洋对岸"。

这是一种很严重的指控。即使在17世纪，偷孩子也是一种被人们深恶痛绝的行为，哪怕现在许多被人们唾弃的行为在当时并不那么招人恨。"kidnap"（绑架）这个词就是那个时候出现的，指的是"napping"（诱拐、劫持）"kids"（孩子）后，将其送去殖民地劳动。

17世纪30年代后期，伦敦市长和议员曾不无痛心地说，大量年轻人被诱骗到"大洋那边的"种植园，而事先没有征得"其父母、朋友或主人的同意"。一个名叫约翰·怀斯（John Wise）的乡村孩子的表哥（成功地）向海事法庭和海军官员投诉，说那个孩子到了首都后就"被人欺骗，被粗暴地抓到船上"——这件事不但"让父母亲悲痛欲绝，还完全毁了那个年轻人"。

伦敦的管理者认为这种行径是"大规模不满和抗议"的根源，这种抗议很可能"闹出人命"——那个时候，导致首都秩序紧张的有好几个原因。"人贩子"是一个让人愤恨的词，如果有人被当成是"人贩子"，那么这个人往往会在被人暴打一顿后"一命呜呼"。

几年后在英国内战中，国会颁布命令，犯有绑架罪的人将被"判处重罚，以儆效尤"。出海船只要经过搜查，看船上是否藏匿着男人、女人和孩子。布里斯托尔的一个船长受到法律指控，说他是"惯犯"，"拐骗了很多人"，将他们"带到国外"。在那个世纪中期的法律档案里，除了普通的抢劫、谋杀、行凶、"出言下流"、保王、"喧嚣、唱歌和不当行为"等指控，绑架案件的数量也非常多。这表明了人们对绑架行为的恐惧，同时也反映了那些美洲移居者对仆人的强烈需求。

英国君主制复辟之后，一个官方调查委员会调查了绑架英国人运到美洲当仆人的问题。他们认为那些"人贩子"的威胁是真实存在的。调查结论说，"弄到那些仆人的方式往往是通过雇用某些男女"，比如托马斯和克里斯琴，"专门诱骗穷人或闲人前往种植园"。根据那份调查，为了拿到商人或船长提供的报酬，这些男女"劝说或欺骗（穷人和闲人）上船"。一个支持保王派的牧师说，几年前，很多人，往往是穷人，"在没有征得父母亲、主人同意，或在他们根本不知情的情况下被骗走""被卖上船"，"之后被转卖给那些出价最高的人当仆人"。他说，对于那些人贩子，这种行径倒是很符合这个名词[1]——他们那"魔鬼般的灵魂"。这是一种被全世界深恶痛绝的行径。

稍后，在德意志，人们将这种中间人骂为"出卖灵魂的人"。那些人贩子根本不考虑他们的行为对受害人及其家人的影响。从这个意义上看，说他们出卖灵魂完全是事实。那些孩子被骗走的父母亲"悲痛欲绝"。那些孩子，也就是成为仆人的年轻人，产生的焦虑难以想象。另一个类似案件对中间人这样指控："虽然他什么都清楚"，但还是将一个女性送到了"火坑"里。

根本的问题是，美洲对仆人存在着巨大的市场需求，那里没有数量庞大的、廉价的、随叫随到的仆人。这成为斯图亚特王朝复辟前的英国焦虑的源头之一。美洲种植园主愿意给运输仆人的商人提供丰厚的报酬。因此，对于那些想要出海时填满船舱的船主来说（返航时，船上装的是殖民地的货物），这种行径在经济上很好解释，虽然他们清楚地知道，海上运输的死亡率很高。当时，奴隶买卖（奴隶劳役是没有期限的，甚至会延伸到以后的几代人）还不像后来那样盛行，对将英国囚犯运到美洲殖民地去做一定期限的劳役的司法判决也不普遍。

虽然这件事一度引起了人们的愤怒，但是英国政府对那些穷人和绝望的人被运到大西洋彼岸以满足上述需求一事并不关心——因为这有利于维护国内的秩序。政府意识到将这些人送走的意义。那些自愿

---

[1] 此处"人贩子"的英文单词是"spirit"，这个词也有"灵魂"的意思。——译者注

移居美洲的人往往不是最穷的人，而是我们所说的"中下层群体"。据说，那些数量众多的穷人、失业人口、没受过教育的孩子，伦敦城"巴不得甩掉这些包袱"。伦敦乐于见到那些民间的商人去做这件事，因为这座城市在解决这个问题方面毫无作为。1664年，海外种植委员会写道，庞大的人口是殖民地建设的基础，而"那里人口的增加主要是由于那些仆人的到来"。事后来看，正如一个历史学家所说，契约仆人的买卖，构成了"整个人口迁徙的主要部分"。

很难说强制性的绑架普遍性如何，也许并不是很普遍（有时候确实没有发生，有时候即使发生了，也没有人告发）。和任何犯罪行为一样，法庭记录可能会让人觉得这种行径比实际情况更加普遍。然而，值得一提的是，布里斯托尔保存的那个世纪中期的有关移居人口的详细记录《送往外国种植园的仆人登记簿》（*Servants Sent to Foreign Plantations*）提到这些记录的初衷是为了回应市长和议员收到的"众多控告"，说是有人"诱骗、偷盗、弄走、偷走很多男孩、女孩运到大洋对面，而他们的父母或其他监管人并不知情"。在这里，绑架（"偷走"）有时候等同于欺骗，但相对比较少见，而"诱骗"——用关于未来美洲生活的美妙谎言和"夸张的细节"引诱受害者——肯定很普遍。

对于孩子，为了将他们引诱到即将出海的船上，可能还使用了给对方糖果之类的无耻许诺。这些"礼物"，如果真的给了的话，会让他们甜蜜一阵子，但会让他们余生沉浸在苦涩中。对这种犯罪行为，父母们自然恐慌不已，英国大城市中很多拥有仆人或学徒的人也是如此。

一些人，即那些在酒醉后被带到或扛到船上的人——也许他们当时酒醉后躺在了排水沟里——可以很容易地装作他们是被强迫的，而不是当时没有行为能力。后来，他们为自己当时的不清醒悔恨不已。

不过，很多时候根本不需要欺骗。也许一些人——那些被欺骗甚至被暴力绑架到船上的人——在船离开港口后"会大哭大闹,希望有人出钱赎身,他们不想当奴隶"。有时候,人贩子的行为确实像法庭指控的那样"野蛮,没有人性",信仰任何宗教的人都会"痛恨"这种行为。但是,当时整个英国的生活确实非常艰难。

因此,一些人确实由于个人原因想要移居海外。那些"抛弃妻子的丈夫""不要丈夫的妻子""从父母亲和主人那里逃出来的孩子或学徒",他们从英国穿越大西洋不是为了逃离谁,而是为了逃离绝望和压迫。他们不是为了寻求宗教意义上的乐土——如同安妮·布拉德斯特里特等清教徒那样——而是为了寻找一个能生存的地方。很多人的"想法"是让自己"从霉运中走出来"。

因此,17世纪30年代上半叶,当约翰·怀斯的表哥出钱将他从即将驶往新世界的船上救下来后,他毫不感恩,第二年,他再次尝试。这一次,他成功了,他到了弗吉尼亚。据说,他希望那里能给他带来"好运气"。这一次,他非但不用担心表哥的阻拦,而且他表哥也和他一起走了。

在这些极为穷困的人中,大多数是清教徒所说的"不敬神的人"。虽然他们对世界的宏观看法来自宗教,但是推动他们前往美洲的主要原因是物质上的。理查德·哈克卢特认为,移居海外能帮助那些"在英国无法生活"的人走出困境,可以让很多人避免被送上绞刑架的悲惨结局。对于那些因为缺少工作机会而"被荒废和受伤"的人来说,这是一个出路,而且是唯一的出路。

一位弗吉尼亚的现代作家痛心地说到了"英国的那些意志消沉的同胞",他们肯定是被骗了——被他们所要去的那个殖民地的美好情景打动。不过,他又说,对于很多前往那里的人来说,移居是值得的,因为如果不出去,前途将更加黯淡。但不容否认的是,因为那个协议的性质,"因为奴隶身份,他们必须在外国土地上,在那些牲口中间做五年的繁重劳役",他们赚的钱往往不够生活。但是,在英国,极度的贫困让半数以上的人遭受着更难以忍受的折磨。

事后看来,当时的英国经济正在经历一番巨大的结构调整。雇工与雇主的个人感情相对淡漠,数量众多的雇佣劳工取代了封建制度下主要基于等级制度、很少依靠金钱交易的主仆关系。越来越多被圈起来的树林、田地和荒地,以及激增的人口数量,让越来越多的无地人口绝望地离开家乡,到处寻找谋生之路。物价上涨,实际工资却大幅下降。虽然前往美洲是一个重大的决定,但它只是人们在国内极度艰辛的漫漫谋生路上迈出的又一步。

在没有被圈起来的林地里或是城市的边缘,出现了大量临时住处(如同现代户外搭建的临时住处)。很快,很多人,尤其是那些不在里面居住的人,觉得这种临时住处有碍观瞻、不合法、存在隐患、"远离了上帝和人们的视线"。另外,乞讨的孩子数量猛增,随处可见,就像是《圣经》里提到的灾难,就像是"毛虫、青蛙、蝗虫、埃及的虱子"。

很多人觉得,在英国根本找不到出路。很穷的人"当牛做马劳碌一生",结果只能"在悲伤中结束每一天,一生的艰辛也置办不下什么东西",最后很少能避免晚年乞讨的命运。很多人绝望不已,只好靠"乞讨、偷窃糊口"。依靠每年地里的收成,意味着在收成不好的年头里,在被埋葬的人数超过接受洗礼的人数的年头里,恐慌,甚至精神疾病,以及实实在在的饥饿就会蔓延。

例如,1623年的那场可怕的、让"很多人因为极度缺少食物而饿死在街头、路旁"的饥荒,仍然历历在目。17世纪30年代的整整十年里,只有一个丰收年(十年里有四年丰收是正常的比例);在17世纪40年代后期,一连五年歉收。1657—1661年,农业一再歉收,致使海外移居人数大增。不难想象,在农业收成不好时,粮食价格让人望而却步。社会的紧张气氛、对资源的争夺立刻升级，骚乱四起：1629年，英国发生了十起骚乱，两年后发生了15起，据统计，1586—1631年，英国农村地区发生了30多起骚乱。

作为英国经济支柱的纺织行业也很不景气，无法为依靠它生活的很多人提供工作机会。有薪酬的职位经常陷入萧条，人们在年景"好"的时候挣的薪水远远无法弥补年景"坏"时的失业损失。另外，一再发生的瘟疫——破坏性巨大、人们无法理解的流行病——导致"大批人死亡"。死亡人数集中的地方往往就是人口大量流出并前往美洲的地区。对那些处境危急的人来说，那确实是一个逃生的出路。斯图亚特王朝强制要求的社会和宗教创新让很多人倍感焦虑。随着时间的推移，这些要求和那些被神圣化的习俗融合在一起。

有人难过地说，这个国家的一切"都一团糟"。因此，最好的选择就是"走出去，离开这个是非之地"。约翰·钱伯林（John Chamberlain）认同这个观点，他说，"我从来没见过社会衰退成这样"。另一个人说，"这些年"给人们带来的"只有恐惧——对疾病、饥荒的恐惧"。对于很少真正能吃饱肚子的民众来说，这些忧虑无时不在。

虽然面临各种各样的艰难，但人口仍在增加。人口扩张似乎是造成所有问题的重要原因。至少在17世纪最初的三分之二时间里，英国的人口不断攀升，从16世纪的300万人增加到400万人，又增加到了500万人。而粮食的产量、国民经济创造的就业机会，并没有跟上人口的增长。越来越多绝望的流浪汉居无定所，意志消沉，拼命寻找糊口的生计。流浪——四处流动——使一些人被归类为"不值得帮助的人"；如果用简单的道德来区分穷人的话，流浪的人就是道德有问题的人，他们不同于那些没有工作能力的人，比如老人和残疾人。

犯有流浪罪的人，尤其是同时也乞讨的话，就会被当众鞭打、监禁，被烙印（烙一个"V"字记号）或"做苦力"；如果累犯，就要被"坚决处死"。大城市的郊区贫民窟的面积越来越大，伦敦城外尤其如此。那些主张人们移居美洲的人，哀叹英国"如何拥挤不堪，承受着贫困和没有必要的重压"。有人说，他们应该"移居到另一个国家"，"应该给邻居们提供多一点自由活动的空间"；他们应该远离（好像他们从来没有想到这一点）"奴隶般的、贫穷的、受束缚和禁锢的生活"。据说，17世纪中期是英国历史上，至少是过去已知的英国历史上最为艰难的时期。

劳动"契约"是用劳动来偿还"主人"投入的包含船票、住房、食物等支出的协议。在都铎王朝和斯图亚特王朝统治下的英国，人们很熟悉这一法律概念。在这方面，师徒关系和奴仆关系没有多大区别。美洲的一个契约仆人写信给他在伦敦当学徒的弟弟，发现兄弟俩"境遇非常相似"："听你说你的腿上戴着链子，而我的脖子上戴着颈坠。"

早在16世纪后期就有人提出了劳动契约的概念。有人说，当时很多人愿意移居海外殖民地，只为了穿衣、吃饭，希望将来能够"改换门楣"。弗吉尼亚公司在成立后不久，就向愿意乘船去殖民地的人承诺，他们将获得"住房、菜园、果园，还有公司负担的饮食、衣服"，可以和公司分享产品、利润和土地，他们的后代享有"永久继承权"。17世纪20年代，移居海外已经成为很常见的事情，而且人数越来越多。

不久后，这些契约仆人就远远超过了弗吉尼亚人口的三分之一。17世纪30年代，出现了标准化的、现成的协议，双方只需填写协议上的人名和补充条款即可。这种标准化契约让海外移居流程进一步加快。一个"人贩子"公然承诺，他可以在一天之内给弗吉尼亚找齐40个仆人。像爱德华·弗尼福这样的贫困者无法用现金支付出行费用（他们也肯定支付不起），只好通过"签订"仆人条约的方式前往美洲。这样，他就不得不为临时"主人"（短期来说，他的"主人"一般是商人、移民"中间人"、"船主"或船长，后来他的"主人"变成了种植园主）工作几年。作为回报，这位"主人"将向仆人提供船上的费用，提供劳动期间的"肉食、酒、衣服、住宿，以及其他必需品"，最后一次性地支付一笔费用，还提供房子、土地和工具。在弗吉尼亚的烟草种植地、加勒比海甘蔗种植园这种地方，契约劳动力在奴隶劳动成为风气之前被广泛使用。

很多绝望的人没有认真考虑那些鼓动者是否美化了种植园的情况，也没有去比较一个种植园相对于其他种植园的优势。夸张的承诺很容易打动他们。那些穷人很容易上当，他们并不很关心去哪里——他们出去只是为了逃离。不管是百慕大、巴巴多斯、弗吉尼亚、马里兰，还是新英格兰，他们最终去哪儿在很大程度上取决于这些人当初遇到的是哪个中间人。

移居人口中最多的是年轻的单身男性。不过，年轻的单身女性或妻子（一般是带着孩子的年轻母亲）也移民。后者人数相对较少，有时候，她们和男人们一起在田地里劳作，不过，大多数被安排"做家务活儿"。前往美洲的船上还有不少没有监护人陪同的孩子——大多数是男孩——他们来自所谓"人满为患"的地方。最初，在1618—1619年，弗吉尼亚公司筹集了大约500英镑，能够将200人送到美洲。他们将伦敦"街上饥饿的人们"赶到一起，然后将他们送上前往大西洋对岸的船，卖给对岸的人当学徒。这样的抓丁渐渐成了常态。17世纪20年代后期，一份记录说"现在很多前往弗吉尼亚的船"载着"从各地收拢来的"数百个孩子，为的是"让这些可怜的人摆脱悲惨和毁灭"。一位知名人士说，这种办法"再好不过"。

另外，那些无法在本地获得英国那样的廉价劳动力的北美民众坚定地拥护这种做法。一位北美民众说,"我们的主要财富就是仆人"。有人建议种植园主,相较于成年人,最好是要孩子——"体格健壮的年轻人"。孩子可以提供八九年的劳动,甚至更长,而成年人只能提供四五年的劳动。1619年被运到弗吉尼亚的很多男孩,或者说至少是头几年侥幸活下来的那些男孩,在不久后发生的大屠杀中失去了生命。

伍斯特郡德罗伊特威奇市(Droitwich)先前叫"索尔特威奇"(Saltwich[1]),这个城市生产天然盐。来自这个城市的乔安妮·罗宾逊(Joane Robinson)是布里斯托尔港口档案中记录的大约一万个移居美洲的契约仆人之一。她是在1654年10月9日被登记入册的,当时正值这些记录开始出现的初期。之前,乔安妮很可能为了寻找活计,步行了60多英里(约100千米)的路。在决定前往大洋对岸之前,人们往往尝试在大城市里寻找出路。

关于移居海外,她事先肯定认识在那个移民高峰时期已经决定出国的某些人,并受到了他们的影响。根据契约,移居弗吉尼亚后,她要给主人干五年活儿。契约担保人是中间人理查德·艾伦(Richard Allen)。在档案上,这位中间人登记的职业是医生——这种事情很普遍,这些人贩子一般另外还有正经工作。

根据约定,契约期限结束后,她的主人需要给她提供"一把斧头、一处房子、一年的饮食、两套衣服"。斧头被列在那个单子(列出了契约期限结束后可享受的所有待遇)的最上头——说明那个地方树木有多么繁茂,生存有多么艰难。拥有斧头和拥有一处房子一样重要。

"如果去国外,"一个中间人对一个有意到美洲做仆人的人说,"在离开英国最靠西的陆地之前,船上会紧张地忙碌一番。"但是,

---

[1] "Saltwich"一词中"Salt"是"盐"的意思。——译者注

他保证，接下来的所有"时光"就"相当惬意了"。

然而现在看来，这种乐观的估计显得很荒谬，即使按照当时的标准来看也是如此。在17世纪初期和中期乘船出行，任何人都不会感到舒服，更不要说那些挤在一起的契约仆人。对于船主来说，最要紧的是如何尽可能地在船上塞更多的人。在当时的移民热潮期间，这不难办到，因为船上最多的是契约仆人。夜里，他们往往不得不轮流才能躺下睡觉，有时候睡在彼此的身上。在斯图亚特王朝复辟前的几个月里，有人向国会提交了一份诉状，说是在一次五至六个星期的穿越大西洋的航行中，有70多个仆人被船长锁在甲板下面，"和马匹待在一起"——被像牲畜一样地对待。那份诉状谴责说，由于气温升高，"热带的炎热和水蒸气让他们神志不清"。一位抵达弗吉尼亚的人提到那段亲身经历时，印象最深的是"船舱里的闷热"。

即使在最理想的情况下，也不存在什么良好的卫生条件，而在这种极度拥挤的情况下，如果暴发任何疾病——比如威廉·佩恩在"欢迎"号上经历的那种疾病——很可能导致多人丧命。乘客死亡率达到一半也不稀奇，人们象征性地祷告一下就将尸体扔到海里，真正哀悼的只有身边认识死者的人。虽然如此，"船上叹气、哭叫、哀号之声日夜不绝"。

"惬意的"时光是非常偶然的事情，任何"惬意的"时光取决于人们的心气平和。然而，谁也无法知道前面的航程有多凶险，或还需要多少天才能抵达美洲。可能在大约五个星期内抵达，超过这个时间也很正常。事实上花费的时间往往长得多，时间长的要超过两个月，甚至还要更长。有人哀叹，经过"五个月的凶险旅程"，才抵达那个"遥远的大洲"。另外，完全的不确定和极度无助也很折磨人，漂洋过海的人们不得不承认，要在"另一个世界待一阵子"——那个海神统治的世界。

虽然严重的意外事故相对来说较为少见——就像现代航运一样，人们感觉很危险，尤其是对那些之前没有坐过船的人来说，但统计数字体现的情况并非如此——不过暴风雨和晕船还是让大多数乘客苦不堪言。即使是那些热情鼓动人们移居的人也承认"出海的痛苦"。很多移居者都经历了"海上的大风和危险"，最终上岸后，"双腿都不会走路了"。

流行歌曲传颂"可怜的海员们不得不经常忍受的""雷鸣般的巨响"。人们一想到他们与美洲之间横亘着一个动辄出现"猛烈暴风雨"的"辽阔海洋"就忧心忡忡，说那个海里"不但有鱼，而且有大鱼"——"尾部一下子"可以打翻一艘船的鲸鱼。

那个世纪末，一个见识过大西洋暴风雨的人写道："天空到处是一束束闪电……四面八方雷声齐鸣，仿佛巨炮在乌云中轰鸣。"同时，"瓢泼大雨"倾泻而下，"我们脚下有一个大海，担心另一个大海从我们头顶倾覆而下"。有一个乘客这样说甲板下面的人们："有人在睡觉，有人在呕吐，有人在咒骂。"有人形象地描述说，有一次，当船只在英国海岸等待风向改变时，船上的一位牧师晕船晕得厉害，"对着黑色的夜幕狂吐不止"，有人毫无依据地担心他根本活不下来。

恶劣的气候条件导致航行时间增加，意味着船上储备的食物和饮水难以维系，这会造成非常严重的后果。给养的缺乏对于船上那些贫穷的乘客来说尤其危险，因为提供给他们的饮食，即使在条件最好的时候，也只是最基本的。一个世纪后，有一位乘客说船长在航行途中的"不当做法"让他"差点饿死"。前文讲到亨利·诺伍德的那次出海就遭遇了暴风雨的蹂躏，几乎每天都被暴风雨折磨；一开始，船上的人们饿得抓老鼠吃（老鼠的价格因此飞涨），后来绝望的他们开始吃那些"幸运地结束了其悲惨生命"的同类；即使知道船上奴隶、罪犯的情形更悲惨，也无法让人们感到多少安慰。

除了恶劣的天气和疾病，人们还会面临其他危险，比如海盗。船上的人可能在与海盗的搏斗中受伤，或被抓后卖为奴隶。一位海员写道，新出现的危险取代了之前的危险，他和同事们"现在开始害怕脑袋被人击中，或被卖为奴隶，而之前是害怕淹死在海里"。索性对任何情况都感到绝望的人，他们的恐惧可能比那些担心遭遇更大损失的人少一些。

船主送一船人的成本是多少？17世纪的作者大多认为，船主收取的平均费用大约是每人五英镑或六英镑。不过，将仆人卖给船主的中间人要拿走一部分利润，因此真正的运输费用会更低。自然地，提供给契约仆人的饮食的成本取决于饮食的质量——质量一般不高——还取决于海上航行时间的长短，后者差异也很大，很大程度上取决于天气情况。

人们第一次看到"美洲"的时候肯定很兴奋，当然也会有焦虑，虽然往往还伴随着一些欣慰。这是一片承载了太多希望的土地——他们希望在这里改变自己的命运。这是一片地势较低、森林茂密的土地。在大海上没有见到过的飞鸟，这时在头顶上盘旋、鸣叫。即使隔着水面，人们也能闻到炎热的天气里风吹来的松脂的芳香。随着船只逐渐靠岸，树木在人们眼前越来越清晰。人们发现，那些树木往往比英国的树更高大。不过，可惜的是，初到美洲，人们的生活并没有立刻得到很大改善。

船停靠弗吉尼亚后，船长要爱德华·弗尼福和安妮·弗尼福（他们肯定认为终于活着到了美洲）在甲板上做一个展示，为的是让真正的种植园主来船上察看他们。种植园主们已经把大片土地清理出来，砍掉了松树、橡树、雪松、胡桃树，砍倒或让山羊吃掉了藤蔓和缠结在一起的灌木丛，为耕种做准备。

任何清洁的活儿——清洗、理发或刮胡子——都在船靠岸前不久完成。在察看他的"商品"的卖相方面，船长的眼光要比察看乘客的卫生情况更在行。弗尼福的契约证书上标注着那艘船的到岸日期。船只靠岸和即将到来的仆人等待出售的消息，很快出现在当地的公告里。一份公告是这样说的："'贾思迪'号（Justitia）刚到利斯顿（Leedstown），带来了大约100个健康的仆人，有男人、女人还有孩子……拍卖将在4月2日（星期二）进行。"

弗尼福和其他仆人站成一行，潜在的买主用手指捅他们的身体，细细端详他们——察看他们的脚、腿、牙齿。"我从来没见过一群如此可怜的家伙"，一个伦敦织工若干年后说，他们都"站成一行"，"像我们在市场上卖牛和马一样被出售"。拍卖开始了。弗尼福被卖给出价最高的买主，从此开始了他奴隶般的生活。这些仆人的契约证书上写着出售情况和日期。一位17世纪中期的种植园主甚至说，相较于当时数量较少的奴隶，新世界的仆人的"生活更为糟糕"。

让这些男女仆人感到一些欣慰的是，他们的苦难是有期限的，不会传给后代。而在之前那个熟悉的故国，他们的经济地位很可能会传给下一代，即使没有强迫因素也是如此。然而，他们在新大陆的主人对他们的长期健康根本不关心，经常用残暴的方式逼着他们做"非常繁重的体力活儿"。他们的住处"很糟糕"，饭食"少得可怜"。

在弗吉尼亚这种地方，气候有所不同，也不利于健康——刚去的时候肯定是这样——不管那些鼓动他们前往的人说得多么天花乱坠。因为只有很少的仆人能在第一年最热的季节里正常干活儿，所以主人在购买仆人时要考虑契约规定的时间长度。这就是"季节交替"的影响，在季节交替时，大多数人会有很长一段时间在生病。前文讲到美洲原住民更倾向于"在炎热的时候干活儿"，但抵达美洲的移民中大约有40%没有活过第一年。实际上，炎热天气给英国白人仆人造成的死亡率明显高于来自非洲的黑人，这是后来推动黑人买卖兴起的一个重要因素。不过种

265

植烟草相较于种植甘蔗需要更多的技巧，这意味着弗吉尼亚的这种劳动力的转变要比加勒比海地区花费更长时间。

从英国移居弗吉尼亚这种地方，除了导致身体的疾病，还有情绪上的巨大失落，至少对很多人来说是这样。一个抵达这里不久的人说，"这里因为精神疾病而死的人超过了因为身体疾病死去的人"，美洲的生活事先被说得天花乱坠，现实却让人陷入了无尽的沮丧和消沉之中。就在弗尼福夫妇被"人贩子"盯上的几十年前，一个伦敦东部距离伦敦塔不远处的穷困男孩——当时年仅十二岁左右——被他所在的教区签约成为仆人，后来被送到弗吉尼亚。当时依据的是1601年出台的《济贫法》（*Poor Law*），该法律的执行基于一个"新颖"的看法：穷人应为他们的穷困承担道德责任——上帝认为，贫困是明显的道德堕落的迹象。

对于他那个年纪的孩子，契约的期限往往要比成年人长得多——要求他们为主人提供十年劳动的契约并不罕见。在英国，在富人圈子里，至少在那个世纪上半叶，将那些被理查德·哈克卢特称为人口"渣滓"的人运出去的总体政策，被认为是非常有益的，不管是对殖民地来说，还是对于身陷困境的、人口拥挤的英国。移民方案被提交到下院时，得到的是"一片热烈而感激的掌声"。

理查德·弗雷索恩明显受过良好的教育，能识很多字，能意识到自己处于被蹂躏的处境。他设法往伦敦写信，写给教区牧师和他称之为"慈祥和蔼的"父母——考虑到他身处恶劣的生活环境，不知道这些字眼是否发自他的内心。在信中，他告诉对方——很明显，他想让对方感到难受——位于数百英里大洋对面的"你们的孩子情况非常不好"。他的文笔非同一般，讲述他处境的那些信能够保存下来更不一般。

弗雷索恩来自一个信仰宗教的大家庭，就是因为家庭太大，他的父母养活不起这么多孩子。他的兄弟姐妹的名字，如奥贝蒂亚斯（Obedias）、多尔卡丝（Dorcas）、玛丽（Mary）等明显都取自《圣经》。在那个困难得让人绝望的年头，父母希望他能够养活自己。他将自己沉浸在《圣经》里，很自然地喜欢引用《圣经》里的人物和典故，尤其在写给教堂负责人的信中，他机敏而准确地提道："记得所罗门在《传道书》（*Ecclesiasticus*）第35章第20节说的话。"1622年初，英国弗吉尼亚定居点遭受了原住民部落的毁灭性袭击，将近350人丧命。理查德搭乘的那艘船是那次袭击事件之后抵达那里的第一艘船，那次袭击事件过去大约10个月后，他们的船在美洲靠岸。当时，弗吉尼亚公司的首脑头脑里想的主要是那次袭击的事情，因此那艘船装载的主要是枪支弹药，而不是食物。

这一情况肯定让定居点幸存下来的那些人产生了某些失望情绪。因为给养所剩无几，饥饿、绝望的他们不得不再次期盼来自英国的给养船。定居点的一个人在不久后写给兄弟的信中说，我们"极有可能被饿死"。另一个人说他们的生活"很悲惨"。美洲的英国人不满地说，那些中间人口中美洲有数不清的鱼、飞禽和鹿完全是子虚乌有，是一些"撒谎的弗吉尼亚人"散布到英国的。一个人说，"我敢打包票，那些穷困的仆人到了那个地方后"，就根本没有看到过那些东西，又怎么能抓到手呢？

弗雷索恩写道，自从他到了弗吉尼亚后，他就没见到鹿的影子。那里倒是确实有很多飞禽，不过在当时的情况下，这些东西不会被端上他们那些人的餐桌。那次血腥袭击之后，他紧张地说，"他们不允许我们离开，不允许去抓飞禽"。他在写给家人的信中说，事实上，他整天在地里辛苦地干活儿，"从早忙到晚"，吃的是"豆子"和被称为"稠麦片粥"的稀得不能再稀的稀粥，最多偶尔有一片一口就能吞下的面包或牛肉（另一个仆人也说自己不得不"从早到晚不停地砍树"，吃得极少）。这和约翰·史密斯的说法是一致的。关于大量的鱼、飞禽和动物，史密斯说，"我们很少去碰"。和弗雷索恩在一起的一个人说，置身于那种可怕的处境，人与人之间的同情完全不存在了。人们一个个"龌龊不堪"，任由奄奄一息的人"躺在那儿饿死"。他痛心地说，"谁也不会过去看一眼"。死了的人也没有人去埋，任由他在"地上腐烂发臭"。

弗雷索恩觉得自己的身体越来越虚弱，他估计自己的体力勉强"相当于在英国时的"八分之一。如果公司不是空谈美洲丰富的飞禽走兽，而是派船送来黄油和奶酪的话（这些东西不用去抓就可以食用），情况就会好很多。除了缺乏食物，疾病也很普遍。那艘船上就暴发了瘟疫，导致很多人死亡——尸体被扔到了海里。后来，抵达弗吉尼亚的人将病毒传染给了那个殖民地的幸存者。弗雷索恩幸运地活着到达了弗吉尼亚，虽然他自己可能并不这么认为。

在17世纪第一个十年里，随着与周边原住民部落的关系越来越随意（詹姆斯敦地区考古发现的大量出于那个时代原住民之手的器具，就可以说明这一点），人们在安全感上产生了错觉，定居点越来越分散，越来越疏于防范，最后导致大批人被屠杀。之后，定居点数量减少，而且集中了很多。过去，这里一度广泛地散布着很多私人定居点，其名字或取自熟悉的英国地名，或取自能够唤起人们某些回忆的名字，如"乔丹的旅程"（Jordan's Journey）、沃里克·斯奎克（Warwick Squeak）。不过现在，这些私人定居点早已不存在了。

虽然如此，那些先前的城镇仍然存在，而且很快繁荣了起来。弗雷索恩住在詹姆斯敦以东10英里（约16千米）的下游，在一个先前叫作"马丁的一百"（Martin's Hundred）的私人定居点上。也许，那个地方属于伍尔斯滕霍姆镇（Wolstenholme Town）的高低不平的定居点。那场大屠杀发生后，那个定居点一度被放弃，一年后又重新启用。那个地方仍然留存着一些大屠杀的明显痕迹。弗雷索恩痛心地说，那里遭遇了"破坏和抢劫"。

此前一年，他们什么庄稼都没有种，疾病肆虐，住房是摇摇欲倒的小屋子——那种仓促盖起来的、需要"经常维修"的木屋子。与英国形成鲜明对照的是，这里土地广阔，在小木屋里住上一段时间，等到当地土壤肥力耗尽再搬往别处，比定居一处更为轻松，不过这样做的话，房屋建造质量肯定要受影响。如果主人真的兑现他们对契约仆人说的狠话，让他们吃树林里的树皮或"地上的霉菌"，他们肯定必死无疑。一个幸免于难的人说，在"遭遇大屠杀之前"，大批人死于疾病和营养不良。

那些在原住民的攻击中幸免于难、饥饿不堪的人，突然面对船只送来的粮食，敞开肚皮猛吃，往往会带来严重后果。弗雷索恩说，虽然他们的房子和所有家当大多被原住民"恶棍"烧毁，但是他们没有在原住民手中丧命，却"因为猛吃送来的粮食而丢了命"。几近饿死的人狼吞虎咽，其危险性不啻刚抵达美洲的那些人（新弗吉尼亚人）身上的坏血病和"血痢"。对于后者，弗雷索恩痛心地告诉父母，没过几个月，和他一起抵达美洲的150人中有三分之二死掉了。

他说，总的来说，"他的情况非常凄惨"——没有吃的，几乎没有衣服穿。同时，他住在一个距离重要防御工事数英里远的一个没有防卫设施的定居点，终日生活在对原住民"敌人"的恐惧中。弗雷索恩告诉父母，近些时日，他跟"马丁的一百"的人一起，"和他们（原住民）打了一仗"，最后抓住了两个人给自己当奴隶。不过，当时，弗雷索恩等人"非常害怕"，因为对方人数远远超过了他们。他写道：

"我们只有32个人，他们都来的话，有3000人。"如果真要和他们打仗——如果上帝不怜悯的话（值得一提的是，他的信中没有多少这种怜悯的例子）——他们可以"轻而易举地干掉我们"。原住民学会了如何使用欧洲的枪，他们管欧洲人的枪叫"pieces"。死亡和疾病使弗雷索恩等人的体力一再被削弱，他列出了一些死掉的成年男性的名字，约翰·桑德福德（John Sanderford）、托马斯·豪斯（Thomas Howes），还有"一个女人""一个孩子"——他觉得只有成年男性才配列出名字。

"把我从这种奴役中解救出来吧，救我一命吧！"他哀求道。他觉得自己就像在"埃及"。他说，不管是白天还是夜深人静时，他都能听到疲惫不堪、饥肠辘辘的仆人们喊叫着"即使失去四肢，也要回英国"，他们宁愿在英国拖着残躯费力地挨家挨户乞讨，也不愿意继续待在这里。他没想到他有那么多泪水，"每天流个没完"。他绝望地说，"在这之前，从来没有感觉这么需要父母"。

有人可能认为他在夸大其词——他想打动对方——不过，要知道，他还是个孩子。他直截了当地恳求父母亲给他赎身，好让他回到英国。不过，弗雷索恩一直没有被赎出来，他一直没有机会踏上返航的旅程。怜悯从来没有像所罗门说的那样"在苦难的时候"光顾他。不久之后，他死在美洲。不过，对于他来说，这也许就是怜悯。

另外，他的父母根本没有看到儿子的信，不知道儿子过着缺衣少食的痛苦生活。大约就在弗雷索恩抵达弗吉尼亚的时候，他的父母都死了，可能是因为与船上那些人一样，感染了严重的传染病。

1619—1625年，大约有8500个伦敦的穷孩子成为契约仆人，漂洋过海被送到弗吉尼亚，弗雷索恩是其中之一。那是英国首都人口移居海外的高峰时期，弗雷索恩是这一移民高峰的一部分。

然而，可惜的是，这些仆人抵达的时机很糟糕，虽然北美定居点的显耀人物赚了大把的钱，回到伦敦后"在街头招摇过市"（有人私下里说，"总督和定居点的管理委员不愿意为穷人做好事"）。随契约仆人一起被送到定居点的给养，根本不够维持他们的生活，而本地产的粮食又非常少。大多数人没有挺过一两年。

在1622年大屠杀之前抵达弗吉尼亚的人中，有数千人在那件恐怖的事件发生之前就已经死掉了，后来的死亡率也一直很高。因为自然原因而死的人要比惨死在原住民手中的人多很多——这片土地"缺少吃的东西"肯定也是那场袭击发生的原因之一（后来官方对定居点严峻条件的调查，导致了1624年弗吉尼亚公司的解散）。和弗雷索恩一起去美洲的仆人中，很少有人（比例不到十分之一）能活到漫长契约的结束。至少在1633年马里兰殖民地诞生之前，弗吉尼亚处境悲惨的受虐待的仆人逃跑的可能性很小，原因是距离太远，尤其是大约十年前的那场屠杀让人们对原住民定居点望而却步。

约翰·史密斯曾说，英国的穷人可以在美洲殖民地过上"非常好的日子"，说英国教区和城镇应该将那些养活不起自己的人送过去。这在17世纪早期的弗吉尼亚根本不是事实。对于这一点，他再清楚不过，因为他有亲身体验（他承认，在弗吉尼亚生活"并不是对所有人都适合"）。然而，一些移居海外的建议误导了很多人，虽然这些建议最初的意图是好的——前提是这些建议来自那些真的希望"英国的穷人到了那里后有工作，不用在这个国家乞讨"的人。当时，弗吉尼亚不是"穷人的避难（城市）"，即使那些在国内自称"士兵、水手、玻璃工、侍者、小商贩、兔皮鞣制工、炉匠"，可以在英国生活的人，在那些"熟悉他们的人眼中，他们就是流浪汉，生活同样极度困难"。

17世纪第一个十年后期和第二个十年初期，殖民地条件非常恶劣，但是情况在逐渐改善。主人对仆人的惩罚略微不再那么严厉，虽然在今天的标准看来仍然很苛刻［先前，大多数仆人经历过即使在那个时代也会遭到指责的"（令人）无法忍受的压迫和艰苦劳作"］。在17世纪第一个十年的独裁统治之后，政府政策略微有所宽松。政府说，其目的是"取消一切压迫和腐败的根源"。政府给人们提供了更多经济上的自由选择，让人们从自己的劳动中受益。仆人的需求量仍然巨大。17世纪20年代，烟草价格大幅上涨，而烟草的种植是一个尤其耗费劳动力的活计。

在接下来的那个十年的前几年，也就是弗雷索恩抵达美洲的十年后，一个精力充沛、很有商业头脑的人抵达弗吉尼亚。他名叫约翰·哈蒙德（John Hammond）。他在弗吉尼亚生活了将近20年，后来又在附近的马里兰生活了两年。至少在开始，他也是契约仆人。因为有亲身感受，所以他深切同情契约仆人被人践踏的痛苦处境。后来，在国会统治英国的"空位期"，他被迫短暂地回到共和国制度下的英国。在那里，他将自己的亲身经历写了出来，为的是鼓励其他人移居美洲。他不仅在美洲活了下来，而且活得很好。

他后来赚了钱，开了一家旅店，还经营着一个渡口。他是一个忠诚的保王派人士。当英国的冲突发展到大西洋对岸的英国殖民地时，殖民地的动乱让他迅速逃离。他说，"上帝知道"，这样做"完全背离了我的心愿"。因为他对清教徒的敌意，对于身穿"黑衣服，在讲坛上夸夸其谈"（以及"在酒馆里喊叫"）的人的敌意，他称他们为"伦敦的那些吹毛求疵的敌人"，他会做出这样的选择也就不难理解了。

回到英国后，他出版了一本名为《拉结与利亚》［*Leahand Rachell*，又名《富饶的弗吉尼亚和马里兰姐妹殖民地》（*The Two*

Fruitful Sisters of Virginia and Maryland）]的书。这本书是介绍英国移居者在美洲生活的优秀作品之一。所有读者一眼就可以看出该书有关《圣经》的类比。它的目标读者也是如此。拉结和利亚是亲姐妹,她们先后嫁给了长途跋涉前往国外并在那里当契约仆人的雅各。

经过长年的辛苦劳动之后,雅各获得了回报,赢得了拉结的芳心,积累了数量可观的财富。哈蒙德说,很多"被蒙蔽的人"宁愿守在英国,宁愿"乞讨、偷窃,被关进监狱里苟延残喘,在耻辱中死去,也不愿意去那边寻找更好的生活"。那些男人、女人、孩子"因为守在英国而过着悲惨和不幸的生活,非常令人痛心,非常令人同情"。对哈蒙德这种主动寻找出路的人而言,那种得过且过的做法至少是一件很可悲的事情。他痛心地说,很多人似乎愿意守着"绝望、悲惨的生活方式",而不愿意冒险前往美洲生活。

那些推着磨损严重的吱吱作响的手推车,穿着破破烂烂的脏衣服,到处兜售"价格微不足道的"商品——火柴、煤、羽毛笔、蕾丝——几乎无法糊口的人,怎么能指望不被无法避免的"衰老和疾病"推向"乞讨"的境地?他说,他跟着一个佝偻着腰、背着重重的木柴、迈着沉重的步子、满头大汗地高声叫卖的人,在街上走了三个小时,然而几乎没有挣到什么钱。在整个过程中,几乎没有一个人买他的木柴。哈蒙德说,那是一种"令人同情的生活"。他说,靠别人的施舍生活,忍受"几乎没有出头之日,终日不得闲的劳作和苦役",最后"横尸"监牢,而不主动"离开",那是一种怎样的"冥顽不化的愚蠢",尤其对于青年人来说。

他坚定地说,美洲有"充足的、人们生活所需要的东西"。"这种优势让这个地区可以为勤劳的人提供很好的回报",他写道,即使出身最不好的人也能成为"大商人"。现在很多在英国过着痛苦生活的人，以为他们的生活是无法改变的，而正因为这种"错误的认知"，"断送"了他们的人生。其实希望是存在的，出路也是有的。那是最早明确提出所谓"American dream"（意为"美洲梦"或"美国梦"）概念的作品之一。穷人，通过开动脑筋，努力工作，就能过上好日子。

哈蒙德不愿意像有些人一样，将美洲说成是一个乌托邦。他没有过分美化那些地方，"好像那地方是天上的乐园，而不是地上的种植园"。他也无意将任何人"拐卖"到大西洋对岸。事实上，他承认鼓动人们去大西洋对岸寻找出路是一件"危险的"事情，因为"担心有人喊他'人贩子，人贩子'"。没错，有很多意志薄弱的人被人诱骗。他提醒穷人不要上了"那些唯利是图、对那个地方一无所知的人贩子的当"，他们的"软磨硬泡、花言巧语"并不是真的关心他们，而是冲着将要得到的"报酬"去的。

他告诫人们，千万不要"贸然踏上越洋旅程"。他建议无法"支付旅途费用"的人与船主签一个协议，让他们可以在弗吉尼亚临时待两个星期，好"打听雇主的情况"，核实对方是否具有"良好声誉"——不过，这在现实中是否行得通很难说。他详细列出了他所说的那个协议的条款。不过，同时，他对媒体对弗吉尼亚的抹黑很不满意，当时众多"黑嘴"的"恶意扭曲和造谣"误导了人们。他说，不要理会那些耸人听闻的话。他说，在他去过的所有地方里（他去过很多地方），那是他"想要度过余生，想要死后埋葬的地方"——他实现了这个愿望。

他承认，他在17世纪30年代初第一次到弗吉尼亚时，那些批评之词在很大程度上说的是事实。早期的一些"冒险家"确实以"贪婪和不人道"闻名——他们不顾别人的死活，疯狂地四处寻找金子（约翰·史密斯曾经批评过他们）。人们一旦发现烟草能赚钱，就开始广泛种植烟草，放弃种植庄稼，将对粮食的依赖全部寄希望于英国。这是一件很危险的事情。殖民地政府非常专制，如果有人胆敢口出怨言，就被"施以鞭刑"，他们拿折磨人"取乐"。契约仆人的"所有者"以残暴闻名，再加上原住民部落的袭击，严重地打击和削弱了定居点，让人们经常陷入"缺东少西的贫困状态，而且疾病流行"。因为这些原因，那个地方广受诟病，生活在那里的人们似乎都是一些"穷困、痴呆的人"。

不过从那时起，那里发生了巨大的改观。一些弗吉尼亚居民——"诚实善良"的居民——制定和实施了"严格禁止不良行为"的法律，以"维护上帝的荣耀"，除了烟草，强制种植谷物（"主要的粮食作物"）。牛和猪不计其数。良好的饮食和"有利于健康的住房"让人们的健康状况大为改善。他说，虽然刚抵达那里的人们在适应那里的气候的过程中还会得病，但是"死亡的风险几乎已经没有了"。美洲原住民部落甘认失败，"欣然求和"，已经"完全听命于英国人"。

他说，那里的人们耻于"先前沉迷的声名狼藉的生活方式"。即使是在英国时习惯了"粗俗、懒散"的生活方式的人们，也受其他人榜样作用的影响，彻底改变了生活习惯，"除去了先前自己身上的污点"。他写道，这个地区作为一个整体，虽然"开始时很不顺利"，经历了"两次毁灭性的血腥屠杀"，但最终"蒙上帝恩宠，终于成熟"，成为"一个快乐和富足的地方"——这里不仅仅是富人的快乐之地。他说，仆人的怨言会得到"认真的倾听"；人们寄往英国的家信往往"推荐和赞扬那个地方"。

弗吉尼亚现在治安稳定，经济增长。当然，并不是所有人都能在那里获得成功，那里绝对不是天堂。在17世纪中期，任何地方的生活对于任何人来说都不容易，尤其是对那些在美洲人口中占大多数的移民者来说（在移居新英格兰南部殖民地的人口中，半数以上是仆人）。哈蒙德写道，那些一直在诅咒那个地方的人，就像是对着月亮吠叫的狗。月亮不会理会，只会"继续它的运行轨迹"。他兴奋地说："啊，上帝将鼓动更多的人前往那里。"

后来，也是在那个世纪，英国的舆论发生转变，开始反对那些生活绝望的人大批涌出。先前的舆论一致支持将那些对社会没有贡献、只会消耗宝贵资源的"过剩人口"移出英国，而现在，重商思想让人们开始转变态度。

现在，那些贫穷的失业人口不再是这个国家的累赘，他们的存在绝对是一件好事情；即使对个人来说不是这样，对整个国家来说肯定是有利的。"没有一个国家因为国土面积广大，或气候适合农业生产而被称为真正伟大的强国"，17世纪后期的一位作家说，但是只要"人口数量众多就可以"。

于是，那些先前极力要求人们离开的人，现在却劝说人们不要离开英国。在查理二世统治时期，英国仆人的正常买卖活动逐渐减少。在数量最少的17世纪50年代，移居美洲的人口比先前少了很多。美洲移居人口越来越多地来自爱尔兰、苏格兰或德意志，因为美洲对这种简单劳动力的需求仍然旺盛。不过，这时候，英国人在美洲东海岸的定居点已经立稳脚跟，英语成为这里的唯一语言。面对这种形势，后来者自然要学习用英语交流。

很长时间中（而且几乎一直如此），有这样一种现象：大量贫穷的仆人移居更靠南的美洲定居点（或去加勒比海地区），而不是去新英格兰——因为后者对劳动力的需求没那么旺盛。有记载说，在那个世纪中期，"弗吉尼亚因为接收严格服从主人的仆人而繁荣起来"，而新英格兰的移居者"自以为靠自己一家人就可以把所有事情都做好，因此家里很少有超过一个仆人"——那位作家批评这种做法是"纯粹、愚蠢的自以为是"。

即使理性的呼声开始反对英国人口的永久外迁，然而，斯图亚特王朝复辟初期，外流人口依然很多——比如17世纪60年代，每年外流人口超过4000人，虽然相对于前一个十年的后期，这已经有了显著的减少。流出的人口很多仍然是穷人和处于不利地位的群体。到了那个世纪的最后十年，外流人口已经大量减少。

不过，仍有不少人离开英国，例如伊丽莎白·西尔韦斯特（Elizabeth Silvester）就在查理二世在位末期离开伦敦，前往弗吉尼亚的詹姆斯敦。当时，她年仅15岁——那是1683年11月，那一年，国王的处境岌岌可危，有人密谋要杀害他。为了偿清前往美洲的费用，她答应做六年的契约仆人。她是被一个名叫约翰·英厄姆（John Ingham）的中间人鼓动去的，后者（和在他之前的众多中间人一样）承诺大西洋对面真的有发展机会。她在表格上签字时，他是见证人——虽然她不会写字，手握羽毛笔的姿势显得非常笨拙。在移居人口记录册上要求"签名"的地方，另一个人的笔迹写着分类账上"已画押"，说明她已经画了十字（很可能是一个歪歪扭扭的十字）表示同意。

伊丽莎白的父母亲已经过世，他们的职业一栏——说的是全职职业——简单地写着"ded"（去世）。没有任何人照料她。那个分类账说，不但她的父母去世了，她也"没有朋友和在世的亲属"，没有理由继续待在英国。英厄姆看到了这个难得的机会，签订契约之后，他将她送上了伦敦一艘前往美洲的船只，那艘船的船长名叫约翰·帕维斯（John Purvis）。如果她活着到了美洲的话，后来的情况如何，就没有人知道了。像她这样的例子太多了。

同时，中间人清楚地知道，囚犯作为一个整体——当时还没有推行劳役刑——他们比绝大多数人都愿意服契约劳役。在英国，没有任何地方收留他们。他们往往是那些根本不被命运眷顾的人，没有任何人愿意让他们留在英国，其坏名声让他们意识到（并一再提醒他们）不如干脆离开英国。虽然到了美洲后需要根据契约为主人劳动数年，但是从此有翻身的机会，这对他们具有极大的吸引力。

因此，中间人找到托马斯·波因内（Thomas Poyner）、玛丽·泰特（Mary Tate），他们之前在某个晚上因为醉酒，也许还有聚众捣乱，被扔进伦敦克拉肯韦尔区（Clerkenwell）的"新监狱"（New Prison）。他们非常愿意前往马里兰服契约劳役。他们没有被指控刑事犯罪，两人没有结婚（没有与任何人结婚），两人也不是学徒。换句话说，他们对任何不满他们移民的人都无须承担任何义务。1685年7月21日，他们签订了仆人契约。介绍他们到船上的中间人是一个来自沃平（Wapping）的水手，名叫约翰·富勒（John Furle）。

像他们这样的人大批涌向美洲。我们对他们了解不多，他们也很少留下有关美洲生活的记录。很多人，比如命运悲惨的理查德·弗雷索恩，在抵达美洲不久后就死了。即使那些暂时幸存下来的，以及那些幸存下来并过上了好日子的人，也往往从事的是那些很少留下书面记载的职业：农民、小卖店店主、酒馆老板（如约翰·哈蒙德）、教师。他们影响了周围的人，他们塑造了那个殖民地。不过，他们对数百年后我们讲述的历史影响很小。

正如乔治·艾略特（George Eliot）所说，很多事情取决于"非历史行为"（unhistoricacts），取决于那些目前安息于"被人遗忘的坟墓"里的人。

结　语

从17世纪初期开始，经历了此前十年的停顿、踌躇，英国人在海外移居方面开始了长久的发展。推动这些男人、女人和孩子移居弗吉尼亚、新英格兰、纽芬兰的因素可以说是千奇百怪。

很多人——实际上是大多数人——下决心离开英国，是因为他们在英国看不到希望，而陷入了深深的绝望。还有一些人离开英国，是因为盲目乐观，以为美洲是一个"应许之地"（不管是比喻，还是真正的应许之地）——充满机遇，财富无限，也许在这一世界历史阶段受到了上帝的垂青。不过，事实上，这些因素和美洲北部没有关系。尤其是在那个世纪的上半叶，美洲既不安全，也没有机遇和财富。那里不是什么应许之地。相较于英国，美洲的生活标准并不高，甚至更低。他们在那里过得很不好，很多人肯定后悔当初离开英国。

另外一些人前往美洲，是因为很实际的原因。他们是为了逃离一个神圣的君主秩序被17世纪中期的内战无情、血腥地推翻的国家。他们也是为了做生意，收购一些价格很高的动物皮——那些不幸的哺乳动物因为有上好的毛皮而在欧洲遭到过度捕杀，而在美洲数量极多。

也有一些移居者去美洲是为了享受那个新世界的自由。那里允许人们自由地思考，自由地拥有自己的信仰，重塑自信。只要不妨碍别人，他们就可以享受这些自由，任何权力都不会阻止他们。欧洲大多数国家完全做不到这一点。

每个人的动机都不一样。每个人都有自己独特的原因，很多原因无法进行简单的归类。比如一个十六岁的男孩，"因为我去舞蹈学校学跳舞"被愤怒的父亲用木棍打了一顿之后就去了美洲；英国的跳舞课一般不是促使人们移居海外的原因。对所有原因进行归类，可以分出很多类别。当时，大西洋地区——即使是主要人口为英国人的狭窄的海岸长条地带——"非常混乱、分散，就像当初造就那些殖民地的那个焦虑的国家一样"（引自一位历史学家）。

美洲为多样性提供了广阔的空间。美洲北部幅员辽阔，广阔得超乎想象，虽然当时有关美洲内陆地区的知识很有限。英国人习惯将肥沃的土地看作一种有限的、容易消耗的东西，他们惊叹美洲"巨大的怀抱"，惊叹那个广阔得令人吃惊的大洲无尽的多样性。如果一路向西的话，多久才能再次抵达大海？根本没有人知道。

人们干脆一连数年种植烟草这种需要消耗大量肥力的作物。等到土壤肥力耗尽，他们就搬到另一个地方接着种。然而，虽然某些东西数量充足，如土地、土地上茂密的树林，但新世界的其他东西（如劳动力）要比旧世界短缺得多。这里还有英国不存在的危险，尤其是陌生的气候对健康的威胁，以及心怀敌意的原住民部落。

虽然我们很难将某个因素与英国某个地区的移出人口的数字完全对应起来，但总的来说，17世纪上半叶，英国人口的增加——人口从400万人攀升到500万人（16世纪中期仅为300万人）——确实与海外移居人数的增加相对应。因为经济萧条无法提供足够的就业机会或生活用品，逐渐增加的人口压力肯定需要一个出口。海外移居人口的增加也需要便利的运输条件，而英国是一个拥有很多大型港口的岛屿，这里的众多船主急切地想在前往新世界购买农产品的空船上装上付费的乘客，这就为大规模的人口迁徙提供了良好的前提条件。

除了人口的增加，还有一个至关重要的问题是，英国社会性质的变化。经济不景气，社会形势自然也不好。所谓"没有主人的人"的增加——新的"工资经济"的雇佣劳动者，而不是过去封建制度下的仆人——催生了一个越来越两极化的世界，出现了越来越多的没有永久工作、无法勉强糊口的人。这些人很容易成为移民中间人的猎物，以为大西洋那边的生活肯定会比英国好。英国的社会结构开始瓦解。在这个国家的政治首都（同时也是它的经济中心和重要港口）伦敦，大量船只将一批批英国人送往海外，进一步强化了移民的趋势。

在那个世纪最后三分之一的时间里，人口增长减缓，移居海外的人口随之减少，政府（自那个世纪初以来）破天荒地开始劝阻人们不要移居海外（虽然不是禁止）。另外，农耕革命的初步开始，意味着食品供应对人口的压力越来越小。饥荒曾严重影响英国长达数个世纪，但从此之后，它逐渐成为历史。

当然，对很多移居者来说，悲剧在于他们曾经相信的那些话根本不是真的，尤其是在那个世纪的上半叶。

他们发现美洲并不是一个流淌着奶和蜜的地方，正像迪克·惠廷顿（Dick Whittington）发现伦敦的街道并非用黄金铺成一样。如果说17世纪英国的情况极度糟糕的话（事实也确实如此），那么同时期美洲的情况也一样。欧洲移民的发病率奇高，尤其是在弗吉尼亚，而不是在更靠北的地方（如新英格兰）。

抵达美洲后的欧洲移民，几乎一半的人在抵达后的数年内死亡。

在部分地区，新移民的死亡率高达80%。令人难过的是，对那些穷困不堪、衣食无着的人来说，没有解决困境的办法；原因很简单，他们出生在一个糟糕的年代，所有人都如此，尤其是那些社会最底层的大多数人。不要忘记，当时英国本土的死亡率也很高，英国一度被称为"病弱的国家"。至少在弗吉尼亚，人们居住得非常分散，减小了流行病的影响。

也许，美洲相比于英国，让人们有更多的理由怀有希望。对于很多人来说，希望是一个暂时短缺甚至已被完全耗尽的东西。少数人——只是少数人——在大西洋对面走了运，英年早逝或是余生从事艰辛繁重的体力活儿，才是概率最大的结果。实际上，在新世界，前者发生的概率要大于英国；但是，后者是否发生，美洲比英国更加不确定。那个时期，英国人在美洲没有发现金矿或银矿，弗吉尼亚的山上"看不到金子"，就像伦敦的街道上也没铺着金银。那是那些"人贩子"向容易受骗的人兜售的谎言。

不过，在从格洛斯特郡搬到伦敦多年以后，迪克·惠廷顿确实当上了伦敦市长。这可不是童话。跟很多人一样，希望改变命运的诉求，促使他步行前往伦敦——这让他的生活不断改变。后来，同样地，在改变命运（在惠廷顿很久之后）成为可能之际，大批人从英国港口出发，穿过看似无边无际的大西洋，前往一个能给他们带来机遇（当然同时也有风险）的地方，虽然能否抓住这种机遇取决于运气和努力。

移民高峰最初开始于17世纪20年代末和30年代，当时大约有八万名英国人离开不列颠群岛，其中将近六万人去了新世界。在移民高峰时期，每年有数千男人、女人和孩子移居海外。在那个世纪中叶的几十年里，英国内战结束，国王被处死，英国政局的巨大变化让这一模式时而继续，时而减缓。就在这个时期，北美英国殖民地不再那么孱弱和单薄，开始站稳了脚跟。

那里的人口——大批移民涌入带来的人口增长远远超过了当地出生率的影响——在17世纪30年代以难以置信的速度增长，达到了之前的五倍。在美洲，很多人英年早逝。虽然如此，但英国的"大西洋世界"此时真正诞生了，它在很大程度上塑造了之后三至四个世纪的世界历史，虽然当时两个半球还没有像后来那样实现经济一体化。

构成历史的绝大多数欧洲移民的经历一直隐匿于学者的视野中，似乎他们的活动是在黑暗中进行的。我们最多可以指望，能够"一瞥某个欧洲移民出现在公共场合的时刻"——当他们出现在法庭上，讲述他们的信仰或展示遗嘱的时候。在这种正式场合，他们中的个别人会短暂地出现在我们的视野中；不过，可以想见，这些时候并不能完全体现出他们的性格或生活。

然而，我们还是得利用我们现有的数量很少的资料——好在我们发现了这些材料。这让我们能够了解爱德华·弗尼福和安妮·弗尼福，虽然了解的只是他们的一个片段：诱骗他们去美洲的那个"人贩子"后来被捕，面临法律指控。本书中提到的大多数人，除了"绝望"一章中的个别人之外，都留下了一些可供我们了解其决定前往大西洋另一边的原因的资料。通过了解促使他们在大西洋西岸重新生活的因素，可以让我们更加全面地理解这些重要因素在塑造现代世界的过程中所起的作用。

虽然相较于17世纪，18世纪的北美在人种方面实现了显著的多样化——来自很多国家和地区的移民，如爱尔兰、苏格兰、德意志、非洲各地，以及其他地方的众多移民加入英国移民中，但是，讲其他语言的人口的数量还不足以撼动或改变英国人占主导地位的状况。后来，欧洲定居点西扩，驱赶人们所遇到的原住民部落（此举产生了严重后果），实质上，进行西扩的是英国人主导的地区。再后来，英国人主导的地区发动了与北部和西部的法国领地（虽然那些领地地域面积广阔得多，但是人口明显少得多）之间的战争，这是为了确保英国人在美洲占据主导地位。

17世纪的移民潮改变了移民的世界，同时也改变了我们的世界。在这个意义上，那些"人贩子"所说的话——那些臭名昭著的男女自己心里认为这些话是毫无依据的——不仅说得很对，而且还说得不够大胆。